AF325973

JEAN LEMAIRE DE BELGES

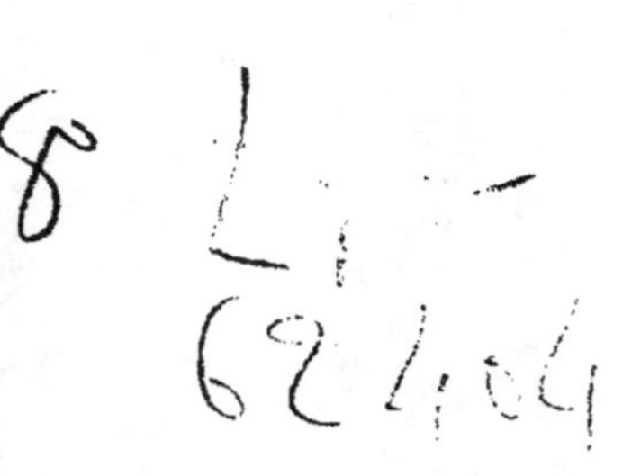

PAUL SPAAK

JEAN LEMAIRE DE BELGES

SA VIE, SON ŒUVRE
ET SES MEILLEURES PAGES

PARIS

Librairie Ancienne Honoré CHAMPION

Libraire de la Société des Études Rabelaisiennes

5, QUAI MALAQUAIS

1926

JEAN LEMAIRE DE BELGES

SA VIE, SON ŒUVRE
ET SES MEILLEURES PAGES

I.

La poésie française de la Prérenaissance est généralement fort peu connue. Entre Villon, qui disparaît avant 1465, et Clément Marot, dont la renommée commence vers 1515, elle semble, à ceux qui n'en ont pas fait une exploration très spéciale, un champ pierreux où nulle fleur n'a poussé. S'il y eut des poètes pendant ce demi-siècle, leurs œuvres, et leurs noms mêmes, ont été d'autant plus aisément oubliés que la plupart des historiens de la littérature se sont passés d'eux pour expliquer l'évolution d'un art qui, florissant encore dans la première partie du xve siècle, avec Christine de Pisan, Alain Chartier, Charles d'Orléans et François Villon, n'allait, après ceux-ci, reprendre une vie nouvelle que grâce à Marot d'abord, puis, surtout, aux environs de 1550, à Ronsard et à ses amis de la Pléiade.

Cette suppression de toute une génération d'écrivains fut possible aussi longtemps que la Renaissance apparut comme un événement soudain, que rien n'avait préparé ; aussi longtemps qu'on lut, sans sourire, ces phrases du grand Michelet : « La révolution du xvie siècle... partit de rien » ; « Le néant fut fécond, créa[1] » ; aussi longtemps

[1]. Michelet, *Hist. de France : la Renaissance*. Introd., p. 13, 120.

que ceux qui, doutant cependant de la fécondité du néant
et se représentant avec peine une Renaissance surgie
spontanément d'elle-même, en cherchèrent les causes,
non pas en France, mais à l'étranger; aussi longtemps,
enfin, qu'entre l'esprit nouveau et l'esprit médiéval on
crut qu'aucuns liens n'avaient jamais été.

Il importait peu, en effet, qu'un silence de cinquante
ans séparât le *Testament* de Villon du *Temple de Cupido*
de Marot, s'il n'y avait rien de commun entre ces deux
œuvres ni entre celles dont l'une et l'autre furent con-
temporaines, et puisque Ronsard et Du Bellay devaient,
croyait-on, à l'antiquité et à l'Italie les éléments essentiels de leur génie, leur apparition s'expliquait sans qu'il
fût nécessaire de leur trouver en France des précurseurs
immédiats.

Mais une étude plus attentive du moyen âge, une connaissance plus précise de ses caractères et de leur évolution devaient faire constater bientôt que les éléments
constitutifs de la Renaissance existaient en France bien
avant le xvie siècle, s'y étaient affirmés et développés avec
plus ou moins de vigueur, d'indépendance et d'éclat, et
l'avaient ainsi préparée de longue date.

La dispersion des savants grecs après la prise de
Constantinople, l'invasion de l'Italie par les armées de
Charles VIII, de Louis XII et de François Ier, les découvertes de Colomb et de Copernic, l'invention de l'imprimerie, tous ces événements qui, pendant longtemps,
avaient été considérés comme des causes plus ou moins
directes de la Renaissance, semblaient, de plus en plus,
l'avoir seulement conditionnée, et ce qu'elle devait à des
influences étrangères apparaissait, enfin, plutôt superficiel.

C'est dans la civilisation française même que ce mouvement profond avait ses origines; il s'y était dessiné de
bonne heure; le moyen âge en avait vu s'ébaucher les différents caractères.

Ces caractères nombreux, mais de nature et d'importance diverses, parmi lesquels les plus évidents sont un

individualisme audacieux, une activité fébrile de l'esprit, un rationalisme qui s'affranchit des dogmes, un réalisme qui divinise la nature, un sens exact de l'antiquité, depuis longtemps connue mais longtemps incomprise, une conception supérieure de l'art, ces caractères, isolés d'abord, s'étaient peu à peu groupés, avaient joint leur force et leur influence et créé, finalement, un état d'esprit d'où devait résulter une culture nouvelle. Ainsi maints ruisseaux et maintes rivières avaient, en traversant le moyen âge, mêlé leurs eaux, uni leurs cours, jusqu'à ne plus former, au début du XVIᵉ siècle, qu'un grand fleuve puissant et libre.

Or, du moment où la Renaissance apparaissait bien plus comme l'aboutissement de longs efforts que comme une révolution soudaine, fondée sur des principes de hasard, du moment où elle n'était ni le résultat de la découverte de l'Italie ni d'une révélation de l'antiquité, mais, avant tout, l'effet de diverses causes exclusivement françaises, l'époque qui l'avait immédiatement précédée reprenait son évidente importance historique. Là où les historiens d'hier avaient cru se trouver en présence d'une poésie stérile, mourante, sans avenir, les historiens d'aujourd'hui découvraient les germes pleins de vie d'une forme d'art nouvelle.

La génération d'écrivains qui termine le moyen âge et voit l'aube de la Renaissance redevient donc nécessaire pour expliquer celle-ci. Qu'importe qu'au point de vue absolu l'œuvre qu'elle a laissée soit d'une valeur moyenne, que sa pensée soit pauvre, son art maladroit, son goût fréquemment détestable : les défauts autant que les qualités de ses penseurs et de ses artistes littéraires font comprendre ce que furent la pensée, l'art et le goût de la génération suivante, soit qu'elle persévérât dans les voies où ses prédécesseurs s'étaient engagés, soit qu'elle réagît contre certaines de leurs tendances et se détournât de leurs exemples.

Quelque lourde, pénible, monotone et souvent ridicule

que soit la poésie de ceux qui se sont appelés les Rhétoriqueurs et dont l'école, extrêmement féconde dans la
seconde moitié du xv⁵ siècle, était florissante au début du
xvi⁵, cette poésie devient intéressante quand on y cherche,
et qu'on y trouve, le fil qui la rattache à la poésie de la
Renaissance. Il est ténu parfois; il n'en est pas moins
réel, et, placé dans cette relation avec Marot et son école,
avec Ronsard et ses disciples, le Rhétoriqueur devient
une figure, sinon illustre, du moins curieuse et indispensable de l'histoire littéraire.

Il est donc utile de faire sortir de l'ombre un Octavien
de Saint-Gelays, un Molinet, un Crétin, un Jean Marot,
un Jean Lemaire de Belges ; avec plus ou moins de
talent, ils ont été les chaînons qui relient deux grandes
époques de l'art; c'est par leur intermédiaire que se sont
transmises certaines tendances éveillées chez les poètes
français longtemps avant qu'elles pussent, au xvi⁵ siècle,
dans des conditions enfin favorables, réaliser l'ensemble
de leurs possibilités virtuelles.

La tâche peut être ingrate si l'homme dont on s'occupe
n'a guère eu de talent; mais s'il fut vraiment poète, s'il a,
parfois, exprimé et défendu des idées, s'il s'est fait, en
unissant en lui les diverses aspirations artistiques du
moment, une conception particulière de la beauté, à l'intérêt étroitement historique de son œuvre s'ajoutera celui
que nous offre tout effort littéraire original.

Jean Lemaire de Belges est l'un de ces hommes. Avec
raison, M. Guy, le plus récent de ses biographes, sévère
cependant pour les rhétoriqueurs, parle de lui en ces
termes : « Voici, à n'en pas douter, le plus grand des Rhétoriqueurs, le seul presque en qui l'on trouve une nature
d'artiste, une forte personnalité... S'il était né trente ans
plus tard, quelles pages nous aurions de lui[1]! »

Annoncé de la sorte, un tel écrivain mérite assurément

---

1. H. Guy, *Hist. de la poésie française au XVI⁵ siècle.* T. I :
L'école des rhétoriqueurs, p. 174, 176.

qu'on lui restitue dans la littérature française une place et une influence que ses contemporains et ceux qui lui ont immédiatement succédé lui reconnurent à l'envi. Loué par Clément Marot, par Rabelais, par Ronsard, par Du Bellay, par Peletier du Mans, par Estienne Pasquier, — je ne cite que les plus célèbres et les plus compétents, — il tomba néanmoins en ce noir oubli où disparaissent les poètes sans talent, et parfois aussi les Ronsard. Moins heureux que ce dernier, — beaucoup moins grand d'ailleurs, — il n'en est pas encore sorti.

Sans doute Brunetière le cite [1], mais ce qu'il en dit témoigne d'une lecture si superficielle qu'elle n'a pu lui permettre d'apprécier justement l'œuvre qu'il feuilleta [2].

La grande Histoire de la littérature française de M. Petit de Juleville [3] l'étudie en deux pages plus exactes et qui laissent le regret de n'avoir pas plus de renseignements sur un écrivain dont on vient d'entrevoir la figure originale et l'individualité puissante.

M. Faguet, plus abondant, consacre à Jean Lemaire [4] huit pages élogieuses, mais constellées d'erreurs. Il n'a évidemment parcouru que la *Concorde des deux Langages* et les *Épîtres de l'Amant vert;* il appelle la *Couronne margaritique* un « roman galant... tout à fait analogue au *Roman de la Rose* ou à la *Carte du Tendre* »! Il en fait un récit absolument fantaisiste, mais ne qualifie pas moins Lemaire de « premier poète distingué du xvie siècle ».

Quant à M. Lanson [5], dont l'Histoire de la littérature française, ordinairement si complète et si nourrie, apparaît comme l'effort le plus réussi qui ait été fait en ces derniers temps pour traiter cette vaste matière, il juge Jean Lemaire en six lignes méprisantes qui n'ont évidem-

---

1. F. Brunetière, *Hist. de la littérature française classique*, t. I, p. 61 et suiv.

2. Il lui attribue notamment la *Plainte sur le trépas de messire Guillaume de Byssipat*, qui appartient à G. Grétin.

3. Petit de Juleville, *Hist. de la littérature française*, t. III, p. 88.

4. Faguet, *Hist. de la littérature française*, t. I, p. 342 et suiv.

5. Lanson, *Hist. de la littérature française*, p. 182 et 223.

ment pour excuse qu'un examen trop hàtif de ses écrits.

Quelques érudits avaient distingué cependant, parmi les écrivains qui préparent la Renaissance, ce poète natif de « Belges » dont l'œuvre leur paraissait avoir une saveur et une importance particulières ; ils l'analysèrent avec plus ou moins d'exactitude et de sympathie, mais négligèrent ce qui, mieux que leurs considérations les plus fines, eût justifié les louanges qu'ils lui décernaient : la publication de ses pages les meilleures. J'ai réuni, à la fin de ce volume, la liste des principaux articles, travaux, ouvrages français où se trouve une étude de quelque étendue et de quelque valeur sur notre vieux poète. Je signale, dès à présent, que, de tous ces ouvrages, le meilleur et le plus savant est celui de M. Guy, déjà cité ; je lui dois une grande partie des renseignements dont j'ai fait usage.

Les œuvres mêmes de Jean Lemaire ont été publiées par M. J. Stecher[1] en une édition complète, aux quatre volumes de laquelle je renvoie pour tous les passages reproduits ; cette édition, hélas ! n'est point faite pour tenter les lecteurs ; voici comment l'apprécie M. Guy : « ... Elle est fort précieuse parce qu'elle est unique, mais quel désordre inimaginable, que de mauvaises lectures, et comme la ponctuation massacre le sens à chaque ligne[2] ! »

Une présentation nouvelle et un choix de ces textes étaient donc nécessaires ; les pages de Lemaire qui m'ont paru les meilleures, on les trouvera ci-dessous, à la suite de quelques notes qui résument ce que l'on connaît de sa vie et apprécient ses œuvres. Mes recherches personnelles n'ont pas ajouté grand'chose à cette biographie. Quant au texte du poète, désirant qu'il fût lu et compris non point seulement par quelques lecteurs auxquels le vocabulaire et les formes de la langue des xve et xvie siècles sont familiers, mais par quiconque l'aurait sous les yeux, j'ai cru

---

1. J. Stecher, *Œuvres de Jean Lemaire de Belges*. Louvain, 1891-1892, 4 vol. in-8°.

2. H. Guy, *ouvr. cité*, p. 205.

devoir l'orthographier et le ponctuer selon nos règles actuelles, et si, parfois, j'en ai rajeuni quelques termes vraiment trop vieux, j'ai eu soin néanmoins de reporter en note, en italique, pour les amateurs de vieux français, le mot que j'avais remplacé[1].

Ainsi c'est au poète lui-même qu'il appartient maintenant de reconquérir son public; j'ai tâché, pour l'y aider, d'écarter quelques obstacles qui l'en séparaient; ce sont là de légers services que l'on se doit, fût-ce à quatre cents ans de distance, entre confrères et compatriotes.

[1]. J'ai naturellement respecté le vieux mot ou l'ancienne orthographe chaque fois que leur transformation eût rompu le vers ou appauvri la rime. J'ai également maintenu la forme *oi*, que nous écrivons aujourd'hui *ai*, parce que, sans gêner le lecteur, elle conserve au texte un précieux parfum d'archaïsme.

II·

Les débuts du Rhétoriqueur.

Quand on connaît l'action que, dans le domaine des
arts plastiques, l'école flamande du xvᵉ siècle exerça sur
la formation de l'art de la Renaissance, à quel point elle
influença l'art italien lui-même et comment elle disposa
nos esprits à accepter les principes du style nouveau que
les écoles de la péninsule formulaient à leur tour[1], on
comprend l'importance que prennent dans la littérature,
à la veille du xvıᵉ siècle, les écrivains du nord de la France
et des provinces bourguignonnes et flamandes.

Les tendances de différents arts contemporains sont, en
effet, toujours identiques, et rien ne ressemble plus à la
peinture d'une époque que sa musique ou sa poésie; seule
la facilité plus ou moins grande avec laquelle chacun de
ces arts se transforme peut-elle, parfois, retarder ou hâter
son évolution comparativement à celle des autres. Comme
les grands peintres et les grands sculpteurs bourguignons
et flamands avaient préparé chez nous, par leurs œuvres,
l'apparition d'une esthétique nouvelle, leurs compatriotes,
prosateurs ou poètes, jouèrent donc, à la même époque,
un rôle analogue, encore qu'ils fussent de bien moindres
artistes.

Après la disparition de Villon, le nom le plus illustre
de la littérature française fut celui de Chastellain, « l'Aven-

---

1. Courajod, *Leçons professées à l'Ecole du Louvre*, notamment
t. II, p. 288 et suiv., 405 et suiv.

tureux », « le grand Georges », chroniqueur et poète belge. Ce Flamand d'Alost régna souverainement sur l'école des rhétoriqueurs ; il exprima toutes leurs qualités et quelques-uns de leurs pires défauts, et nous ne nous étonnerons donc pas que l'un de ses disciples, Jean Lemaire, belge comme lui, « né de Hainaut[1] », héritier

1. Jean Lemaire, qui signait « de Belges », ayant noté plusieurs fois, dans ses *Illustrations de Gaule et Singularités de Troie*, que la ville de Bavai, située dans le comté de Hainaut, s'était, au moyen âge, appelée Belges ou Belgis, on en a conclu qu'il avait accolé à son nom celui de sa cité natale, et ses derniers biographes répètent encore qu'il a vu le jour à Bavai, en 1473, quoique leur erreur paraisse bien résulter d'un texte de Jean Lemaire lui-même. Il est remarquable d'abord que, tout en parlant à maintes reprises de Bavai, en rappelant les origines de la ville et en vantant les « merveilleuses » ruines qu'on y trouve, le poète n'ajoute jamais pourtant qu'il y est né, lui qui répète, en divers endroits, qu'il est « né de Hainaut » ; mais, bien plus, sans nommer le lieu qui le vit naître, il nous dit de façon très nette que ce lieu ne fut pas Bavai, puisqu'il écrit, au livre III de ses *Illustrations*, que Jules César « ... occupa toutes les Gaules après avoir occis en bataille Andromades, le dernier roi belgien, sur le fleuve de Sambre et *sur le même lieu dont l'auteur de ce livre est né* » (II, 296). Or, Bavai se trouve à dix kilomètres de la Sambre, près d'une petite rivière appelée l'Hogneau. Jean Lemaire serait donc né à l'endroit où l'on croyait, au xv⁰ siècle, que César battit les Nerviens, c'est-à-dire en amont de Maubeuge. Reste à comprendre pour quelle raison il s'intitula cependant « de Belges » ; l'explication en est fort simple. Belges, qui désigne Bavai, fut également le nom de toute la province Belgique. Lemaire emploie ces mots : « Royaume de Belges » (II, 291) ; « Illustre sang de la troyenne Belges » (IV, 304) ; il nous apprend que le roi Belgius donna son nom « à toute cette grande province » (I, 87) ; il parle enfin de la « populeuse province de Gaule-Belgique, dont l'auteur de ce livre est né » (I, 86). Signant Lemaire « de Belges », il veut donc faire entendre, non point qu'il est Lemaire de Bavai, mais Lemaire de Belgique ; et je crois d'autant plus qu'il faut comprendre ainsi sa signature, qu'il déclare que trois cités se sont nommées Belges : Bavai, Beauvais et Trèves (II, 290), si bien qu'en s'appelant « de Belges », pour qu'on sût qu'il était citoyen de la première, au lieu d'éclairer ses lecteurs, il les eût laissés triplement hésitants sur sa réelle origine. Lorsqu'il signe, enfin, retournant son nom, *Eriamel, Belgien indiciaire* (IV, 323), c'est évidemment *indiciaire belge* qu'il veut dire et non, ce qui serait ridicule, *indiciaire de Bavai*.

de ses traditions, mais novateur audacieux, soit l'homme qui va rattacher par son œuvre, à cette école expirante, les écoles prochaines de Marot, puis de Ronsard.

« Né de Hainaut, pays enclin aux armes » (III, 102), Lemaire aurait pu dire aussi bien, si la rime l'eût permis, « pays enclin aux lettres », car elles y étaient cultivées et encouragées au temps où il vécut.

L'impulsion donnée aux arts par les princes de la maison de Bourgogne continuait ses effets, encore que Charles-le-Téméraire fût mort et qu'après un règne de cinq ans Marie de Bourgogne eût disparu, laissant la régence des Pays-Bas à un étranger, son époux Maximilien, dont la politique extérieure et intérieure, jusqu'à l'avènement de son fils Philippe-le-Beau, en 1494, fit courir aux provinces belges les pires aventures.

A côté de la littérature officiellement encouragée par les princes et par quelques grands personnages, une littérature bourgeoise existait dans beaucoup de villes où les *puys* et les chambres de rhétorique en entretenaient la floraison[1].

Si tous ceux qui aimaient les lettres rencontraient ainsi maintes occasions de s'y exercer, Jean Lemaire allait se trouver dans des conditions plus particulièrement favorables encore pour développer les talents poétiques qu'il portait en lui. Ayant perdu, peut-être, son père de bonne heure, car il n'en parle jamais, il semble avoir été recueilli par son parent[2], Jean Molinet, qui, en 1475, avait obtenu la succession de Chastellain dans la charge d'indiciaire, ou historiographe, de la maison de Bourgogne.

1. Lemaire lui-même rappelle dans sa *Couronne margaritique* leurs concours poétiques et les couronnes données « comme encore aujourd'hui se fait aux pays du Hainaut et de Picardie, aux meilleurs rhétoriciens » (IV, 60).

2. Son oncle, d'après M. A. Lefebvre. Voir *Commune origine boulonnaise des poètes et chroniqueurs Jean Molinet et Jean Lemaire* (*Association française pour l'avancement des sciences*). Paris, 1900. — Quant à la mère du poète, elle vivait encore en 1511, ainsi qu'il

Chanoine de cette Salle-le-Comte à Valenciennes où
Chastellain avait passé les dernières années de son illustre
vie, Molinet, sans avoir le talent de son prédécesseur,
aimait d'amour égal, au moins, l'art de rhétorique. Il en
avait étudié et formulé la théorie; il avait écrit de nombreux poèmes politiques, moraux et immoraux, et, rédi-
geant ses chroniques, qui valent mieux que ses vers, il
devait approcher de la cinquantaine lorsqu'il se chargea
de surveiller l'éducation du petit Jean Lemaire.

Celui-ci se trouva donc, tout jeune encore, sous l'influence directe d'un homme dont la littérature était l'unique
occupation, d'un poète officiel, en relations avec les écrivains les plus célèbres et considéré comme l'un des premiers d'entre eux, puisque Maximilien l'anoblit en 1503,
de même que le Téméraire avait, trente ans plus tôt, ano-
bli Chastellain[1].

C'est à Valenciennes que Jean Lemaire passa sa jeunesse, dans l'admiration de ce parent qu'il appelait encore,
longtemps après, « le chef et souverain de tous les orateurs et rhétoriciens de notre langue gallicane » (IV,
521). Il se souviendrait plus tard qu'en son jeune âge,
dans cette Salle-le-Comte, il avait « chanté *benedicamus* »
(IV, 481), et, dans son attachement pour cette ville dont
il se plut à rappeler en ses *Illustrations* l'origine légen-
daire et l'appellation poétique « Val de Cygnes » (II, 342),
il signa « Jean Lemaire de Valenciennes » l'un de ses
premiers poèmes[2] (IV, 326), à une époque où il ne songeait pas encore à s'intituler « de Belges ».

Ayant reçu dans ce milieu une première instruction qui

resulte d'une lettre qu'à cette date il adresse à Barangier et qui
contient ces lignes : « Nécessité filiale m'a contraint d'aller voir ma
bonne et ancienne mère qui labeure à l'extrémité de ses jours et a
regret que je n'ai passé par elle. » Voir C. Cochin et M. Bruchet,
Une lettre inédite de Michel Colombe. Paris, 1914, in-8°, p. 45.

1. Voir H. Guy, *ouvr. cité*, p. 29 et 77.

2. Ce poème est une oraison de 123 vers; il n'a aucune valeur,
mais présente cette curiosité que, si l'on réunit les lettres écrites en

dut intéresser son esprit curieux d'apprendre, il alla terminer ses études à Paris, après que « l'ordre de tonsure cléricale » (IV, 512) lui eût été conféré par l'évêque de Cambrai, Henri de Berghes.

Il s'agit évidemment d'études universitaires, quoiqu'il ne le dise pas de manière expresse; mais Molinet, ayant fréquenté l'Université parisienne, et jugeant apparemment que les dispositions intellectuelles de son futur disciple valaient qu'on les encourageât, devait naturellement songer à l'y envoyer à son tour. Nous ignorons combien de temps le jeune homme habita la grande ville et dans quelles conditions il y vécut et travailla; nous n'en savons pas plus, d'ailleurs, des autres séjours qu'il y fit par la suite; il a peu parlé de Paris, qui ne paraît l'avoir intéressé que par son activité intellectuelle, et ce n'est qu'un souvenir d'érudit reconnaissant qu'il adresse à la « cité capitale » quand il la nomme « mère et maîtresse souveraine des études de tout le monde, plus que jadis nulle Athènes ni nulle Rome », « de laquelle », ajoute-t-il, « j'ai principalement sucé tout le tant (combien que peu) du lait de littérature qui vivifie mon esprit » (I, 106).

Sans nous faire connaître ni quand ni comment ces études s'achevèrent, il nous apprend qu'en 1498, âgé donc de vingt-cinq ans, il était à Villefranche, en Beaujolais, clerc de finances, c'est-à-dire modeste fonctionnaire, de Pierre II de Bourbon, époux d'Anne de Beaujeu, ancien régent du royaume de France. Mais il est probable que c'est avant d'occuper cet emploi qu'il avait passé quelque temps au château de Balleure, près de Mâcon, à titre de précepteur des deux fils du seigneur de Saint-Julien. L'un d'eux, Claude de Saint-Julien, retrouvera, près de cinquante ans plus tard, parmi les livres qu'il avait assemblés, dit-il, « à la suasion de feu maistre Jean le Maire de Belges, mon bon précepteur » (IV, 11), le manuscrit d'un

rouge dans le manuscrit, on obtient le texte latin d'une prière adressée à la Vierge. Tous les rhétoriqueurs se sont amusés à ces jeux puérils.

des ouvrages capitaux de celui-ci, la *Couronne margaritique*, qu'il se chargera alors de publier.

Passer du service d'un seigneur assez mince à celui d'un prince qui, comme Pierre de Bourbon, avait exercé le pouvoir royal, et à propos duquel André de la Vigne écrit qu'il n'y avait homme

> Qui ne clisnat sous sa protection[1],

était un acheminement trop certain vers une meilleure fortune pour que nous hésitions à croire que c'est bien dans cet ordre chronologique que se succédèrent les premières fonctions remplies par Lemaire[2].

Ni les unes ni les autres ne pouvaient lui sourire; mais, quelque monotones et sans intérêt que dussent être les nouvelles, elles offraient du moins cet avantage qu'en l'obligeant à résider à Villefranche, elles le mettaient à quelques lieues de Lyon, où de fréquents séjours lui étaient aisés, si même les devoirs de sa charge ne l'y appelaient pas de temps en temps. Or, à Lyon, mieux encore qu'à Paris, il devait se sentir en un milieu favorable aux idées et aux goûts artistiques qui s'éveillaient en lui.

La ville n'était pas belle; elle groupait au pied de la colline de Fourvière et dans la presqu'île formée par le confluent de la Saône et du Rhône des maisons médiocrement bâties et mal rangées le long de rues sans pavés. Peu de monuments l'égayaient, mais elle était animée, remarquablement active et prête à la vie intense qu'allaient lui communiquer les événements politiques de la fin du xve siècle. Située, avec son fleuve et sa rivière, au carrefour des grandes voies qui mènent vers l'Italie, Lyon était un important marché; ses foires, quatre fois l'an depuis

---

1. André de la Vigne, *Le Vergier d'Honneur.*

2. Il est, en outre, fort peu probable que Lemaire eût songé à consacrer par un long poème la mémoire de Pierre II, comme nous allons voir qu'il le fit, s'il eût, à la mort de ce prince, cessé d'être à son service.

1462, y amenaient aux Rois, à Pâques, au mois d'août et
à la Toussaint des commerçants de l'Europe entière, et
les banques italiennes, auxquelles allaient avoir recours,
jusqu'au point de s'endetter lourdement, les rois de France,
y faisaient d'énormes affaires. Or, à partir du jour où le
jeune Charles VIII, commençant, suivant l'expression de
Commynes, « à sentir des fumées et gloire d'Italie », prépara les expéditions militaires qui devaient se renouveler
sous Louis XII et sous François Ier, une fortune inattendue
advint à la cité. Elle fut le centre d'où partit vers le royaume
de Naples et vers le Milanais toute la jeunesse guerrière
que la France y rassemblait; elle abrita la cour innom-
brable; elle connut, coup sur coup, les joyeuses entrées,
les réceptions d'ambassadeurs, les congrès où se discutent
les traités, les fêtes célébrant les succès, les tournois, les
joutes, les pompes funèbres; elle eut l'agitation d'une capitale, émue fébrilement par les bonnes et les mauvaises nouvelles d'une guerre qui, plus qu'aucune autre peut-être,
fut faite de victoires et de déroutes alternatives; elle fut,
enfin, la première à entendre, au retour de ces expéditions,
l'impression fraîche encore et toute éblouie que rappor-
taient d'au delà des monts les quelques « intellectuels »
qui, accompagnant les rois et les capitaines, avaient vu les
richesses multiples des villes prises, et généralement pillées.

De tout temps un souffle d'Italie avait caressé les fronts
lyonnais. Le Lugdunum romain avait laissé de maigres
ruines, mais quantité d'inscriptions, au Lyon médiéval, et
ce devait être assez, en un temps où les esprits accueillaient
avec amour tout ce qui venait de Rome, pour leur rappeler des origines illustres et leur en donner à la fois l'orgueil et la curiosité. Au sommet de la colline de Fourvière
avait été, peut-être, le *forum vetus* de Trajan; mais il
était mieux encore, pour les poètes et les érudits, de supposer qu'un temple consacré à Vénus et peuplé de ses courtisanes en avait fait un *forum veneris*.

Un temple y a, plus beau ne vit onc nuls...

chantera Jean Lemaire (III, 106), et, après lui, Maurice Scève, lyonnais, dira encore :

Ton haut sommet, ô mont à Vénus sainte[1]...

Sur ce mont, les poètes, les humanistes et tous ceux qu'intéressait l'art renaissant s'étaient réunis pour fonder une « académie » dont celle de Florence pouvait avoir fourni le modèle. Les Champier, les Fournier, les Villeneuve, les Thomassin, les hôtes de passage comme Perréal, Agrippa, Crétin, de la Vigne, d'Auton, Jean Marot, Jean Lemaire et bien d'autres s'y rencontraient, avides d'échanger leurs idées. La Renaissance italienne leur apportait sans cesse des formes d'art et des doctrines qui s'accordaient à leurs aspirations ; on y lisait et l'on y faisait proses et vers ; on déchiffrait des inscriptions, on discutait peinture, sculpture, architecture et musique, on s'enthousiasmait de tout ce qui semblait neuf à force d'être antique, de tout ce qui vivifiait l'esprit, exaltait l'âme, et l'on essayait de le concilier avec les principes, les goûts, les traditions héritées des vieux maîtres nationaux, car on n'était pas encore la génération qui s'affranchit et tente de rompre avec certaines habitudes du passé, mais celle, seulement, en qui se rencontrent les courants opposés et qui prépare cette révolte.

Les cinquante imprimeries qui fonctionnaient à Lyon, à la fin du xve siècle, indiquent quelle était l'activité intellectuelle de la ville.

> En mille maisons, au dedans,
> Un grand million de dents noires,
> Un million de noires dents
> Travaille en foires et hors foires...

et ces millions de noires dents, que célèbre Charles Fontaine dans une *Ode de l'antiquité et excellence de la ville*

1. M. Scève, *Délie, objet de plus haute vertu*, XCVᵉ dizain.

de Lyon écrite vers le milieu du xvie siècle, ce sont les caractères typographiques qui, groupés par les Treschel, les Gryphe, les Dolet, les de Tournes et leurs confrères, vont faire « revivre, pour mort qu'il soit »

Le poète et ses Muses saintes.

Comment Jean Lemaire, lui, le futur auteur des *Illustrations de Gaule et Singularités de Troie*, n'eût-il pas admiré ce Lyon, « chef de la Gaule celtique », qui,

Refleurissant comme un autre Ilion (III, 106),

lui fournissait une image aussi conforme à son goût et une rime aussi riche?

Parent de Molinet, il y a été accueilli avec faveur, il s'y est créé ses premiers amis, et, ne nous en étonnons pas puisqu'il a vingt-cinq ans, il se plaît à y rencontrer quantité de « nymphes » aux « visages angéliques » (id.), parmi lesquelles il choisit une maîtresse.

Plus discret que les poètes de la Pléiade qui détailleront bientôt, avec une complaisance avantageuse, l'histoire de leurs amours, il ne fait qu'une allusion rapide à cette aventure sentimentale, douloureuse, d'ailleurs, s'il faut en croire ses vers. Lui qui vint de Hainaut « querre[1] amour lyonnoise », « plus loin qu'à Nemours », dit-il,

On m'eût ouï pleurer, gémir et plaindre,
Tant furent grands mes cris et mes clamours.
(III, 102.)

Et, peut-être, est-ce le souvenir d'expériences personnelles qui lui fit écrire dans son *Traité de la Concorde des deux Langages* « qu'amitié ni fidélité[2] ne se pourra trouver au temple de Vénus qui signifie lâcheté et oisiveté, attendu qu'elle est trop amoureuse et accointe de Mars, le

1. querir. — 2. *féauté*.

grand dieu des batailles, lequel ne quiert sinon semer divi-
sion et zizanie entre loyaux amants » (III, 101).

Mais si ses amours ne lui servent pas de thème poétique,
du moins ne l'empêchent-ils pas de rimer. Des vers de
lui, datant, sans doute, de cette époque, se trouvent dans
un manuscrit qui lui appartint et qui porte ces mots :

> Écrit l'an mil quatre cents
> Quatre vingt et dix huit (IV, 334).

Ils forment un court poème intitulé *Notre Age*, et
quelques-uns, ingénieux, annoncent, malgré leur taille
battelée encore bien médiévale, la poésie prochaine de
Ronsard qui en reprendra maintes fois la donnée. Voici
les deux premières strophes de la pièce, qui en compte
dix :

> Notre âge est bref ainsi comme les fleurs
> Dont les couleurs reluisent peu d'espace ;
> Le temps est court et tout rempli de pleurs
> Et de douleurs, qui tout voit et compasse [1].
> Joie se passe ; on s'ébat, on solasse [2],
> Et entrelace un peu de miel bénin
> Avec l'amer du monde et le venin.
>
> Forçe se perd, toute beauté finit
> Et se ternit ainsi comme la rose
> Qui au matin tant vermeil espanit [3],
> Au soir brunit ; c'est donc bien peu de chose.
> L'homme propose et, après, Dieu dispose ;
> Faisons donc pause à tous mondains délis [4],
> Laissons jardins, roses, fleurons [5] et lys... (IV, 335).

Quoique ces vers dénotent l'habileté d'un rimeur qui se
joue de la complication rhétoricienne des règles, Lemaire
doutait de son talent et ne semblait même pas porter en
lui une vocation exclusive pour les lettres. C'est le passage
à Villefranche de Guillaume Crétin qui fixa sa destinée.

1. considère. — 2. s'amuse. — 3. s'épanouit. — 4. plaisirs. —
5. fleurs.

Poète renommé, ami de Molinet, avec lequel il échangeait
d'emphatiques et puérils compliments, Crétin, passant par
cette ville, avait encouragé les premiers essais du jeune
homme. Celui-ci lui en exprimera plus tard sa reconnaissance en l'appelant « mon vénérable précepteur et maître
en rhétorique française » (II, 255), et en lui dédiant le troisième livre de ses *Illustrations*, « comme à celui », dit-il,
« qui a été la cause première que je me suis enhardi et
entremêlé de mettre la main à écrire... » (id.).

Cette rencontre ayant eu lieu en 1498, cinq ans de la
vie de Lemaire se passèrent encore sans que nous sachions
comment il les employa littérairement, puisque ce n'est
qu'à la fin de 1503, à la mort de Pierre II, qu'il publia sa
première œuvre importante, *le Temple d'Honneur et de
Vertus, composé par Jean Lemaire, disciple de Molinet, à
l'honneur de feu monseigneur de Bourbon* (IV, 183); nous
savons seulement, mais sans autres détails, que dès 1500
il s'était mis à la composition de son ouvrage capital, *les
Illustrations de Gaule et Singularités de Troie*.

Le trépas d'un grand seigneur, ami des lettres, était, à
cette époque, un événement qui faisait régulièrement éclore
de la prose et des vers. « Pompes funèbres » décrivant le
cérémonial des obsèques, « déplorations » célébrant les
hauts faits et les vertus du défunt, ces œuvres étaient, pour
leurs auteurs, une occasion beaucoup moins d'exprimer
leur reconnaissance envers celui qui les avait entretenus,
pour autant qu'ils eussent été à son service, que de faire
valoir leur talent et d'essayer d'obtenir, dans la maison
d'un autre mécène, une charge de secrétaire, d'indiciaire,
de chroniqueur ou de valet de chambre.

Rien ne nous autorise à croire que Jean Lemaire aurait
eu des raisons particulières de pleurer le trépas de Pierre
de Bourbon, celui-ci l'ayant spécialement protégé ou seulement remarqué parmi la foule de ses serviteurs. Il n'en fit
pas moins, immédiatement, le panégyrique de son maître,
avec l'emphase naïve, subtile et prétentieuse mise à la
mode par les rhétoriqueurs dans ce genre de littérature.

L'invention du poème ne fut pas compliquée : sept « pastoureaux champêtres », aux noms virgiliens, et qui personnifient sept villes et provinces de l'apanage du duc, chantent « en termes ruraux » leur joie de vivre en paix et abondance sous le règne du dieu Pan et de la déesse Aurora — c'est Pierre II et son épouse Anne de Beaujeu — à qui les dieux ont accordé « une flourette » — c'est leur fille Suzanne de Bourbon. Sous de tels princes sont

> ..... moutons moult[1] honorés,
> Froments fort murs, fruitages fort friands,
> Rosiers riants, fleurs et fraises flairants[2],
> Préaux plaisants, parcs partout bien parés,
> Bois bien barrés, loups lointains lapidés...

bref,

> Pan est le dieu des bergers bienheureux,

et quand Aurora paraît

> La nuit s'enfuit avecques ses douleurs.

Mais, hélas, Saturne et Mars complotent de mettre fin à cet âge d'or ! D'affreux présages épouvantent le berger Tityrus.

« Nous avons vu », dit-il,

> Étoiles choir, planètes scintiller...

> ... Nous avons vu les chats-huants voler,
> Autour des parcs les chiens assavagir[3]
> Et toute nuit bien fort braire et hurler...

> ... De tous côtés monstres de terre saillent,
> Si très hideux que cheveux m'en hérissent,
> Et, à mon cœur, frayeur et crainte baillent.

> Ainsi disoit Tityre ; et, lors, frémissent
> Les autres quatre et les deux bergerettes,
> Et sous un orme ensemble se tapissent.

1. très. — 2. odorants. — 3. s'assauvagir, devenir sauvages.

> Eux étant là, sous l'ombre des branchettes,
> Galathéa, la douce pastourelle,
> Envers le ciel dressa ses mains blanchettes,
>
> En gémissant comme une tourterelle...

Mais rien ne protégera le « noble duc » du coup qui le menace ; une horrible nuée descend sur la terre, se pose « dessus sa tête ombreuse » et le voici « couvert de mort » ! Alors, tandis qu'Aurora se lamente, la nature entière participe à son tourment :

> Tous les troupeaux, en signe de douleur,
> En obscur noir changèrent toisons blanches,
> Et les bergers prirent deuil et pâleur...
>
> ... Monts verdoyants prirent neiges pour changes,
> La terre riche ôta ses beaux tapis
> Et prit pour fleurs les ennuyeuses fanges.
>
> Lors eussiez vu les troupeaux accroupis[1]
> Et sans pasteurs, épars, puis çà, puis là,
> Craignant le froid, et la faim qui vaut pis.
>
> Maint agnelet piteusement bêla,
> Et maint mouton qui ne trouva pâture,
> Par cris dolents son bon maître appela.
>
> Puis, tôt après, la nuit fit couverture
> A l'air obscur de ses grands ailes brunes,
> Et fit au jour ombrageuse clôture...

Aurora désolée, ayant sa fille auprès d'elle, se jette sur un lit pour y trouver quelque repos ; elle s'endort, et, pendant son sommeil, un songe la visite. Elle voit un édifice merveilleux, bâti « à la manière d'un temple antique », sur un mont « semblable à celui qu'on nomme Olympus en Macédone ». Dans ce temple se trouvent six statues plus « exquises et précieuses » que si les eussent taillées « Phidias ni Praxitèles, jadis souverains maîtres de sculpture ». Ces six personnages portent chacun une robe par-

---

1. *racroupis.*

semée de « lettres italiques » ; sur le premier des *P*, sur le second des *J* (*I*), sur le troisième et le sixième des *E*, sur le quatrième et le cinquième des *R*, « tellement qu'à les lire ensemble, par ordre, elles faisoient *PIERRE* ».

Et Aurora, sa fille et les bergers, éblouis « par la spéciosité incredible et richesse incomparable de ce beau temple », entendent les statues se nommer l'une après l'autre : *P*rudence, *J*ustice, *E*spérance, *R*aison, *R*eligion et *E*quité. Leur langage est plein de noblesse, témoin ce que dit *J*ustice :

> Fille de Dieu, de Prudence germaine
> Je me réclame, et mère de Concorde ;
> A un chacun le sien droit je ramène ;
> A tels rigueur, à tels miséricorde.
> Tous les exploits de mon royal domaine
> Au bien commun je produis et accorde,
> Dont il appert que sapience humaine
> Apprend bien peu si je ne la recorde[1].

On comprend d'autant mieux que les assistants se prosternent et adorent ces divinités qu'elles personnifient les principales vertus dont s'ornait le défunt, comme le leur explique un nouveau personnage « de forme angélique, ayant sa chevelure blonde et recerclée, et de belles ailes azurées et purpurines aux bras et aux talons ». Il s'appelle Entendement, et, par un long discours en prose, persuade à la duchesse qu'elle doit sécher ses larmes et bannir tout chagrin de son cœur. Il dit notamment : « Il faut pleurer ceux seuls desquels les corps et les noms ensemble par leur faute[2] et apathie[3] sont ensevelis en oubli[4] perpétuel ; mais ceux ne sont point pleurables ni lamentables qui par la mémoire de leurs gestes vertueux revivent et refleurissent de jour en jour. » Il lui expose ensuite que son époux a été reçu au Temple d'Honneur et de Vertus par ses plus nobles aïeux ; que ceux-ci ont décidé qu'il serait « perpètuellement honoré de ces trois titres : très bon, très

1. Si elle ne se souvient de moi. — 2. *coulpe.* — 3. *ignavité.* — 4. *oblivion.*

heureux, très pacifique », et qu'il y jouit, enfin, de l'éternelle félicité des élus.

Ces paroles réconfortent Aurora et sa fille ; chacun des bergers grave aux murs du temple une épitaphe « rude, mais de bonne affection », et l'ouvrage se termine sur quelques vers d'Entendement qui, « par salubre exhortation aux jeunes princes modernes », les engage à se mirer aux faits vertueux

> Du duc plein de resplandissance.

Que vaut un tel poème ? Rien du tout, dit M. Guy, qui n'y voit qu'une imitation de Molinet et le rajeunissement, parmi des jeux de rimes, « de très sottes allégories décrépites [1] ».

Cette sentence sévère me paraît discutable. Dénier toute valeur à une œuvre du xve siècle parce qu'elle manque d'originalité, c'est la juger d'un point de vue vraiment trop étroit. L'originalité était alors, en poésie comme en tout art, la moindre préoccupation des artistes. En construisant son poème d'après les modèles consacrés, en lui donnant pour protagonistes ces figures allégoriques : Pastoureaux, Pastourelles, Entendement, qui peuplent, avec tant d'autres, la littérature médiévale, en usant de ce banal procédé du songe, en ornant le tout d'images mythologiques, en se servant, en un mot, de la matière poétique alors en usage, Jean Lemaire ne procédait pas autrement que tel peintre du temps composant une nativité ou un crucifiement selon les règles convenues, et représentant ses personnages et leurs attributs conformément aux exigences d'une symbolique bien arrêtée. C'est d'après la seule supériorité de l'exécution que se classent la plupart des œuvres de cette époque ; exceptionnellement l'originalité de la conception s'y ajoute ; les œuvres auxquelles elle manque peuvent avoir pourtant une haute valeur.

S'il est donc vrai que, dans ce premier ouvrage, Lemaire a suivi les leçons de ses maîtres rhétoriqueurs et qu'aucune

---

1. H. Guy, *ouvr. cité*, p. 179.

idée nouvelle ne l'inspire, il n'en reste pas moins qu'on ne trouverait pas un poème contemporain de ce genre qui fût mieux, plus finement et plus clairement écrit. Sans doute, il en a calqué la forme, dans la première partie, sur l'*A B C sauvage* de Molinet et s'est donné le plaisir de faire sonner des rimes et d'étonner par d'étranges allitérations, — on en a vu un exemple dans les cinq premiers vers reproduits ci-dessus ; — sans doute, sa prose est-elle souvent d'une majesté pesante qu'encombre la parure de prétentieux néologismes, mais ces jeux de rimes sont rares, ces bizarreries de sonorité exceptionnelles ; il ne tombe jamais dans la cacophonie grotesque d'un Molinet ou d'un de la Vigne, et plusieurs des citations que l'on a lues ont montré combien sa plume avait déjà d'aisance et d'adresse. Enfin, détail intéressant, et par lequel s'annonce le Lemaire prochain, il innove véritablement dans le cours de son œuvre, en abandonnant soudain les formes prosodiques médiévales, pour écrire quatre-vingt-deux tercets « à la façon italienne, ou toscane et florentine », dont il se vantera plus tard d'avoir été le premier à faire usage en France (III, 101).

Ayant achevé son œuvre et mis au bas sa devise modeste et vraiment faite pour encourager les mécènes : *De peu assez*, Lemaire songea à en tirer parti. Il avait eu, aux dernières pages du morceau, des paroles flatteuses pour plusieurs illustres personnages, protecteurs possibles, vers lesquels il tournait les yeux ; c'étaient Louis XII, Anne de Bretagne, Philibert de Savoie, Marguerite d'Autriche, le duc de Gueldre, la duchesse de Berry (IV, 237). La nationalité du patron lui importait peu, pourvu que son service fût agréable et fructueux. Jean Perréal, un ami de Lemaire, lui conseilla pourtant de s'adresser autre part et d'offrir ses talents à Louis de Luxembourg, comte de Ligny, grand seigneur généreux, comblé d'honneurs et de biens par Charles VIII et Louis XII.

Le conseil était bon ; Perréal, habile homme, possédait d'ailleurs, à un même degré, l'art de faire des belles choses et d'en tirer profit. Connu sous le nom de Jean de Paris, peintre du roi, artiste universel, esprit multiple et remuant, il avait été employé maintes fois par les consuls de Lyon à l'organisation des fêtes publiques. C'est là, sans doute, que Lemaire et lui s'étaient rencontrés, et que le clerc de finances, plus jeune de treize ans, avait été séduit par ce peintre-sculpteur-architecte-poète, à la fois fier, indépendant et serviteur de rois.

Le comte de Ligny reçut volontiers l'hommage du *Temple d'Honneur et de Vertus*, et les choses ne traînèrent pas, puisque, Pierre de Bourbon étant mort le 10 octobre 1503, avant la fin de décembre de la même année le poème était écrit, dédié, envoyé, agréé, et le poète admis à titre de secrétaire « parmi les plus privés et secrets domestiques » (IV, 185) du grand seigneur.

Il n'y avait pas de temps à perdre d'ailleurs : le dernier jour de ce mois, Louis de Ligny mourait, âgé de trente-huit ans ; le secrétaire perdait sa place et il ne lui restait que de rédiger un nouveau poème mortuaire, qui lui en procurerait peut-être une autre.

C'est l'une des caractéristiques de la carrière littéraire de Jean Lemaire, — et lui-même le déplore, — qu'il dut interrompre maintes fois « son doux étude » pour employer sa « plume infélice[1], outil calamiteux », au récit

> De divers cas, violents et funèbres,
> Pleins d'infortune, accumulés de deuil,
> Lardés de pleurs, farcis de larmes d'œil... (IV, 15).

C'est qu'en effet une bizarre mauvaise chance semble lui faire porter malheur à ceux qui le protègent ; il a le mauvais œil !

Son nouveau patron disparu, il se remet donc à l'œuvre et, de la *Plainte du Désiré*[2], *c'est-à-dire la déploration de feu monseigneur Loys de Luxembourg, prince d'Altemore...* etc. (III, 157), de ce travail que lui commandent les circonstances, consacré à la mémoire d'un personnage qu'il n'a pas connu, auquel aucun lien d'affection ne le

____

1. malheureuse. — 2. Regretté.

liait, il fait, néanmoins, un de ses plus intéressants ouvrages.

Les allégories médiévales s'y retrouvent naturellement; ce sont Nature, Peinture et Rhétorique qui jouent les premiers rôles; mais l'invention du poème est simple, les ornements y sont particulièrement discrets et seul un véritable artiste a pu le concevoir et l'écrire tel qu'il est.

« ...... En une cité de Gaule celtique qui porte le nom du roi des bêtes, là où une douce et paisible rivière septentrionale se plonge et perd en un grand et impétueux fleuve oriental », — c'est-à-dire à Lyon, — ces trois déesses, Nature, Peinture et Rhétorique, veillent « auprès d'un noble corps gisant mort, tout de frais étendu sur un lit de camp. » Nature est trop atteinte du coup qui la frappe pour parvenir à proférer sa tristesse, et ce sont les deux autres « claires nymphes » qui vont, alternativement, nous dire les vertus du défunt.

Mais ces vertus, et c'est ici que l'artiste apparaît, sont bien moins celles qui firent triompher ses armes sur les champs de bataille que son amour de la peinture, de la musique et de la poésie.

Sans doute, il le faut bien, Rhétorique rappellera que Ligny, grand capitaine, fut

> Celui qui prit le seigneur Ludovic[1]...

celui qui fit la guerre aussi bien « que Marius », fut « aussi preux que Camille » et « triompha ainsi que Paul-Émile ».

> Voilà de quoi la Mort obscure et noire
> Se vante et dit, si l'en peut-on bien croire,
> Qu'elle a vaincu, du seul bout de son pic,
> Celui qui tant avoit d'humaine gloire,
> Celui qu'on lit en chronique et histoire
> N'avoir jamais apporté que victoire
> En France noble et à son bien public...

Mais, cette part étant faite aux qualités militaires du

---

1. Sforza, fait prisonnier à Novare en avril 1500.

grand homme, le reste, fort long, du poème, n'est plus
qu'une exaltation de ses vertus paisibles sous la forme que
voici :

Peinture parle la première; elle montre à la foule qui
les entoure Nature, « sombre, ternie, étonnée, ébahie »,
devant le cadavre du plus noble de ses enfants. Elle reproche à celle-ci, d'abord, avec une certaine véhémence,
de n'avoir pas su le défendre :

> Et vous, hélas, Nature, noble dame,
> Où étiez-vous ? Que faisiez-vous alors ?
> Faisiez-vous naître ou vicomte, ou vidame ?
> Travailliez[1]-vous adonques autour d'âme
> Qui mieux valût[2] ou de cœur ou de corps ?...

Mais elle reconnaît cependant que « tel étoit le bon plaisir de Dieu » et qu'il ne leur reste, à Rhétorique et à elle,
qu'à tâcher de dépeindre la douleur de Nature pour faire
comprendre l'immensité de sa perte. Pour elle, Peinture,
elle y emploiera ses instruments habituels, et, dans les
curieuses strophes que voici, Lemaire nous fait voir à quel
point il s'intéressait à l'art et au métier des peintres, et
par quelle disposition naturelle de son génie, indiscutable-
ment belge à ce point de vue, il mêlait l'invention littéraire à la vision plastique et les préoccupations de la couleur et du dessin à celle des rythmes et des mots; tout le
reste de son œuvre en sera plein d'exemples.

> J'ai pinceaux mille, et brosses, et outils,
> Or et azur tout plein mes coquillettes;
> J'ai des ouvriers, tant nobles et gentils,
> Esprits[3] soudains[4], aigus, frais et subtils;
> J'ai des couleurs blanches et vermeillettes;
> D'inventions j'ai pleines corbeillettes;
> J'ai ce que j'ai, j'ai plus qu'il ne me faut,
> Si[5] n'ai point peur d'avoir aucun défaut.

---

1. *Labouriez*. — 2. *voulsit*. — 3. *Engins*. — 4. prompts. —
5. Ainsi.

Et si je n'ai Parrhase ou Apelles[1]
Dont le nom bruit par mémoires anciennes,
J'ai des esprits récents et nouvelets,
Plus ennoblis par leurs beaux pincelets,
Que Marmion[2], jadis de Valenciennes,
Ou que Fouquet[3], qui tant eut gloires siennes,
Ni que Poyet[4], Roger[5], Hugues de Gand[6],
Ou Johannes[7] qui tant fut élégant.

Besognez donc, mes nourrissons[8] modernes,
Mes beaux enfants nourris de ma mamelle,
Toi, Léonard[9], qui as grâces supernes[10],
Gentil Bellin[11], dont les los sont éternes[12],
Et Pérugin[13] qui si bien couleurs mêle.
Et toi, Jean Hay[14], ta noble main chôme-elle?
Viens voir Nature avec Jean de Paris[15],
Pour lui donner ombrage et esperits.

Faites broyer sur vos polis porphyres
Couleurs duisant[16] à mon intention,
Toutes de noir et de diverses tires[17],
Pour exprimer les douloureux martyres
Que Nature a par lourde[18] infection.
Faites mêler pâte carnation,
Ne détrempez que noir de flamme[19] ou bistre :
C'est la couleur qui de deuil est ministre[20].

Laissez à part sinople et azur d'acre,
Laque, verdgay[21], toutes hautes couleurs;

1. Parrhasios et Apelle, peintres grecs du IVe siècle av. J.-C. Jean
Lemaire prononce Apellé. — 2. Simon Marmion, peintre français
(† 1489). — 3. Jean Fouquet, peintre français († 1481 ?). — 4. Jean
Poyet, miniaturiste français (vivait encore en 1497). — 5. Roger Van
der Weyden, ou de la Pasture, peintre belge († 1464). — 6. Hughe
Van der Goes, peintre belge († 1482). — 7. Jean Van Eyck, peintre
belge († 1441). — 8. *alumnes*. — 9. Léonard de Vinci, peintre italien († 1519). — 10. supérieures. — 11. Gentile Bellini, peintre italien
(† 1507). — 12. éternelles. — 13. Le Pérugin, peintre italien († 1524).
— 14. Jean Hay ou Hey, peintre allemand qui travailla en France à
la fin du XVe siècle. — 15. Jean Perréal, dit Jean de Paris, peintre
français († 1530). — 16. convenant. — 17. sortes. — 18. *grieve*. —
19. *flambe* (noir de fumée). — 20. Qui sert au deuil. — 21. Le vert
du perroquet.

Gardez-les bien pour quelque image sacre[1],
Pour étoffer statue ou simulacre
Qui soit de prix et de riches valeurs.
Ici ne faut que touches de douleurs,
Car d'or moulu Nature ne se pare,
Quand quelque grief de joie la sépare.

Voyez-la bien et remarquez son être;
Notez son œil couvert d'un sourcil triste;
Elle ne branle à dextre n'a senestre[2],
Dessus son sein[3] ne bouge sa main dextre,
En regardant le défunt en son gîte.
Bien il est vrai que ses soupirs vont vite,
Mais plus ne sont ses lèvres coralines,
Vu qu'elle a tant d'angoisses si malignes.

Ne peignez point Nature rubiconde,
Mais toute ombreuse et pleine de souci;
Ne la montrez fertile ni féconde,
Mais tout ainsi que pauvre et véréconde[4]
Quand elle voit son fruit mort et transi,
Son noble fruit qu'elle avait fait ainsi
Comme un miracle en humain personnage;
Et mort l'a pris en la fleur de son âge!...

... Peintres prudents le défunt vous aimoit;
Mettez Nature auprès de lui dolente,
Et le tirez[5] ainsi que s'il dormoit,
Ou si les yeux en veillant il fermoit.
Car point n'est mort de cause[6] violente,
Mais[7] est séché par langueur morne et lente,
Qui a maté ses beaux membres massifs
L'an de son âge environ trente-six.

Peignez Nature obscure, obnubilée,
Auprès du corps misérable éperdue,
Comme impossible à être consolée,
Comme Thamar par force violée,

1. sainte. — 2. Ni à droite ni à gauche. — 3. *pis.* — 4. modeste.
— 5. représentez. — 6. *d'achoison.* — 7. *Ains.*

> Comme Vénus qui sa joie a perdue
> Quand elle vit la personne étendue
> De son mignon Adonis le très bel,
> Ou comme Éva pleurant son fils Abel...

Malgré l'aide qu'elle attend de ses disciples, Peinture se rend compte, néanmoins, que la tâche qu'elle veut entreprendre dépasse ses forces, et elle cède la place à Rhétorique, plus capable de l'accomplir, grâce « aux mots dorés » que les Dieux lui dispensent.

Celle-ci commence, avec une modestie dont les rhétoriqueurs, ses fils, s'étaient fait une plaisante règle, par répondre qu'elle est trop « lasse, pauvre, humblette », pour réussir là où Peinture a échoué. Si tu n'as pu représenter, lui dit-elle, la douleur de Nature,

> Comment sera son deuil à moi dicible?

Invoquerai-je les Muses? Formerai-je lais et élégies? Hélas, je n'ai plus ni Virgile, ni Catulle; Alain Chartier[1], Millet[2], Greban[3], Robertet[4], Saint-Gelays[5] sont morts! Heureusement, parmi « mes orateurs », me restent

> Mon Molinet moulant fleur et verdure,

Crétin, d'Auton[6] et quelques autres qui,

> Vivant du lait des Muses et Grammaire,
> Daignent ici leur chef-d'œuvre former,
> Et déployer les biens de leur aumaire[7]
> Pour secourir leur humble Jean Lemaire...

Que les musiciens se joignent à eux! Que Josquin[8] fasse

---

1. Alain Chartier, poète et prosateur français (1390? † vers 1430). — 2. Jacques Millet, poète français (1428? † 1466). — 3. Arnould Gréban, poète dramatique français (1420? † 1471?). — 4. Jean Robertet, voir ci-dessous. — 5. Octavien de Saint-Gelays, poète français (1468, † 1502). — 6. Jean d'Auton, poète et prosateur français (1465? † 1528). — 7. armoire, écrin. — 8. Josquin Desprès, musicien français († 1521).

« un chant ainsi que de ténèbres » ; qu'Agricola[1], Hilaire[2], Enrart[3], Conrad[4], Prégent[5], leur apportent leur expérience, et, grâce à cette collaboration, ils triompheront de Mort et d'Envie qui ont poursuivi de leur haine ce « très sublime esprit. »

> Le corps pourra bien retourner en cendre,
> Mais le renom ne peut en oubli tendre,
> Car nul bienfait jamais ne dépérit.
> Pourquoi veuillez, sans longuement attendre,
> Tant travailler[6] et à ces fins prétendre,
> Que du bon comte on pût le los entendre,
> Qui par tout siècle en triomphe fleurit !

C'est donc par l'effet d'une étrange lecture que M. Guy a vu dans ces pages que « Rhétorique avoue tristement son impuissance, déclare que son règne décline et pressent que l'avenir n'est pas à elle[7] ». Ce sont là des pensées que le rhétoriqueur Lemaire n'a jamais eues et que son texte même dément.

Quelque original qu'il fût dans son poème, il ne l'a pas conçu davantage sur « un plan vraiment neuf[8] », car il se souvenait évidemment, en l'écrivant, de la *Déploration sur le trépas de feu Okeghem*[9], *trésorier de Saint-Martin*, due à Guillaume Crétin[10]. Quelques vers de ce dernier feront voir la ressemblance des deux œuvres. Ici, c'est Musique qui chante les louanges du mort et s'y fait aider

---

1. Alexandre Agricola, musicien allemand († 1506). — 2. Probablement Hylaire Penet, dit Toleron, chanteur à la chapelle Sixtine de 1514 à 1522. — 3. Peut-être Héniart, orthographié aussi Hanart, Heinart, Hanard. Il y eut deux Héniart, Martin et Jehan, tous deux chargés de fonctions musicales à Cambrai entre 1469 et 1483. — 4. Konrad Paumann, musicien allemand (1410? † 1473). — 5. Prégent, chanteur à la chapelle d'Anne de Bretagne de 1496 à 1498. — 6. *labourer*.

7. H. Guy, *ouvr. cité*, p. 181. — 8. *Ibid*.

9. Okeghem, musicien belge († 1495).

10. Éd. Coustelier, 1723, p. 38 et suiv.

par des musiciens célèbres, Tubal, David, Orphée, Chiron ; puis elle charge, non point Rhétorique, mais, ce qui
revient au même, le rhétoriqueur Crétin de publier ce
qu'il vient d'entendre et d'y ajouter tout ce qu'il sait à la
gloire d'Okeghem. Et le rhétoriqueur, lui aussi, se fait
modeste :

> ..... en l'affaire qu'ai pris
> Besoin me fut qu'autre auteur mieux appris
> Vint à présent mon sens ressuciter !
>
> Que n'eus-je alors l'éloquence de Tulle[1]
> Ou de Virgile, ou ceux qu'on intitule
> Grands orateurs et poètes laurés !
>
> Boèce où est-il ? Que ne me congratule ?
> Où est Properce et Tiburce[2] et Catulle,
> Pour recueillir tous leurs écrits dorés ?...
> Hé, Chastellain et maître Alain Chartier,
> Où êtes-vous ? Il me fut bien métier[3]
> Avoir de vous quelque bonne leçon ;
> Simon Greban[4], qui fûtes du métier,
> Que n'avez-vous laissé pour héritier
> Un Meschinot[5], un Millet[6], un Nesson[7],
> Pour haut louer le mélodieux son,
> La voix, le chant, la subtile façon
> De ce vaillant renommé trésorier ?...
>
> ... Sus, Molinet, dormez-vous ou rêvez ?...
> ... O Saint-Gelays, révérend orateur,
> Besoin seroit que fussiez or[8] auteur
> De quelque lai pour adoucir mes plaings[9]...

et Crétin termine sa déploration en exhortant les meilleurs

1. Tullius Cicéron. — 2. Tibulle. — 3. nécessaire. — 4. Simon
Gréban, frère d'Arnould, poète dramatique français (fin du
xv° siècle). — 5. Jean Meschinot, poète français (1430 ? † 1491).
— 6. Jacques Millet. — 7. Nesson, poète français de la première
moitié du xv° siècle. — 8. maintenant. — 9. plaintes.

musiciens du temps, Agricola, Després et d'autres, à composer un *Ne recorderis*

Pour lamenter notre maître et bon père...

Il est visible d'après ceci que Lemaire n'a guère inventé dans le rôle qu'il donne à Rhétorique et les paroles qu'il lui fait prononcer. Mais il est vrai que son poème est alertement écrit, et très curieux dans sa première partie, à laquelle ces noms de peintres de toutes écoles, et particulièrement de peintres italiens, donnent un parfum de Renaissance inattendu. L'œuvre a, par là, le mérite de nous faire connaître certains caractères de l'esprit de l'auteur, grâce auxquels nous pouvons commencer à nous représenter l'artiste qu'il est, au moment où le « recueille » Marguerite d'Autriche.

III.

L'INDICIAIRE DE MARGUERITE D'AUTRICHE.

C'est à la fille de l'empereur Maximilien qu'il avait adressé, cette fois, son chant funèbre. Il lui dit, en le lui envoyant, que « ce petit présent » lui est fait « par manière de prémices » (III, 187).

Elle avait épousé Philibert II le Beau, duc de Savoie, et habitait avec lui, près de Bourg-en-Bresse, à quelques lieues de Lyon, le château de Pont-d'Ain.

Une quittance signée par Lemaire, à Turin, nous apprend que, six mois après la mort de Ligny, dès juin 1504, Marguerite l'avait « recueilli » (III, 187) et qu'il était à son service. Entré dans la maison, sur la recommandation de ses talents de rhétoriqueur, on le voit assurément mieux parmi les « domestiques » de la duchesse que parmi ceux du duc. Celui-ci n'était qu'un beau gaillard de vingt-quatre ans, s'adonnant « au voluptueux et juvénile exercice de la chasse » (IV, 19) et se souciant fort peu des lettres et des arts ; son épouse, au contraire, leur portait un intérêt qui la classe parmi les promoteurs princiers de la Renaissance.

On imagine donc peu ce que Lemaire eût fait pour le premier, tandis qu'on sait, par lui-même, que, dès ce moment peut-être, à Turin en tout cas, la duchesse lui avait donné l'idée, « plate-forme, portraits et inventions » (IV, 395-397), d'un ouvrage auquel il travailla sans retard et longtemps, *Le Palais d'Honneur féminin*[1].

---

1. Il y travaillait encore en novembre 1510. Voir sa lettre de cette date (IV, 397).

Perdu, comme plusieurs de ses œuvres, ce panégyrique galant, fort dans le goût de l'époque où la littérature féministe et antiféministe fut très nombreuse, devait répondre à quelque intention de la jeune femme, car nous savons que, pour se faire valoir auprès d'elle et l'intéresser à sa personne, Corneille Agrippa, qui avait rencontré Lemaire à Dôle et avait noué avec lui des relations d'amitié, lui en emprunta l'idée et composa pour elle, en 1509, son *De Nobilitate et præcellentia fœminei sexus declamatio* ou *Traité de la prééminence du sexe féminin.*

Mais, quel que fût le travail qui occupât Lemaire en cet été de 1504, où, serviteur d'un jeune couple princier, il pouvait croire, oubliant sa fatale influence, que la fortune lui souriait enfin, un accident soudain vint interrompre son labeur : le duc, s'étant rafraîchi d'eau glacée au cours d'une partie de chasse, mourait inopinément le 9 septembre !

Ce trépas, qui privait Jean Lemaire de son troisième protecteur, faisait perdre à la duchesse son troisième mari. Le premier l'avait répudiée, les deux suivants étaient morts ; elle n'avait cependant pas encore atteint sa vingt-cinquième année.

Née à Bruxelles le 10 janvier 1480, elle avait été fiancée à trois ans au fils de Louis XI et menée en France, où le dauphin Charles, âgé de douze ans, l'avait épousée, « selon l'usage, avec la main et l'anneau[1] ».

Élevée au château d'Amboise, auprès d'Anne de Beaujeu, l'éducation particulièrement soignée qu'elle y reçut la préparait à son rôle royal, lorsqu'en 1493, à la suite du traité de Senlis, le dauphin, devenu Charles VIII et ayant épousé Anne de Bretagne, la restitua à Maximilien avec la dot qu'elle lui avait apportée. Celle qui, « plusieurs années, avoit été reine de France[2] », fut ainsi reconduite à la frontière du royaume.

1. Voir Thibaut, *Marguerite d'Autriche et Jean Lemaire de Belges.* Paris, 1888, in-8°.
2. Commynes, *Mémoires,* liv. VI, ch. III.

Fillette de treize ans, à l'esprit éveillé, la petite princesse avait ressenti l'injure qui lui était faite ; sa politique témoigna par la suite qu'elle ne l'oubliait pas.

Trois ans plus tard, elle était fiancée à l'infant Juan de Castille. Le vaisseau qui la menait en Espagne faillit faire naufrage, et c'est pendant la tempête que, d'un esprit pourtant joyeux, elle composa son épitaphe :

> Ci-gît Margot, la gentil' damoiselle,
> Qu'a deux maris et encore est pucelle.

L'épitaphe, heureusement, devait être inutile et inexacte ; Margot ne sombra point, et le mariage fut célébré, en avril 1497, à Burgos. Mais, quelques mois plus tard, le 4 octobre, son mari la laissait veuve et enceinte d'un enfant qui mourut en naissant.

Elle revint aux Pays-Bas deux ans après, et, ayant, à Bruxelles, le 26 septembre 1501, épousé par procuration le duc Philibert II de Savoie, dit le Beau, elle allait achever sa troisième année de bonheur auprès d'un mari qu'elle aimait, quand survint l'accident qui le lui enleva.

Son désespoir fut immense ; sa douleur fut longue. N'ayant même pas un enfant qui consolât ses regrets, car « aux dieux supérieurs n'a point semblé qu'ils dussent enrichir ce bas territoire d'une si somptueuse semence » (IV, 19), c'est à partir de ce jour qu'elle prit pour devise : *Fortune infortune fort une* [1] ; et elle résolut d'élever à son époux un mausolée superbe qui témoignerait de son amour éternel et de son deuil inconsolable.

C'était une jeune femme intelligente, au visage plaisant, gracieusement entouré de cheveux blonds, s'il faut en croire un vitrail de l'église de Brou. Décidée à ne plus se marier (peut-être même à ne plus aimer, si c'est à tort que la chronique scandaleuse lui prête un consolateur, Antoine de Lalaing, qui en aurait eu deux ou trois enfants [2]), nom-

---

1. La fortune tourmente fort une [femme].
2. Voir Henne, *Hist. du règne de Charles-Quint en Belgique*,

mée régente des Pays-Bas en 1507, elle y vécut, en son palais de Malines surtout, une vie simple, tranquille et pourtant étonnamment active.

Ce n'était point la politique intérieure et extérieure, où elle se révéla plus habile que la plupart des hommes d'État de son temps, qui seule l'occupait; surveillant l'éducation de son neveu Charles et de ses nièces; collectionnant les objets d'art, les joyaux, les tapisseries, les tableaux et les livres; aimant la musique et jouant de divers instruments; dirigeant avec un soin pieux la construction de la charmante église de Brou, qui devait être le tombeau de son Philibert; s'entourant de peintres, de sculpteurs, d'architectes, de musiciens, de poètes et de savants; suscitant, encourageant et récompensant leurs travaux, elle mêlait l'art à sa vie par une tendance spontanée de sa nature. Ses peintres étaient Jean de Mabuse, Jean Mostaert, Michel van Coxie, les Conixloo, van Orley, Jacopo de Barbari; ses architectes et sculpteurs, van Boghem, Michel Colombe, Perréal, Conrad Meydt; ses musiciens, Compère, Brunel, Agricola; ses poètes, Molinet, Fossetier d'Ath, Jean Second, Jean Lemaire de Belges.

Elle-même écrivait, et n'écrivait pas mal, s'il est bien sûr que ces vers sont d'elle :

> Me faudra-t-il toujours ainsi languir?
> Me faudra-t-il enfin ainsi mourir?

t. IV, p. 354, note 1. — Une anecdote curieuse est rapportée à ce sujet par M. Gachet dans sa préface aux *Albums poétiques de Marguerite d'Autriche*, édités par la Société des Bibliophiles belges, séant à Mons (1849). Comme certaines personnes de la cour se scandalisaient de l'intimité trop ouverte qui existait entre la régente et Antoine de Lalaing, une démarche fut faite auprès de Charles-Quint dans l'espoir qu'il adresserait quelques reproches à sa tante: mais il se borna à écrire sur un mur les vers suivants :

> « Qui n'a dans sa maison
> Ni catin ni fripon,
> Qu'il mette ici son nom. »

Nul n'aura-t-il de mon mal connaissance ?
Trop a duré, car c'est de mon enfance !...

... Pleine d'ennui, de longue main atteinte
De déplaisir en vie langoureuse,
Dis, à part moi, que serois bien heureuse
Si par la mort étoit ma vie éteinte...

... Le temps m'est long, et j'ai bien le pourquoi,
Car un jour m'est plus long qu'une semaine ;
Dont je prie Dieu que mon corps tôt ramène
Où est mon cœur qui n'est plus avec moi...

Quelquefois elle est moins dolente :

Que puis-je mais, si ne suis belle ?
A moi ne tient, c'est à Nature,
Laquelle fait sa créature
Blanche, rouge, rousse ou brunelle.

Telle qu'on me voit, je suis telle.
Puisqu'à moi n'étoit l'électure [1],
Que puis-je mais, si ne suis belle ?

Bonne suis, noble damoiselle,
D'assez élégante stature,
Ayant en bon lieu nourriture,
Et s'en rien je ne suis miselle [2],
Que puis-je mais, si ne suis belle ?

Tristes ou souriants, ces vers, d'un joli goût, ont une
sorte d'élégance aristocratique. Un homme épris de littérature, tel que Jean Lemaire, devait considérer comme
un bonheur exceptionnel de pouvoir approcher et servir
la femme qui les faisait ; et comme celle-ci, de son côté,
l'appréciait, il n'eut pas à craindre que le décès de Philibert II le privât de nouveau d'emploi ; il demeura le rhétoriqueur de la duchesse, en attendant qu'elle lui conférât
bientôt un titre officiel.

1. le choix. — 2. lépreuse.

Ce décès lui imposait d'ailleurs une tâche qui lui ferait gagner définitivement la faveur de sa maîtresse. Sans flatter le deuil de celle-ci, il va le chanter, le célébrer, l'entourer d'art et de poésie. C'est peut-être, en partie, à lui que la duchesse doit l'idée de donner aux constructions de Brou l'importance et le luxe architectural et décoratif que n'avait point son premier projet. M. Stécher a remarqué avec raison que, déjà, dans son *Temple d'Honneur et de Vertus*, Lemaire engageait Anne de Beaujeu à construire, à la mémoire de Pierre de Bourbon, comme fit jadis « la chaste Artémise, femme du roi Mausole... quelque très haut chef-d'œuvre miraculeux et surpassant tout autre » (IV, 224).

Une pareille construction, s'inspirant d'un si grand exemple antique et unissant à la beauté d'aussi nobles sentiments, devait trop séduire Lemaire pour qu'il ne poussât pas ardemment à son exécution, si même l'idée première n'était pas de lui ; nous verrons, par la suite, combien il seconda dans cette entreprise difficile et longue la nouvelle Artémise. Mais, à côté de cette collaboration, la tâche qui lui incombait, à lui seul, était le chant funèbre qui révélerait aux foules la perte qu'elles avaient faite par la mort du beau Philibert.

Quoiqu'il n'y eût pas grand'chose à dire de ce jeune homme, qui avait cependant accompagné Charles VIII à Naples et servi Louis XII dans la conquête du Milanais, Lemaire fût parvenu sans doute, en assemblant des lieux communs, à écrire un poème de longueur suffisante ; il ne lui avait pas fallu davantage pour pleurer Pierre de Bourbon, de la vie même duquel il n'avait rien rappelé. Mais il voulait, cette fois, faire un grand ouvrage qui lui permît d'étaler son talent et son savoir, bâtir, lui aussi, « quelque très haut chef-d'œuvre miraculeux et surpassant tout autre », et il imagina, après quelques pages de regrets réservées au défunt, de consacrer les autres à la louange de sa veuve.

La *Couronne margaritique* (IV, 15), qui fut ce « chef-d'œuvre », ne parut qu'en 1549 ; mais des copies du manuscrit avaient passé en plusieurs mains, — nous avons vu que Claude de Saint-Julien en possédait une, — et Marguerite d'Autriche, bien que morte en 1530, la connut certainement.

Cette déploration, volumineuse, est écrite pour la plus grande partie en prose ; elle contient néanmoins un millier de vers. Lourde, longue, indigeste, curieuse, puérile et savante, confuse et ordonnée, fastidieuse et amusante, d'une forme souvent ridicule et parfois vraiment belle, elle est assurément l'œuvre la plus étrange et la plus typique qui ait été écrite à cette aube de la Renaissance.

Encore qu'elle soit difficile à résumer, il convient d'essayer d'en donner une idée, car elle apparaît comme le parangon de la littérature rhétoricienne, un de ces monuments où se sont exprimés tous les principes, toutes les tendances, tous les goûts et tous les procédés d'une école.

Autant qu'Hercule, que Méléagre et que Céphale, Philibert II aimait la chasse, et, comme il était « florissant en jeunesse, fructifiant en force et en beauté, abondant en biens » et possédait « pour le comble de sa haute félicité... une précieuse fleur céleste nommée Marguerite, la plus illustre du monde », Infortune et Mort, enviant son beau destin, décident de le tuer un jour qu'il se livrait à son passe-temps favori. L'exploit nous honorera, avait dit Infortune, « très hideux et dénaturé monstre » rêvant, en même temps, de triompher de la fermeté de Marguerite, qu'il avait suivie jadis « jusqu'en Espagne », et dont, malgré ses coups, il n'était point parvenu à ébranler le courage. Mort se laissa aisément convaincre, et, « sans autre délibération, l'extermineuse d'humain lignage ouvrit son carquois pestifère ; elle [1] en tira promptement une flèche des plus aiguës et des plus inévitables, et, après avoir tâté si la pointe était bien acérée, elle la mit en

1. *si.*

coche et la tint ainsi suspendue[1], jusqu'à ce qu'il fût temps de l'exploiter ».

Le prince chasse; il a chaud; il se désaltère imprudemment d'eau froide; le moment est venu de l'atteindre, et Mort, « courbant profondément son arc turquois jusques à l'amener en rondeur[2] », lâche la flèche qui pénètre « les vives entrailles » du prince et se fiche « dedans son sang jusqu'aux empennes »... « Alors le noble duc, frémissant du coup dont il ne voyoit point l'auteur, jeta un grand soupir, remonta à peine[3] sur un cheval qui lui fut amené, mit la main à la poitrine, puis commença à baisser le chef et à se plaindre grandement. Et, tout ainsi qu'un grand cerf ramé, après longues courses et grands périls échappés, étant à la grosse haleine, parce[4] qu'il n'entendoit[5] plus nuls chiens glapir[6], ni nuls cors bondir parmi la forêt retentissante, se couche sur l'herbe verte en l'ombre du bocage feuillu pour respirer à loisir, sans soupçon quelconque de péril éminent; et, néanmoins, par quelque veneur étranger, errant tout tranquillement[7] parmi le bois, ce gentil cerf reposant à son grand malheur est entrevu et tantôt atteint insidieusement d'un trait[8] bien tranchant; alors[9], la noble bête, navrée à mort, se lève tout effrayée, avec[10] le vireton mortel qui lui a percé nerfs et veines, et ne lui souvient d'aller chercher la bonne herbe appelée dictame, appropriée à sa guérison, mais en gémissant bien piteusement se prend à repairer en son gîte pour, là[11], mourir en grande détresse; ainsi fit ce très illustre prince, lequel, après ce très dangereux coup reçu, tout troublé d'agitation[12], se mit à retirer tout simplement[13] vers le lieu propre de sa naissance, faisant mine abattue[14] et dolente. »

Malgré les soins dont l'entoure sa compagne, et quoi-

1. *suspence*. — 2. *rondesse*. — 3. péniblement. — 4. *pource*. — 5. *n'oyoit*. — 6. *glattir*. — 7. *coyement*. — 8. *raillon*. — 9. *adonques*. — 10. *à tout*. — 11. *illec*. — 12. *transmué de sangmeslure*. — 13. *bellement*. — 14. *matte chère*.

qu'elle eût fait « venir en toute diligence les gens et
ministres du dieu Esculape », il ne tarde pas à expirer, et,
lorsque la belle nymphe Hébé, « déesse de jeunesse »,
pleurant sur ce beau corps qu'elle « accompagnoit en son
âge fleuri », aura déclaré que si Mort l'avait laissé vivre
il eût été « un chef-d'œuvre de nature », on embaumera
le cadavre, on l'enterrera, et il ne sera plus guère question
de Philibert.

C'est que, avec raison, Hébé s'alarmait de la douleur
incroyable de la duchesse et que ce sujet touche Lemaire
davantage. Cette douleur inquiète dame Vertu elle-même,
« concierge et châtelaine du haut palais cristallin du roi
Honneur, son frère »; prise de pitié, elle envoie deux de
ses filles, Prudence et Fortitude, réconforter « la tourterelle chaste, laquelle... ne faisoit autre chose fors que...
plaindre et déplorer la perpétuelle absence de sa bien-
aimée partie ».

Elles l'exhortent à triompher d'Infortune, et, sans trop
de peine, parviennent à rendre à ce grand cœur féminin
la constance et la fermeté qui l'abandonnaient : « Ainsi[1]
profita tant, en peu d'heures, cette noble fleur terrestre, et
tant apprit, sous la discipline morale des deux vertus, ses
familières dessusdites, qu'elle redressa le chef de son clair
sens, foulé[2] par les pieds d'Infortune, et, petit à petit, se
montra telle, aux regardants, comme fait la lune céleste,
laquelle, après avoir souffert une ténébreuse éclipse[3] de
tout son corps, fait revoir[4] parmi[5] les nues errantes sa
beauté brillante[6] et rassemble ses rais argentins pour en
enrichir la nuit taciturne. »

Vaincus, les deux monstres Infortune et Mort retournent
aux enfers, et, pour fêter cette insigne victoire, Vertu
décide d'honorer « le chef de sa bien-aimée d'une auréole
triomphale et permanente », c'est-à-dire de faire ciseler
pour la duchesse la *Couronne margaritique*.

1. *Si.* — 2. *conculqué.* — 3. *eclipsation.* — 4. *repare.* — 5. *entremy.*
— 6. *spécieuse.*

Elle commande ce joyau à Mérite, « le bon orfèvre du roi Honneur », occupé en ce moment à forger des armes pour Maximilien et pour son fils Philippe le Beau, « en qui gît l'espoir du monde », ainsi que des diadèmes pour les princes vertueux trépassés, parmi lesquels se trouvent, naturellement, les deux époux de Marguerite.

Curieux, charmants et d'une valeur unique sont les vers qui nous montrent les ouvriers de Mérite travaillant en leur atelier :

> ... On entendoit[1] bruire et frémir
> Ouvriers là-bas[2], comme mouchettes,
> Lingots d'or et d'argent gémir
> Dedans l'eau, entre les pincettes.
> L'un les essayoit aux touchettes,
> Un autre les applatissoit,
> L'un les pesoit aux balancettes,
> Et l'autre les arrondissoit.
>
> Fournaise, enclume, creusets, mosles[3],
> Limes, burins et martelets
> N'ont nul repos[4] aux mains peu molles
> De ces ouvriers qui ne sont lets[5];
> Car tous sont maîtres, non valets,
> Bien instruits[6] d'élever feuillure,
> Et faire maints traits nouvelets
> D'images en bosse et niellure.
>
> Et, certes, bon voir faisoit-il,
> Comment, par magistrale adresse,
> Chacun manie son outil,
> Soude sa pièce, ou tourne, ou dresse,
> Et, par une industrie expresse,
> Aux gemmes sait lustre bailler,
> Polir l'or pour ôter l'aspresse[7],
> Friser, graver ou émailler...

Parmi ces artisans l'on compte Polyclète, Phidias, Lysippe, Praxitèle; attendons-nous donc à les voir faire

----

1. *Si oyoit-on.* — 2. *léans.* — 3. *moules.* — 4. *séjour.* — 5. *haïssables.* — 6. *aprins.* — 7. *âpreté.*

un extraordinaire joyau de la *Couronne margaritique*, d'autant plus qu'ils y vont être aidés par d'inattendus collaborateurs.

Ce sont, d'abord, dix nymphes que Vertu choisit parmi ses filles, demoiselles et suivantes, et qui sont elles-mêmes chacune une vertu. Elle les fait ranger en cercle, dans « une grande salle claire et bien enluminée d'or et de peinture », après les avoir « accoutrées... d'ornements presque divins » et tiré de ses trésors dix pierres précieuses différentes qu'au moyen d'un « petit cordon de soie noire » elle « attache, une par une, aux fronts très resplendissants desdites vertus célestes, selon la mode italique qui bien leur séyoit ». Ceci fait, entrent dans la salle, en même temps que l'orfèvre Mérite, amené par Noble-Penser, et qu'une jeune femme, nommée Martia, « jadis experte en l'art de peinture », dix philosophes, orateurs, historiens, introduits par Savoir-Humain. Le choix en est curieusement révélateur des préoccupations intellectuelles du temps, conciliatrices entre les traditions et les orientations nouvelles ; ce sont : Robert Gaguin [1], Albert le Grand [2], Jean Robertet [3], Isidore de Séville [4], Chastellain [5], Boc-

---

1. Robert Gaguin (1425 † 1502 ?), chroniqueur et diplomate français, général de l'ordre des Mathurins, chargé de nombreuses ambassades par Louis XI et Charles VIII, auteur de quelques poèmes latins et d'une histoire de France, également en latin : *De origine et gestis Francorum compendium.*

2. Albert le Grand (1193 ou 1205 † 1280), philosophe et théologien allemand, professeur à Strasbourg, Fribourg, Cologne, Paris, auteur d'une Physique, d'un *De Cœlo*, d'un *De Animalibus*, d'un *De Vegetalibus.*

3. Jean Robertet (mourut vers la fin du xvᵉ siècle), bailli d'Usson, greffier du parlement du Dauphiné, auteur de quelques poèmes, ballades, rondeaux, épîtres, de vers latins et d'une traduction des *Triomphes* de Pétrarque.

4. Isidore de Séville (560 ? † 636), théologien espagnol, archevêque de Séville ; son œuvre principale, vaste encyclopédie des sciences de son temps, est intitulée : *Originum seu etymologiarum libri XX.*

5. Georges Chastellain (1404 † 1474), chroniqueur et poète belge, historiographe de Bourgogne, auteur de nombreux poèmes et d'écrits en prose, parmi lesquels ses *Chroniques*, intéressant les règnes de Philippe le Bon et de Charles le Téméraire.

cace[1], Arnauld de Villeneuve[2], Marcile Ficin[3], Martin le
Franc[4] et Vincent de Beauvais[5].

Vertu leur expose ce qu'elle attend d'eux : en plaçant
dans un certain ordre les lettres capitales des dix noms
des belles nymphes, elles formeront celui de Marguerite;
les dix premières lettres des noms des pierres précieuses
le formeront aussi; que les philosophes et orateurs dis-
courent donc, tour à tour, sur les « qualités et alliances »
de chacune de ces vertus et de ces gemmes, afin qu'il
apparaisse qu'elles ont « concordance si naturelle que
d'elle pût résulter, comme en un miroir très certain, le
vif exemplaire de la Dame ci-dessus mentionnée ». Tandis qu'ils parleront, Martia peindra le portrait des dix vertus, puis Mérite forgera la couronne dont chacune d'elles
« tiendra lieu d'un fleuron ».

Et messire Robert Gaguin commence une harangue sur
le modèle exact de laquelle les neuf suivantes seront taillées. La vertu et la gemme dont il traite sont Modération

1. Jean Boccace (1313 † 1375), poète et prosateur italien, auteur de
divers poèmes, des contes du *Décaméron* et de compilations latines :
De claribus muliebris, *De Casibus illustrium virorum*, *De Genealo-
gia deorum gentilium*, particulièrement appréciées par les érudits
médiévaux.

2. Arnauld de Villeneuve (1235 † 1311), médecin et alchimiste, né
en Catalogne, auteur probable du *Breviarum praticae* et de divers
traités, tels que le *Commentaire sur l'École de Salerne* et le *De
Conservanda juventute et de retardanda senectute.*

3. Marsile Ficin (1433 † 1499), théologien et philosophe florentin,
président de l'Académie platonicienne de Florence, auteur de tra-
ductions de Platon, de Plotin, de Jamblique, de Denys l'Aréopa-
gite, ainsi que d'une *Theologia platonica sive de animarum immor-
talitate.*

4. Martin Le Franc (1410 ? † 1462 ?), poète français, secrétaire
d'Amédée VIII, duc de Savoie, prévôt de l'église de Lausanne, légat
apostolique auprès du duc de Bourgogne, Philippe le Bon, auteur,
notamment, d'un long poème, *Le Champion des Dames*, et de l'*Estrif de Fortune et de Vertu.*

5. Vincent de Beauvais (1190 ? † 1264 ?), dominicain, auteur d'une
vaste encyclopédie, le *Speculum majus*, comprenant un *Speculum
naturale* (histoire naturelle), un *Speculum doctrinale* (sciences et
lettres), un *Speculum historiale* (histoire).

et Marguerita (la perle); la vertu lui inspire une citation
d'Euripide; puis il la définit, et, donnant le sens allégorique de la gemme, il y ajoute tout ce qu'il connaît de son
origine et de ses propriétés; il constate, alors, une étroite
concordance entre ses qualités et celles de la duchesse, et,
après avoir comparé celle-ci à une illustre princesse dont
le nom commence également par une M, il cède la parole
à Albert le Grand.

Celui-ci discourt sur Animosité bonne (le courage) et
sur Adamas (le diamant); il cite l'*Énéide;* il analyse la
vertu, décrit la pierre et démontre que Marguerite, semblable à Artémise, s'est révélée maintes fois, dans les tra-
verses de sa vie, « toute animeuse et toute adamatine ».

Jean Robertet, troisième, commente la Rectitude de conseil et le Rubis; il cite Ménandre; il estime que c'est à
Radegonde que ressemble la jeune veuve; il compare,
déduit, admire comme ses deux devanciers, et, jusqu'à
Vincent de Beauvais, sept fois encore le même exercice se
répète.

Il serait fastidieux d'en faire le résumé; on en connaît
assez pour deviner ce qu'une pareille composition permet
à l'auteur d'accumuler d'inventions, de fantaisies, d'observations exactes, de connaissances puériles et de renseignements curieux. Elle tient à la fois de la chronique, du
lapidaire et du traité moral. On y trouve des portraits
charmants de la duchesse, celui-ci notamment..., « le cor
d'ivoire pendu en écharpe, montée sur un ardent palefroi,
(elle) suivoit communément son très cher seigneur et
époux, courant à force les cerfs ramés par bois et par
landes, par monts et par vaux, sans craindre l'ardeur du
soleil ni le labeur de la chasse, croyant[1] que, par sa présence soigneuse, elle le pût préserver de tout inconvé-
nient ».

Lemaire nous donne aussi, dans ces harangues, maints
détails intimes de la vie de Marguerite, qui peignent, par

1. *cuydant.*

surcroît, les mœurs de son temps. Il nous apprend qu'après le trépas de son mari, la pauvre femme, dans l'égarement de sa douleur, voulut se jeter par la fenêtre; ensuite qu'elle coupa « ses beaux cheveux dorés[1] » et « autant en fit-elle faire à aucunes de ses plus privées damoiselles ». Puis, il conte ses voyages et les aventures qui lui survinrent; il cite d'elle des traits de bonté, de vaillance et d'esprit; il loue ses amis, attaque ses ennemis, traite naturellement aussi mal Charles VIII, qui la répudia, qu'Anne de Bretagne qui prit sa place; et, sans se douter qu'il célébrera celle-ci, plus tard, avec la même emphase courtisane, il écrit d'elle, imprudemment, que, « touchant hauteur[2] d'extraction, ni de beauté[3] corporelle, ni de rectitude, perfection et intégrité de membres », elle n'est « en rien comparable » à Marguerite[4].

A ses souvenirs vivants et à ses impressions personnelles, il ajoute tout ce que ses maîtres et les livres lui ont appris; histoire et légende, science et pseudo-science, ouvrages antiques et médiévaux, mythologie, théologie, philosophie lui sont autant de sources dans lesquelles il puise, avec la joie de citer cent noms d'auteurs et d'étaler une érudition qui mêle des connaissances réelles à des sottises enfantines; et le tout est écrit dans une langue qui, tour à tour, paraît une gageure, tant elle accumule de néologismes et de formes prétentieuses, puis parle avec adresse, simplicité, beauté parfois. On en a vu ces deux aspects dans quelques-unes des citations qui précèdent; en voici deux exemples encore : Robert Gaguin commence sa harangue en un français aussi comique que celui de

---

1. *auréins.* — 2. *hautesse.* — 3. *formosité.*

4. La *Couronne margaritique* n'ayant été publiée qu'en 1549, Anne de Bretagne n'a pas connu ces lignes, qui l'eussent blessée d'autant plus vivement qu'elle n'était pas belle et qu'elle boitait. Si elle les avait lues, Lemaire, probablement, ne fût jamais devenu son indiciaire, et il n'eût pu s'en étonner, lui qui écrivit : « ... il n'est point de plus grief dédain à une noble femme que de se voir vaincue et surmontée en question de beauté corporelle » (*Illustrations de Gaule...*, etc., I, 257).

l'écolier limousin : « La claritude de cette matière, ô très sainte déesse, est plus exempte de réprobation que n'est le soleil de ténébrosité ; mais la ventilation d'icelle est si voluptueuse et si délectable que jasoit ce que nous sachions par certaineté que en la perfection de ton imaginer n'en ait scrupule... », etc.; mais, quelques pages plus loin, Chastellain définit Urbanité avec cette charmante finesse : « ... Elle donne plaisir [1] et passe-temps de bonnes devises [2] et de gracieux contes par bon regard, c'est-à-dire sans excès [3] et sans blesser la renommée de personne. Car Urbanité doit être toute gentille et non pas comme l'insolence des jongleurs ; les dits doivent être sans morsure, les jeux sans offense et déshonnêteté, le rire [4] sans glapissement [5], la facétie sans fâcherie et la voix sans clameur. Et si, d'aventure, il advient que par Urbanité on note ou reprenne les vices ou fautes de quelqu'un, ce doit être par tel et si gracieux déguisement [6] que celui à qui il touche s'en amende plutôt qu'il le prenne à dépit ou à imitation, et que nul des écoutants en soit scandalisé, mais à tous agréable... [7]. »

Cette prose, riche en surprises, cède le pas à la poésie pour terminer l'ouvrage. Vertu remercie les orateurs et admire le portrait des dix nymphes peint par Martia ; c'est une occasion pour Lemaire de consacrer deux cents vers à son art favori et d'en parler de nouveau en connaisseur et en technicien. Il énumère les femmes peintres ; il nomme ses artistes préférés, ajoutant à ceux qu'il a cités dans la *Plainte du Désiré*, Thierri Bouts, Hans Memling, « Donatel de Florence », et des orfèvres, des ciseleurs, des

---

1. *soulas.* — 2. conversations. — 3. *excessivité.* — 4. *ris.* — 5. *glatissement.* — 6. *coulourement.*

7. C'est à Balzac (xviie siècle) que l'on prête habituellement le premier emploi du terme *Urbanité.* On voit que plus de cent ans auparavant Jean Lemaire connaissait et le mot et la chose. Cf. *Les Cahiers de Sainte-Beuve*, p. 192 et suiv.; Peetermans, *La Couronne margaritique ou définition de l'Urbanité en 1505.* Liége, 1859, in-8°.

graveurs, des miniaturistes ; il indique leurs outils, instruments et couleurs :

> Leur ouvroir est tout fin plein de tableaux,
> Peints et à peindre, et de maint noble outil.
> Là sont charbons, crayons, plumes, peinceaux,
> Brosses en[1] tas, coquilles par monceaux,
> Pinceaux d'argent qui font maint trait subtil,
> Marbres polis aussi clairs que béryl,
> Inde, azur vert et azur de Poulaine,
> D'acre azur fin qui du feu n'a péril,
> Et vermillion dont mainte boîte est pleine.
>
> D'autres couleurs y a abondamment :
> Laque, sinope et pourpre de haut prix,
> Fin or moulu, or music[2], or piment,
> Carnation faite bien proprement,
> Ocre de Ruth, machicot, vert-de-gris,
> Vert de montagne et rose de Paris,
> Bon blanc de plomb, flourée de garance,
> Vernis de glace en deux ou trois barils,
> Et noir de lampe étant noir à outrance...

Avec ces couleurs, Martia a peint le modèle du diadème que Mérite, à présent, va forger, et, brusquement, le poème prend fin, inachevé, semble-t-il. Parlant plus tard des ouvrages auxquels il travaille, Lemaire note « le deuxième livre de la *Couronne margaritique*, lequel est tout minuté ; ne reste qu'à le mettre au net » (IV, 395). Ce deuxième livre a disparu.

C'est en se rappelant certaines œuvres, de sculpture notamment, exécutées au xve siècle, que ceux que surprennent d'abord la conception d'un livre aussi étrange et les ornements dont il se pare comprendront à quel point il se conforme aux tendances de l'art à cette époque.

Les énormes et pompeux tombeaux qui, entourant la statue du défunt de piliers, d'arcades, de frontons et de niches où se dressent d'allégoriques figures, tapissent les

1. à. — 2. mosaïque.

murs des églises lombardes et vénitiennes, procèdent de la même intention que les vers et la prose de Jean Lemaire[1]. Si nous nous arrêtons devant ceux qui furent bâtis à ce moment où l'art médiéval essaye de s'assimiler les principes nouveaux de l'art renaissant, nous y trouverons, comme dans le tombeau du doge Foscari attribué à Rizzo, un mélange de dispositions gothiques, vertus, baldaquins, crochets, fleurons, et de colonnes et de pilastres, historiés d'un décor antique. Tout le programme d'un ouvrage pareil à celui de Lemaire n'est-il point dans l'épitaphe qu'on lit sur le sarcophage de Leonardo Bruni, parmi les génies et les fleurs qu'y sculpta Rossellino : *Postquam Leonardus e vita emigravit, Historia luget, eloquentia muta est; Ferturque Musas, tam græcas quam latinas, Lacrimas tenere non potuisse.* Qu'un poète développe ce thème et, faisant pleurer l'Histoire, montrant l'Éloquence muette et les Muses en larmes, dise les motifs de leur tourment, que lirons-nous, sinon une déploration de rhétoriqueur?

N'en est-ce point une autre que cette superbe couche funéraire sur laquelle, à Saint-Pierre, Pollajuolo étendit Sixte IV, gisant dans ses habits pontificaux, qu'un minutieux réalisme charge de toutes leurs richesses? Autour de lui les sept arts libéraux, auxquels le sculpteur ajouta la Perspective, et les sept vertus théologales et cardinales le veillent, sous la forme de jeunes femmes mi-nues, de « nymphes », dirait Lemaire.

En France, cet art des bâtisseurs de tombes évolue selon les mêmes principes; le mélange s'y fait, identiquement, de traditions médiévales et d'éléments païens. Le mausolée présente aux yeux ses statues de gisants et d'orants, de vertus et de pleurants, comme nous les

---

1. Le rapprochement s'imposait à l'esprit de Lemaire lui-même, qui, parlant un jour des ouvrages auxquels il travaille, se compare à un architecte, à un maçon tenant en main le compas, l'équerre et le niveau, et assimile les livres dont il extrait la matière de son œuvre à de grands quartiers de marbre. Voir IV, 397.

voyons dans l'œuvre littéraire; il parle à l'esprit par les
mêmes allégories; il est, comme elle, pompeux, grave et
retentissant de la même rhétorique.

Sans doute la beauté plastique, l'adresse et le goût parfait de l'exécution donnent, devant un grand nombre de
ces tombeaux italiens et français, une jouissance que nous
demanderions en vain à la lecture de la *Couronne margaritique;* mais, si les qualités de forme sont, ici, inférieures,
ne blâmons point cependant le poète, et surtout ne le raillons pas, de s'être inspiré des mêmes idées que le sculpteur, d'avoir essayé de les exprimer par les mêmes figures,
et d'avoir employé pour étoffer, enrichir, enjoliver son
œuvre et nouer ses pensées, les ornements que sa fantaisie
et son érudition lui suggéraient, comme l'autre comblait
les vides, décorait les soutiens et raccordait les diverses
parties de son monument par des rinceaux, des guirlandes
et des arabesques.

Les recherches auxquelles Lemaire s'était livré à l'occasion de ce travail et l'orientation qu'elles avaient donnée à
ses idées expliqueraient peut-être que ce fut vers cette
époque qu'il rédigea pour Marguerite d'Autriche un
Traité des Pompes funèbres antiques et modernes (IV,
269), qu'en 1507 ou 1508, dans le prologue d'un autre
ouvrage, il rappelle lui avoir offert « naguères » et qu'elle
lut avec « admiration et volupté » (IV, 243). Ce traité tendait à montrer comment, en matière d'honneurs rendus à
leurs parents morts, les anciens « troyens et belgiens »,
Grecs, Romains, Égyptiens, Juifs et Turcs, « non encore
illuminés de la splendeur de la foi catholique..., commet-
toient plusieurs énormités inhumaines », heureusement
abolies depuis, mais suivaient aussi « certaines bonnes
coutumes... retenues jusqu'à présent » (IV, 272).

La copie inachevée qui nous en est restée ne contient
que seize chapitres très courts, de ce style facile et clair
que possède Lemaire quand des préoccupations oratoires
ne le guindent pas. Il traite, notamment, de l'embaume-
ment des cadavres, « De l'ordre qu'on tenoit à porter le

corps au feu », « De la tonsure des gens et des chevaux et de l'oraison funèbre », « De la mode de scépulturer les patriarches de l'Ancien Testament », et donne, avec un plaisir d'érudit, maints détails pittoresques relevés avec soin au cours de ses lectures.

Quelles que fussent ses qualités, cette littérature n'était pas faite cependant pour dérider la duchesse. Lemaire comprit qu'il serait habile de lui donner une idée plus souriante de ses talents, et, tout en travaillant à sa *Couronne* avec la lenteur et le soin que réclamait la ciselure d'un bloc aussi compact, en 1505, il rédigea pour « Madame Marguerite Auguste » sa *Première Épître de l'Amant vert* (III, 3).

Madame Marguerite ayant à liquider une grosse succession, besogne que ne lui facilitait pas son beau-frère, Charles II, duc de Savoie, avait quitté Pont-d'Ain pour se rendre en Allemagne, auprès de son père. Quel était ce seigneur, habillé d'émeraude, qui, ne pouvant la suivre, osait lui rappeler en vers galants une tendresse évidemment partagée et certaines privautés amoureusement consenties ?

Le joli thème offert à la sagacité des érudits ! Quelques-uns supposèrent que cet amant n'était autre que Lemaire, qui, guéri de son « amour lyonnoise », avait, non sans succès, et quelques mois après la disparition du duc bien-aimé, porté ses vœux plus haut !

Il suffisait pourtant de lire le poème avec un peu d'attention pour découvrir que ce brillant et mystérieux cavalier n'était qu'un perroquet faisant partie des animaux familiers de la duchesse.

Si Lemaire n'a pas tout inventé de l'aventure qu'il conte, peut-être l'oiseau avait-il été dévoré par un chien en l'absence de sa maîtresse ; de cet incident le poète aurait tiré le roman que voici : l'oiseau aimait Marguerite, et, désolé de son départ, il lui adressait une dernière épître avant de se jeter dans la gueule d'un mâtin.

Rien ne ressemble moins à la *Couronne margaritique*

que cette poésie alerte et d'un esprit déjà tout marotique.
Le genre n'était pas neuf, mais il avait été relativement
peu pratiqué par les poètes du moyen âge ; nous savons
ce que Clément Marot allait bientôt en faire. Jean Lemaire y réussit du premier coup ; son épître est charmante, ingénieuse, spirituelle ; rimée avec une richesse
toute rhétoricienne, elle n'en est pas moins d'une écriture
facile, et les détails qui l'ornent, appropriés au sujet, sont
d'un goût délicat, dont il a cherché directement le modèle
dans la littérature ancienne. Comme Stace l'avait déjà
fait, il s'inspire de l'élégie par laquelle Ovide pleure la
mort du perroquet qu'il a donné à sa maîtresse [1], mais il
se montre, au point de vue de l'invention, très supérieur
aux deux poètes latins.

Marguerite d'Autriche goûta fort cette aimable fantaisie ; elle en félicita l'auteur par l'envoi d'un quatrain dont,
à bon droit, celui-ci s'enorgueillit :

> Ton écritoire a si bonne pratique,
> Que, si m'en crois, sera bien estimée.
> Par quoi conclus : ensuis ta Rhétorique,
> Car tu sais bien que par moi est aimée (III, 16).

Anne de Bretagne, à qui Perréal avait communiqué
l'épître, s'en divertit également au point de retenir par
cœur l'épitaphe du plaintif amant [2], et ces approbations
princières, qui durent en susciter d'autres [3], incitèrent le
perroquet à reprendre la plume. La *Seconde Épître de
l'Amant vert* fut écrite deux ans plus tard, lorsque Marguerite eut signé la paix de Cambrai (décembre 1508), à
laquelle certains vers font une claire allusion [4]. Un passage de la même élégie d'Ovide en a fourni le thème :
« Sur la colline élyséenne, une forêt s'ombrage de noires

1. Ovide, *Les Amours*, liv. II, él. VI.
2. Voir III, 16.
3. « ... maintenant maintes dames les lisent », dit un vers de la
Seconde Épître de l'Amant vert. Voir III, 18.
4. Voir III, 36.

yeuses et la terre humide verdit d'un éternel gazon. On dit, — faut-il le croire? — que c'est le séjour des oiseaux pieux, interdit à ceux de mauvais augure. Là se repaissent les cygnes innocents et l'oiseau toujours sans égal, le renaissant phénix; le paon y déploie ses plumes et la caressante colombe y donne ses baisers à son mâle avide. Reçu par eux, en cet endroit feuillu, le perroquet attire par son langage l'attention des oiseaux pieux. »

Peut-être Lemaire s'est-il aussi souvenu du *Culex* de Virgile; en tout cas le voyage de son perroquet aux enfers et au paradis, conté par la seconde épître, lui a rappelé le chant VI de l'*Énéide*, qu'il parodie çà et là, et certaines pages de Dante dont il a cité le nom parmi les grands poètes d'une littérature qu'il appréciait (III, 133). Pareil à l'amer et rancunier Florentin que promène Virgile dans les cercles infernaux, l'innocent et vierge oiseau est guidé par Mercure; le « damnement » dont il parle « de glace et de froidure » (III, 24) est une conception dantesque, et tel clair esprit « portant plume naïve [1] »

De cramoisi, très vermeille et très vive... (III, 29).

frère des anges du purgatoire et du paradis, se chercherait en vain dans les Champs-Élysées du mantouan.

Plus encore que la première, cette seconde épître est remarquable par la richesse d'imagination qu'elle révèle; l'énumération des méchantes bêtes qui peuplent les enfers, ainsi que des animaux vertueux réunis au séjour des élus, est une trouvaille originale et vraiment drôle dans sa pittoresque abondance.

En lisant ces poèmes, on remarquera que le second se termine par quelques vers aimables adressés à cette même Anne de Bretagne, si cavalièrement traitée dans la *Couronne margaritique*. C'est qu'en ce moment, 1509-1510, Jean Lemaire, sans se détacher encore de la duchesse, commençait à tourner les yeux vers la cour de France.

1. naturelle.

Mais il n'est pas encore temps de parler de cette évolution, et il nous faut revenir aux années 1505, 1506, au delà
desquelles nous entraîna la *Seconde Épître de l'Amant
vert*.

Le 5 mai 1505, les difficultés soulevées par le règlement
du douaire de la duchesse de Savoie avaient été définitivement résolues à Strasbourg par la signature d'un traité
qu'elle ratifia le 18 septembre suivant. Elle était si pressée
d'accomplir son vœu d'élever une église et un monastère
sur l'emplacement du prieuré de Brou, où reposaient déjà
sa belle-mère, Marguerite de Bourbon, et Philibert le
Beau, qu'elle n'avait pas attendu l'accomplissement de ces
formalités pour revenir en Bresse et se mettre à l'ouvrage.

C'était une grande entreprise, difficile, coûteuse, néces-
sitant une impulsion ferme, une surveillance constante,
une rectitude de direction dont peu de volontés eussent
été capables ; ce fut un délassement pour cette jeune femme.

Malgré l'opposition que faisaient à ses projets ses con-
seillers les plus écoutés, malgré les déplorables conditions où les travaux allaient être entrepris, la Bresse étant,
cette année-là, ravagée par la peste et la famine, dès le
mois d'avril 1505 les maîtres maçons avaient pris en tâche
la bâtisse, engagé les ouvriers, rassemblé les matériaux,
si bien que le 27 août 1506, les fondations étant creusées,
Marguerite d'Autriche posait, en grande cérémonie, la
première pierre de l'église. Le même jour, lecture avait
été faite, après la messe, d'une bulle du pape Jules II,
datée du 17 des kalendes d'août, reçue la veille et réglant,
selon les vœux de la duchesse, certaines questions d'organisation préliminaires. Il avait donc fallu qu'elle s'adres-
sât à Rome, et, parmi les personnages qu'elle avait chargés de s'y rendre et d'y solliciter pour elle, se trouvait,
sans doute, Jean Lemaire. Il est, en tout cas, certain qu'il
se rendit alors en Italie.

Il était parti, jouissant de la pleine faveur de sa maîtresse, l'âme légère assurément et sans souci du lende-

main, car il emportait la promesse que lui avait faite
Philippe le Beau, roi de Castille, à l'intervention de Marguerite, sa sœur, qu'il succéderait à maître Jean Molinet,
indiciaire et historiographe de la maison d'Autriche,
quand Dieu rappellerait à lui le fécond rhétoriqueur qui
commençait à se faire vieux (IV, 522).

La mission de Lemaire n'était pas tellement urgente
qu'elle l'empêchât de flâner en route et de faire quelques
détours. Éblouissant voyage pour un artiste de trente-
trois ans, avide de connaissances, épris de nouveautés,
sensible à toutes les formes de l'art, et qui, rêvant depuis
des années aux beautés multiples surgies ou ressuscitées
de l'autre côté des Alpes, peut soudain s'en approcher, les
contempler, savourer l'atmosphère qui les entoure et connaître quelques-uns des grands hommes qui leur ont
donné ou rendu la vie ! La renaissance italienne vers
laquelle il chemine est alors pleinement épanouie ; depuis
deux cents ans la peinture, la sculpture et l'architecture
accumulent leurs ouvrages avec une activité qui n'a, peut-
être, jamais été égalée ; à cette époque Vinci a peint ses
plus beaux tableaux ; Michel-Ange a taillé son Bacchus,
sa Pièta, son David ; les Bellini et Carpaccio ont presque
terminé leur œuvre ; Raphaël commence la sienne.

En 1506, aux fêtes de la Pentecôte, Lemaire est à Venise
(III, 362), et s'il n'y a pas appris à aimer les Vénitiens,
dont il dénoncera plus tard, dans un de ses plus violents
opuscules, la « nature renardine », la perfidie politique,
l'égoïsme et l'esprit de rapine, il dut cependant admirer la
ville, dont Commynes autrefois, moins artiste que lui,
s'émerveillait en la nommant une « triomphante cité ».

En juillet de la même année, il est à Rome (III, 397).
Il s'y documente pour ses *Illustrations de Gaule*, et, tout
au rêve d'une alliance entre les diverses nations d'Europe
et d'une croisade contre les Turcs, qui sera la pensée politique de cette œuvre, c'est alors, sans doute, qu'il fait le
« vœu solennel... sur le grand autel de Saint-Pierre de
Rome, pour le bien public de toute la chrétienté », de

composer une « Généalogie des Turcs et de leurs gestes »
(II, 474), qui, si elle fut complètement écrite, semble
n'avoir jamais été publiée, et dont le manuscrit n'existe
plus [1].

Ayant obtenu du pape ce qu'ils désiraient, les envoyés
de Marguerite d'Autriche revinrent; Lemaire passa probablement alors par Florence; il s'arrêta à Lyon, et il se
disposait à reprendre ses « écrits de noble claritude » (IV,
15), lorsqu'il retrouva la duchesse frappée d'un nouveau
deuil : le 26 septembre 1506, son frère aimé, Philippe le
Beau, roi de Castille, était mort à Burgos.

Il faut donc exhaler encore un chant funèbre! C'est sans
enthousiasme que Lemaire l'entonne. Connaissait-il Philippe le Beau? L'avait-il jamais vu? Était-il présent à
Clèves lorsque, quelques mois auparavant, le roi lui avait
promis l'office de Molinet? Quoi qu'il en soit et quelle que
fût la perte matérielle qu'il éprouvait par la disparition
nouvelle d'un protecteur sur lequel il comptait, son chagrin personnel l'inspira si peu qu'il céda la parole à la
duchesse et que sa « déploration » s'intitula : *Ce sont les
regrets de la Dame infortunée sur le trépas de son très
cher frère unique* (III, 187).

Ces quatorze douzains expriment une douleur qui fut
réelle, sous les formes et les images les plus convention-
nelles, et répètent les lieux communs les plus usés de
l'oraison funèbre : qualités hors ligne du défunt, invectives contre la mort, participation de toute la nature au
deuil des survivants. Il n'y aurait donc rien à en dire s'ils
ne composaient l'une des pièces les plus remarquablement
écrites de Lemaire, malgré la difficulté de la « taille » qu'il
a choisie. Chacune de ses strophes de douze vers est
construite sur deux rimes [2], c'est-à-dire qu'il lui faut trouver chaque fois six mots rimant ensemble, et toutes ces
rimes sont féminines. Il se joue de l'obstacle avec une

1. Lemaire fait allusion différentes fois à cet ouvrage dans ses
Illustrations.
2. En voici la disposition : *a a b a a b b b a b b a.*

étonnante prestesse, et sa strophe prend une ampleur, un
nombre, une éloquence qui annoncent les grandes odes
de Ronsard et des meilleurs lyriques français :

> Seule, dolente, amortie, éplorée,
> Comme orpheline et veuve mal parée,
> Suis-je à présent[1] en ce déplaisant monde,
> Sans lieu, sans ris et sans joie égarée,
> Comme à Dieu plaît ainsi que malheurée,
> Et tout par Mort détestable et immonde!
> O Mort mordant, cruelle et furibonde,
> Ton grand desroy[2] si fort croît et abonde
> Sur une femme, à peu[3] désespérée,
> Qu'au monde n'est éloquence ou faconde
> Qui sût puiser en sa source féconde
> Tous les forfaits dont tu m'as empirée!

Comment s'étonnerait-on de ma douleur, ajoute la
duchesse, puisque l'M qui commence mon nom est une
lettre fatale désignant Mort ou Malheur?

> M eût au nom de ma dame de mère,
> Dont le trépas est de mémoire amère[4],
> Causant regret qui point ne me répite;
> M est aussi mille fois peu prospère
> Au chef du nom de Monseigneur et père[5],
> Lequel fortune assez trouble et dépite;
> Puis on voit M au nom de Marguerite,
> Qui signifie, et non sans démérite,
> Meschef[6] malin, Martyre et Mal austère.
> Si[7] crois, de vrai, que sous cette M habite
> Misère et Mort ou Malheurté maudite,
> Marrisson[8] morne et tout mauvais Mystère!

> Ah, dolent nom, d'une fleur peu fleurie,
> Qui ne croît plus, mais tombe[9] en brouillerie,
> Foulée aux pieds de Fortune indignée!

---

1. *orendroit.* — 2. trouble. — 3. à peu près.
4. Marie de Bourgogne, morte à la suite d'une chute de cheval.
5. L'empereur Maximilien.
6. Malheur. — 7. ainsi. — 8. tristesse. — 9. *chet.*

> Nom trop connu par deuil et pleurerié,
> Nom non heureux, ta verdeur est tarie,
> Et n'es plus nom que d'une herbe fanée !
> Je[1] te renonce et or[2] et l'autre année,
> Car désormais par créature née
> Ne sera vu qu'en me nommant je rie ;
> Mais[3] dis et veux[4], selon ma destinée,
> Que mon nom soit la Dame infortunée,
> Dame de deuil toujours triste et marrie...

Cette mort, ainsi pleurée, allait transformer l'existence de Marguerite d'Autriche en lui donnant soudain un objet et des devoirs inattendus. Son père Maximilien lui confia la régence des Pays-Bas et de la Bourgogne et le soin d'élever les enfants laissés par le défunt, parmi lesquels le futur Charles-Quint, qui n'avait alors que six ans. Elle accepta résolument la tâche et, les états généraux ayant reconnu ses pouvoirs le 22 avril 1507, de ce jour sa vie politique commença.

La régente, d'abord, visita ses provinces. Jean Lemaire a conté dans sa *Chronique annale*, inachevée, ce voyage triomphant. Certains détails qu'il donne semblent bien indiquer qu'il en fut. Il s'agit, en effet, de « choses vues », lorsqu'il parle des bénédictions « du peuple rural et chanoinesses qui, de toutes parts, avoient assiégé les chemins depuis Mons jusqu'à Valenciennes pour voir passer Madame, et faisoit ainsi qu'une double haie des deux côtés de la chaussée » (IV, 480). Il relate le châtiment d'un individu qui complota contre la vie de la duchesse et fut exécuté le jour qu'elle sortit d'Arras : « ... étoit le malfaiteur, homme brun, de stature carrée, et le plus assuré pour jouer un tel personnage que je vis oncques ; car le bourreau, pâle, vieil maître et morfondu, sembloit mieux être jugé à mort que lui[5] » (IV, 488). Il décrit,

---

1. *Si.* — 2. maintenant. — 3. *Ains.* — 4. *veuil.*
5. S'il n'était à peu près certain que Clément Marot n'a jamais lu cette *Chronique annale*, on croirait qu'il prit ici l'idée de sa belle épigramme du lieutenant Maillart et de Semblançay.

enfin, la régente à son entrée à Gand, « laquelle, montée sur un gros hobin blanc, harnaché de drap noir, ses valets de pied autour d'elle, étoit vêtue d'une robe de drap noir fourrée d'hermines, et, dessus son couvre-chef de derrière, avoit un chapeau tressé d'une cornette de taffetas, qui bien lui séyoit. Et, en se montrant riante[1] et bienveillante[2] au peuple, devisoit aucunes fois avec Mons. le duc de Juilliers, lequel étoit au-dessous d'elle, à senestre, Madame et lui environnés de ses hallebardiers » (IV, 497).

En tout cas, il s'est trouvé sur son chemin, puisqu'il inscrit qu'à Lille, le vendredi 21 mai 1507, il obtint de « sa grâce et clémence libérale » (IV, 489) une prébende qui le faisait chanoine de l'église Notre-Dame de la Salle-le-Comte, à Valenciennes. Molinet y vivait, à ce moment, ses derniers jours ; il expira le 23 août.

Lemaire lui fit une épitaphe qui contient quelques beaux vers ; ce sont les premiers alexandrins que nous rencontrons dans son œuvre (IV, 319). Il associait au nom de son parent celui de Georges Chastellain, témoignant, par la façon dont il parlait de leur charge d'indiciaire, qu'il en concevait grandement les obligations et se sentait capable de les remplir :

> Dis-moi qui gît ici, sans que point tu m'abuses ?
> — Ci-gît l'ami privé d'Apollon et des Muses.
> Quels choses avec lui sont mortes et transies ?
> — Dits subtils, savoureux, jeux, ris et facéties.
> Qui est-ce qui, pour lui, de pleurer continue ?
> — C'est Rhétorique, en chief[3], qui fort s'en diminue.
> Est-ce doncques celui tant connu Molinet ?
> — C'est lui seul qui mouloit doux mots en molin net[4].
> Mais qui fut l'homme heureux qui tant lui en apprit ?
> — Des cieux vint l'influence à son sublime esprit.

1. *risible.* — 2. *bénévolente.* — 3. à la tête du gisant.

4. Plaisanterie maintes fois répétée par Molinet lui-même ; il termine, par exemple, un « canon » qu'il adresse à Guillaume Crétin par ce vers :

> Car souvent vent vient au molinet net.

N'eut-il nul précepteur, Gréban ou maître Alain[1]?
— Son maître qui ci-gît fut Georges Chastellain.
L'ensuivit-il de près? Est-il per ou s'il passe[2]?
— Tous deux on peut noter en règle et en espace.
Mais à qui comparer les peut-on sans mespris[3]?
— L'un pour Virgile et l'autre est pour Ovide pris.
L'un doncques fut plus grave et l'autre plus facile?
— Plus humain fut Ovide et plus divin Virgile.
O tous deux bienheureux qui tels titres méritent!
Leurs esprits[4], leurs vertus, de gloire les héritent.
Qui pourra plus jamais à tels los[5] parataindre[6]?
— Nullui qui sache plume en noir attrament[7] teindre.
Combien a perdu donc la langue gallicane?
— Par leur mort elle est mise en basse barbacane.
En quel temps, sous quels rois furent-ils florissants?
— Va lire leurs labeurs partout resplendissants.
Pourquoi se firent-ils indiciaires lors?
— Car[8] ils nous ont montré d'histoire les trésors.
Las, que peu de gens sont qu'on sache avoir vécu!
— Ceux-ci font les gens vivre, et la mort ont vaincu.
Comment a nom ce lieu qui tels les a nourri?
— Val en cygnes[9], val doux, val insigne et fleuri.
Où sont leurs monuments et précieux tombeaux?
— En la bouche des bons et en leurs écrits beaux.
O Dieu! combien vaut mieux tel tombe que de cuivre!
— D'autant que plume vole où métal ne peut suivre!

Cette épitaphe écrite, Lemaire, ayant prêté serment
d'indiciaire-historiographe le 11 septembre 1507, accomplit immédiatement sa première besogne officielle. Il l'aurait voulue, dit-il à la duchesse, « triomphale et non funéralle[10], mais, ainsi que votre très noble maison est mêlée de prospérité et d'adversité, aussi est l'historiographe sujet à écrire l'amer et le doux » (IV, 266).

L'amer, ici, c'est la *Pompe funéralle[11] des obsèques de feu très catholique prince le roi don Philippe de Castille,*

1. Alain Chartier. — 2. Est-il son égal ou le surpasse-t-il? — 3. erreur. — 4. *engins*. — 5. louanges. — 6. obtenir. — 7. couleur noire, encre. — 8. Parce que. — 9. Valenciennes. — 10 et 11. funéraire.

de Léon et de Grenade, archiduc d'Autriche, duc de Bourgogne. Relation des cérémonies qui avaient eu lieu dans l'église Saint-Rombaut, à Malines, les 18 et 19 juillet 1507, cet écrit, d'un intérêt assez limité, est néanmoins, par le souci que met Lemaire à le rédiger, un morceau de style qui ne dépare point son œuvre.

Successeur de Molinet, le nouvel indiciaire n'avait pas hérité de l'humeur casanière de son parent; il entendait remplir sa charge consciencieusement, c'est-à-dire s'éclairer sur les choses dont il aurait à parler, les voir, autant que possible par lui-même, ne pas être uniquement un compulseur d'archives et de paperasses dans la poudre d'une bibliothèque.

Comme Racine et Boileau, historiographes eux aussi, galoperont plus tard derrière Louis XIV pour préparer le récit de ses victoires, Lemaire court par monts et par vaux, avec cette différence, toutefois, que les deux grands Français le feront à contre-cœur, tandis que le Belge obéit à sa nature voyageuse et à ses goûts d'humaniste jamais rassasié de connaissance et de beauté.

Il annonce, dans une lettre du 15 février 1508 (IV, 321), qu'il se sent prêt à faire de grandes œuvres pour la maison qu'il sert; un événement de peu d'importance, mais que son zèle courtisan métamorphose, venait de lui fournir l'occasion de montrer que Marguerite d'Autriche pouvait, en effet, compter sur lui.

Depuis longtemps Maximilien était en guerre avec le duc de Gueldre; les hostilités s'éteignaient, se rallumaient; elles étaient, en 1507, dans une période d'activité relative, quand, au mois de septembre, les troupes gueldroises s'emparèrent de Tirlemont et pillèrent la ville; en même temps, Louis XII, qui soutenait le duc, lui envoyait quelques hommes de secours. Les Français, pénétrant en Belgique par Givet, marchaient vers le Brabant, saccageant tout sur leur passage; mais un désaccord avec leurs alliés les décida à rebrousser chemin. Ils se retiraient vers la frontière, plus ou moins débandés, alourdis de rapines, lorsque, dans la ville de Saint-Hubert, le 18 octobre 1507, ils furent cernés par une bande de quatre cents paysans et manouvriers du Namurois et du Luxembourg qui les arrangèrent assez mal. Ils perdirent trente-quatre hommes, de nombreux prisonniers et les six cents chevaux qui portaient le butin[1]. Plusieurs poèmes chantèrent cette victoire; le meilleur est celui de Jean Lemaire, qui l'intitula : *Les Chansons de Namur, pour la victoire eue contre les François à Saint-Hubert d'Ardennes, composées... à l'honneur du pays et de très haute et très claire princesse Madame Marguerite...,* etc. (IV, 293).

Il compte trente-neuf huitains qui célèbrent la valeur de ces « francs bergers », de qui l'orgueil français vient de recevoir une si rude leçon :

> Le bon dieu Pan, le dieu de pastourage,
> A étonné le grand dieu des batailles...

C'est, en effet, cela qu'il admire, que l'arrogance, la « vantise » et la rage du « grand gendarme accoutré de plumars[2] » aient été si cruellement châtiées par de simples « pastoureaux »; il se réjouit moins de la victoire des siens que de l'ignominieuse défaite des autres. Ce caractère rural de l'aventure lui donne d'ailleurs son cachet et fournit au poète ses meilleurs vers. Il ne peut trop louer ces humbles qui

> Pour leur pays n'ont craint leur sang répandre...

Il évoque saint Hubert, le patron de ces lieux :

> De ce corps saint, jadis noble veneur,
> Le cor sembla bondir comme à la chasse...
> ... Retentissant[3] par la forêt d'Ardenne...

Il cite les héros de cette *Iliade* et nous apprend les noms

---

1. « Ils y laissèrent cocq, plumeaulx, baghes, harnois, or, argent et chevaulx » (Compte de Guillaume du Croy, fol. 29; Archives générales du royaume de Belgique à Bruxelles).
2. plumets. — 3. *Retombissant.*

roturiers de Longchamps, de Bioux, des frères Gobelets,
du « guide » Coireau, du « boucher » Colin,

> Du fort Jennin, Couturier et Poilvache,
> Et de Rollers Tardif, mais non pas lâche.

Forcée ou non, son admiration a du souffle :

> Or chantez donc, Bouvignes et Namur,
> Ardenne, Pouy, Marche, Beaurain, Bastogne !
> Vos champions, aussi fermes qu'un mur,
> Ont triomphé des félons au cœur dur,
> Fiers ennemis du bon sang de Bourgogne,
> Qui, sans querelle, à leur honte et vergogne,
> De notre avoir ont chargé maints mulets,
> Tous enrichis, tant maîtres que varlets.

> Chantez comment ils ont rendu la proie
> Par eux ravie à Hal et Tirlemont,
> Et, à ces fins que mieux on vous en croie,
> Montrez vos gens tous revêtus de soie
> Et de fins draps dont grand los[1] et fame[2] ont;
> Montrez-les or[3] et aval et amont,
> Emplumassés, chargés d'orfèvrerie,
> Représentant françoise vanterie[4].

> En ce triomphe, en ces pompes heureuses,
> Filles d'honneur, pour Dieu, festoyez-les !
> Si les baisez n'en soyez jà peureuses ;
> Couronnez-les, loyales amoureuses,
> De romarin et de verts chapelets[5],
> Chacun d'eux vaut un petit Hercules[6] ;
> Chacun vous doit sembler un droit[7] Ogier,
> Ou un David qui aussi fut bergier[8] !...

Enfin, et surtout, oubliant qu'il avait servi Pierre de
Bourbon, voici peu d'années, et noué de nombreuses
amitiés françaises, ne prévoyant pas, non plus, qu'il sol-

---

1. louange. — 2. renommée. — 3. maintenant. — 4. *bragherie.* —
5. couronnes de verdure. — 6. Lemaire prononce : Herculè. —
7. vrai. — 8. berger.

liciterait bientôt la faveur de Louis XII, il invective abondamment la France et ses guerriers :

> Quel mal t'a fait[1], ô nation françoise !
> Ce noble enfant, le jeune archiduc Charles,
> Quand ta croix droite encontre lui se croise
> Pour soutenir déloyauté gueldroise ?
> Point n'ensuis-tu ces preux[2] gisants en Arles,
> Car les Rolands dont encore tu parles
> Ne firent oncq guerre à un orphenin[3],
> Et encor moins au sexe féminin !

Il lui reproche de

> ... Villes ardoir[4], monastères brûler,
> Nonnains corrompre et vierges violer...

Il l'appelle « nation pleine d'ignavité », au cœur « abâ-
tardi », lui demande ce que feront ses chevaliers

> quand gens de noble sang
> Donront[5] sur eux à trompette et bannière,
> Sur grands coursiers armés trestout[6] au blanc[7],
> Vu que gens nus, excepté de cœur franc,
> Les ont traités en si lourde manière...

Et, dans la joie railleuse de ce triomphe, il se livre, enfin,
à de lourdes plaisanteries, dont les allitérations, chères
aux rhétoriqueurs, font tout le sel :

> François ont eu par laboureurs la bière,
> Par paysans passage plutonique,
> Par villageois vile mort étrangère,
> Par forestiers fortune fourragère,

---

1. *Que t'a maffait.*

2. Le texte de Stecher donne « pieux », qui, ayant toujours été
dissyllabique, ne peut trouver sa place dans ce vers. Il est fait allusion, ici, aux tombeaux des Alyscamps, près d'Arles, où la légende,
et Arioste d'après elle, couchent les preux de Charlemagne. Voir
la *Karlamagnussaga*, citée par Bédier dans les *Légendes épiques*,
t. III, p. 360, et Arioste, *Roland furieux*, ch. xxxix, str. 72.

3. orphelin. — 4. incendier. — 5. donneront. — 6. complètement.
— 7. de cuirasses.

Malheur méchant par la gent mécanique,
Par charretiers[1] chastoy[2] chaud et inique,
Par bergerets aubergerie[3] male[4],
Par charbonniers chartre[5] très anormale.

Ayant donné ce témoignage incontestable de son loyalisme, Lemaire revint à ses *Illustrations de Gaule et Singularités de Troie*, sur le chantier depuis huit ans. Autant que par ses « déplorations » et ses « pompes funèbres », cette œuvre-là lui permettrait de flatter l'orgueil de ses maîtres, et la duchesse s'y intéressait, en suivait la composition, conseillait même à l'auteur quelques développements et certaines retouches. Dans une lettre du 15 février 1508, déjà citée, Lemaire parle des « Singularités de Troie et de Turquie (*sic*), qui ne sont encore divulguées, sinon au savoir de Madame, laquelle m'a commandé iceux recorriger et amplifier bien exquisément avant les mettre en lumière » (IV, 322).

C'est à cette besogne qu'il va se consacrer principalement de 1508 à 1512, sans qu'elle arrête cependant la production variée de sa plume et l'agitation continue de son existence.

1. *charruyers*. — 2. châtiment. — 3. auberge. — 4. mauvaise. — 5. prison.

IV.

Le tempérament de l'artiste.
Modes divers de son activité.

Déjà nous en savons assez, peut-être, de l'œuvre et de l'existence de Jean Lemaire, pour essayer de nous représenter l'espèce d'homme qu'il fut.

Où vit-il? Où s'est-il installé? Où travaille-t-il, fait-il ses nombreuses lectures, note-t-il les mille connaissances dont sa prose et ses vers sont remplis?

Nulle part et partout. Il n'a pas de demeure fixe, de foyer permanent. Bien plus que la nécessité de gagner sa vie, le désir de voir et de connaître d'autres lieux, d'autres hommes, — ceux-là surtout qui lui révèlent quelque chose du passé, — le déplace incessamment, et s'il souhaite parfois le repos de la tranquille étude dans une maison confortable, il se remet en route à peine l'a-t-il trouvé.

Une pareille nature d'artiste vagabond n'est pas exceptionnelle en ce temps. L'âge classique viendra où l'art et la science se grouperont autour d'un pouvoir immobile et centralisé, s'enfermeront dans les salles dorées des palais et des académies; un équilibre momentané se réalisera entre les acquisitions de l'esprit et ses aspirations; forte et féconde la pensée sera pourtant disciplinée; ses œuvres s'appuieront sur une armature de solides et cohérentes doctrines; le goût sera fixé, et pendant la durée d'une génération rien ne troublera cette belle stabilité, pas plus que les grands souffles de vent ne dérangeront l'ordre et la symétrie des Versailles.

Mais au temps de Lemaire les rois et leur cour sont souvent par les chemins; les artistes, les savants chevauchent derrière leurs mécènes; les quémandeurs de places poursuivent la fortune; les centres où les uns et les autres se rencontrent sont trop petits, trop dispersés et trop nombreux pour imprimer à la culture générale une réelle unité d'impulsion; la pensée, rompant ses vieilles brides, insatiablement curieuse, s'émeut de toutes ses découvertes, incapable encore d'en faire un sûr triage, et la vie de l'esprit se trouve ainsi mouvante, inquiète, agitée comme une frondaison que remue la moindre brise.

Indiciaire de Marguerite d'Autriche, chanoine de Notre-Dame à Valenciennes, Jean Lemaire eût pu, sans nul doute, s'installer, à son choix, dans une ville de la régente et y poursuivre, sans bouger, ses paisibles travaux; le besoin d'argent ne semble guère l'avoir préoccupé et, lorsque tant d'artistes et d'érudits de ce temps demandent, sollicitent, mendient incessamment l'augmentation de leur pension ou le paiement de leurs gages, lui, s'il se voit contraint de toucher cette question, le fait d'une plume qui reste très digne et très discrète[1].

Il est remarquable, également, qu'il ne cherche point à se rapprocher de Marguerite, à s'installer là où, par une présence assidue, par des visites, des entretiens et d'immédiates flatteries, il pourrait se pousser, se faire valoir et améliorer sa situation matérielle. Malines, où se trouvent le gouvernement de la régence et le palais ducal, est l'une des villes où il semble avoir le plus rarement passé. Sa plume est en service, mais sa personne demeure libre.

Il aime assurément le voyage pour le voyage, car ce ne sont pas ses recherches historiques seules qui l'obligent à courir de ville en ville, comme nous l'indiquent sa corres-

---

1. Voir ses lettres du 28 mars 1511 et du 14 mai 1512 (IV, 419, 422).

pondance et certains passages de ses écrits. A peine a-t-il
fini sa tournée d'historiographe en Hainaut, en Artois et
en Flandre, qu'il séjourne un moment à Malines, où il
célèbre, en vingt vers, les fiançailles, conclues le 1er janvier 1508, de l'archiduc Charles avec « la très belle,
blanche et rouge rose anglicane » Marie d'Angleterre
(IV, 267); en février, il est à Anvers; dans le courant de
l'année, il retourne à Rome; au printemps de 1509, nous
le retrouvons à Bourg, puis en juin à Lyon, préparant, à
la demande des consuls, l'entrée qu'y va faire, le 19 de ce
mois, avec Anne de Bretagne, le roi Louis XII, revenu
d'Italie. Il profite de son séjour dans cette ville pour se
faire octroyer par le chancelier le privilège nécessaire à
la publication des *Illustrations de Gaule* (IV, 375); il
obtient ce privilège le 30 juillet, puis repart et s'installe à
Dôle, avec le désir, qui ne dure qu'un instant, de s'y
arrêter pour souffler un peu.

Une lettre qu'il paraît avoir écrite alors nous le peint
de façon vivante (IV, 392). Il y demande à la duchesse de
confirmer « par ordonnance expresse, état et appointe-
ment », l'autorisation qu'elle lui a donnée de faire doré-
navant de la ville de Dôle, capitale de la Franche-Comté,
sa résidence ordinaire. Il lui rappelle qu'autrefois il avait
formulé déjà ce désir de s'installer « en quelque lieu solitaire », tel qu'Annecy, puis Besançon, puis Louvain, « à
cause de l'Université ». C'est un motif analogue qui lui
fait choisir Dôle[1], et c'est aussi parce que « la manière
de vivre par deçà », c'est-à-dire aux Pays-Bas, « est trop
plus coûteuse[2] que *son* état ne le sauroit porter ».

Il continue amèrement : « Outre plus, Madame, j'ai
trouvé pour certain que nul n'est prophète en son pays,

1. L'Université de Dôle avait été fondée en 1422 par Philippe le
Bon. Sa population comptait de nombreux étudiants allemands,
flamands et suisses, désireux de s'initier à la connaissance du
français.

2. *coustengeuse*.

car, comme il appert, j'ai reçu par deçà trop de malheurs, outrages, envies et scandales, à la grande damnation de ceux qui les ont faussement controuvés, lesquels sont si très lâches que ce qu'ils disent en mon absence, oncques n'en osèrent sonner mot en ma présence, combien que je me sois offert à toute épreuve et aie procédé contre eux par voie juridique, et, néanmoins, j'ai bien connu que par longue et fréquente détraction de médisants on peut bien être éloigné de bienveillance[1]. Là, au contraire, aux marches circonvoisines de Bourgogne, c'est à savoir Lyonnois et Bourbonnois, où ma petitesse s'est premièrement élevée, j'ai toujours trouvé amitié, crédit, faveur, accueil[2] et humanité, autant ou plus que nul autre jeune étranger... »

Enfin ce qui l'incite encore à présenter cette requête, c'est que, comme jadis Molinet l'a recueilli, lui-même aujourd'hui a pris à sa charge « deux petits neveux de bon esprit, délaissés comme orphelins de *son* frère aîné » et dont l'éducation, sans doute, pourra se faire plus aisément à Dôle qu'en autre lieu.

Quels étaient ces « malheurs, outrages, envies et scandales » qui l'ont fait « procéder par voie juridique »? Nous l'ignorons, et ce ne furent, peut-être, que les ennuis, rivalités et disputes inhérents à la vie de tous les hommes de lettres et qu'exagère facilement leur susceptibilité, car, jusqu'à présent, la carrière de Jean Lemaire nous a paru plutôt heureuse.

Il n'a manqué ni de protecteurs ni d'amis; ses œuvres ont été appréciées; il connaîtra bientôt de vrais succès de librairie. Le nombre de ses amitiés fait deviner en lui un caractère facile et dévoué. Les lettres et les ouvrages de ses contemporains sont fréquemment remplis d'invectives et leurs discussions littéraires, scientifiques, philosophiques dégénèrent parfois en tournois d'injures; les écrits de Lemaire ne contiennent de violences et d'ou-

1. *bénivolence.* — 2. *recueil.*

trages contre qui que ce soit. Il n'envie personne et il a
le don charmant de pouvoir admirer autrui. S'il rencontre un rival, il se défend contre lui; mais sa manière
reste courtoise et consiste à lui dire « fais aussi bien que
moi[1] » ! Chose merveilleuse, il se souvient des services
qu'on lui a rendus, du bien qu'on lui a fait, et il en
demeure reconnaissant, même quand celui qui l'obligea
est un homme de lettres comme lui !

Il est resté jusqu'au bout le fidèle admirateur de son
parent Molinet; nous avons vu déjà[2] comme il parle de
Guillaume Crétin lorsqu'il lui dédie, quatorze ans après
leur rencontre à Villefranche, le troisième livre des *Illustrations*. Il commence cette dédicace en affirmant qu'à
son avis « nul vice... n'est plus énorme et détestable...
que le péché d'ingratitude » (II, 255), et il remercie
encore Crétin des conseils qu'il en a reçus. Bien mieux,
dans une des éditions de ses œuvres, il insère un long
poème du grand rhétoriqueur, la *Plainte sur le Trépas de
feu Guillaume de Byssipat*, afin de publier le talent de
son ami (III, 197).

La même intention l'anime maintes fois à l'égard de
Perréal. En 1504, lui-même, probablement, l'a mis en
relation avec Marguerite d'Autriche qui donne à celui-ci
le titre de valet de chambre et de peintre ordinaire[3], et
lui confère la quasi-direction des travaux de Brou. Déjà,
dans le prologue du *Temple d'Honneur et de Vertus*, il
le nommait « un second Apelle en peinture » (IV, 190);
il ne l'oubliait point parmi les grands artistes énumérés
dans la *Plainte du Désiré* (III, 162), et *La Légende des
Vénitiens* allait lui donner l'occasion d'enchérir encore,
car Perréal y surpasse « tous les citramontains » et sa
louange est dite « perpétuelle et non terminable »
(III, 406). C'est à cet ami qu'il dédie ses deux *Épîtres de*

---

1. Voir sa lettre du 15 février 1508 (n. st.) (IV, 321).
2. Voir ci-dessus, p. 18.
3. Voir Charvet, *Biographies d'architectes : J. Perréal.*

l'Amant vert; c'est à lui, naturellement, qu'il demande quelques dessins (emblèmes, armes, frontispices) qui décorent certaines de ses éditions; il conduit, lui-même, à l'Université de Dôle, le fils du peintre et le recommande à la duchesse (IV, 385); enfin, lorsque trois ans plus tard, en octobre 1512, Perréal, oubliant cette affection et ces services, s'en prend vilainement à Lemaire dans une lettre adressée à Marguerite d'Autriche (IV, 390) et essaye de se faire valoir au détriment de son ancien camarade, nous ne connaissons aucun acte de ce dernier qui ait pu motiver de pareilles attaques et nous ne trouvons rien dans ses écrits qui soit une riposte à cette misérable conduite.

L'amitié de Lemaire pour Symphorien Champier[1] se manifeste également par la publication de ses sentiments admiratifs. Il l'appelle, jouant à la manière rhétoricienne sur son nom :

> Champier gentil, riche champ, pur, entier...
> ... Champ plein d'honneur et plein de floriture[2]...

il le loue d'avoir, comme médecin, tiré Perréal « hors des mâchoires de la mort » et le juge digne de la couronne civique, *quia civem servavit;* il fait, d'autre part, à l'écrivain les promesses d'immortalité les plus flatteuses.

Il rencontre à Dôle Corneille Agrippa[3] et le fréquente; il correspond avec l'évêque de Maurienne, Louis de Gor-

---

1. Symphorien Champier (1472 † 1545), médecin, philosophe, historien, poète, au service du duc de Lorraine, puis de Louis XII, qu'il accompagna, avec Perréal, en Italie. Fit partie du consulat de Lyon. Son œuvre latine et française est nombreuse.

2. Voir Stecher, *Notice sur la vie et les œuvres de Jean Lemaire,* p. XIII.

3. Henri-Corneille Agrippa (1486 † 1535), savant, alchimiste, médecin (?), philosophe et professeur allemand, bibliothécaire et historiographe de Marguerite d'Autriche en 1529. Ses ouvrages les plus célèbres sont un traité sur l'*Incertitude et la Vanité des Sciences et des Arts* et sa *Philosophie occulte.*

revod[1], et divers autres personnages ; il est invité à souper par Claude de Châteauvieux, évêque de Tarentaise[2] ; nous verrons plus tard l'amitié et l'admiration qu'il inspire au jeune Clément Marot. Quant à Jean de Marnix[3] et à Louis Barangier[4], les lettres qu'ils échangent avec Lemaire attestent la considération qu'ils ont pour lui ; Barangier, notamment, s'emploie maintes fois à l'aider et parle en sa faveur à leur maîtresse[5].

Ce n'est pas que lui-même n'osât point se défendre auprès d'elle. L'habitude des flatteries énormes qui sont dans le goût du temps et qui, mieux tournées ou plus spirituelles, ne seront pas moins déplorables sous la plume des auteurs du siècle suivant, n'a point avili son caractère, et voici sur quel ton il parle, avec quelle chaleur il plaide, quand une question le touche vivement.

En 1509, toujours en faveur auprès de la duchesse qui vient de lui octroyer une « crue de *ses* gages de quatre sous par jour » (IV, 376), il est « contrôleur » des travaux de Brou. Pour la décoration prochaine de l'église et la confection des tombeaux il faut du bon albâtre. Le 15 novembre de cette année, Perréal écrit que Lemaire l'a chargé d'en trouver et qu'il a découvert une pierre excellente[6]. Il est probable que c'est l'albâtre de la carrière de Saint-Lothain, près de Poligny, non loin de

---

1. Louis de Gorrevod (1473 † 1536), évêque de Maurienne, créé cardinal en 1530. Voir A. Chavigny, *Correspondance politique et administrative de Laurent de Gorrevod.* Mâcon, 1913, in-8°.

2. Voir sa lettre à J. de Marnix du 24 octobre 1510. Cf. Cl. Cochin et M. Bruchet, *ouvr. cité,* p. 35.

3. Jean de Marnix, seigneur de Toulouse, conseiller et secrétaire de Marguerite d'Autriche pour les lettres latines et italiennes.

4. Louis Barangier, maître des requêtes et secrétaire de Marguerite d'Autriche.

5. Lemaire semble avoir eu encore un excellent ami dans l'auteur du *Contreblason des faulses Amours* (1512). Ce poète, qui s'appelait probablement *d'Estrées,* nomme Lemaire son « intime, très cordial, consodal, frère, compagnon et amy ». Voir le *Contreblason des faulses Amours,* publié dans les Œuvres poétiques de Guillaume Alexis, édit. Piaget et Picot, t. I, p. 261 et suiv.

6. Voir Charvet, *ouvr. cité,* p. 51.

Dôle, dont Lemaire, à son tour, se déclare l'inventeur. Quoi qu'il en soit, le 10 octobre 1510, Marguerite d'Autriche, circonvenue par de prétendus connaisseurs, écrit à son indiciaire que « ledit albâtre n'est nullement bon et qu'il convient de se pourvoir ailleurs » (IV, 398). Sa lettre est simple, sans reproche, adressée à son « très cher et bien-aimé »; quelle réponse indignée elle lui attire[1]!

Le début en est amusant et habile. Je travaillais précisément pour vous, lui écrit Lemaire, à ce « *Palais d'Honneur féminin*[2], duquel verbalement, par votre faconde et ingéniosité céleste, voici longtemps[3] m'aviez baillé le devis, plate-forme, portrait et invention, pour lequel exécuter et mettre en œuvre, tout tel simple ouvrier et architecte que je suis, j'avois déjà le compas en main, l'équerre prête, le plomb et le niveau tout agencés, et mes maçons qui sont mes dix sens naturels, tant intrinsèques comme extrinsèques, avec[4] leurs ciseaux, marteaux et autres instruments convenant[5] à maçonnerie, tous unis, assemblés et encouragés de bien faire; la matière étoit sur le lieu et les grands quartiers de marbre, qui sont mes livres, épars çà et là devant mes yeux... », lorsque « arriva un homme inconnu, lequel interrompit ma sollicitude et me présenta une lettre sans dire de quelle part elle venoit. Mais après que j'eus reconnu l'impression de votre scel, ma très redoutée dame, je me levai debout[6] en toute crainte, honneur et révérence, découvris ma tête, humiliai mon genou, baisai et adorai la figure de vos armes en signe de subjection et fidélité que je dois à icelles perpétuellement » (IV, 397).

Cela fait, il ouvre la lettre, il lit, et aussitôt, dit-il, « le sang me mua, tout entremêlé de crainte, vergogne et juste courroux ensemble »! Comment Madame aurait-elle désormais confiance en moi, songe-t-il, pour « fournir à son *Palais d'Honneur féminin*, qui est une chose

---

1. Lettre du 20 novembre 1510 (IV, 396).
2. Voir ci-dessus, p. 33.
3 *despieça*. — 4. *a tout*. — 5. *duisans*. — 6. *sur bout*.

immortelle, éternelle[1] et de merveilleuse dépense[2], » si
elle me croit incapable « de trouver de simples marbres,
étoffes ou matériaux pour un édifice terrestre et temporel »? Mais il n'en est rien! On a jugé sa pierre sur un
mauvais échantillon d'après lequel on condamne toute la
carrière! Quels sont donc ces « grands connaisseurs »
qui ignorent que cet albâtre est des plus beaux, puisqu'on
s'en est servi pour tailler les sépultures des ducs de Bourgogne qui sont à Dijon et que le roi Louis XI en envoya
faire « grande fourniture »? « Pourquoi eût-on fait, de
toute antiquité, tant de cavernes par-dessous terre et tant
de décombres à l'environ, tant d'étançons[3] de bois pour
soutenir le dessus, si on n'eût estimé ce trésor bon et
valable en toute singularité »? Les albâtres de Cluny, de
Salins et de Bresse sont ou bien de craie, ou mêlés de
sables, de trous et de veines, et grisâtres, basanés et
pleins de nœuds : on n'en trouve d'ailleurs que « de petits
lopins », « mais celui de Saint-Lothain est si noble »
qu'on le trouve en immenses quartiers! Il a fallu douze
chevaux ou vingt-quatre bœufs pour en extraire une
pièce; encore a-t-on dû la couper en deux! « Et plût à
Dieu que ceux qui s'y connaissent si bien eussent été au
travail, en l'eau vive jusqu'au genou, comme nous
étions…, et toujours en danger de nos vies, à cause de la
terre qui retomboit…! »

Spectacle inattendu! Cette homme qui, mêlé aux
ouvriers, dirige, au flanc de la carrière, cette rude
besogne, c'est le rhétoriqueur subtil et pompeux, le spirituel amant vert, le chanoine de la Salle-le-Comte,
l'érudit, l'humaniste nourri d'Homère et de Virgile!
Combien ce portrait nouveau le complète et le fait de
son temps, où l'individu, à la fois, agit et pense, où la
vigueur du muscle et l'effort physique s'associent à la
souplesse et à l'activité du cerveau!

Mais nous ne sommes encore qu'à la moitié de la
lettre! Le poète-carrier, rappelant ses services passés,

---

1. *pardurable.* — 2. *coustenge.* — 3. *d'estansonnemens.*

constate avec amertume l'envie qu'ils ont suscitée et dont
il n'a cessé d'être victime. « Cette noble pierre », dit-il,
« n'est avilie[1] ni méprisée, sinon pour autant que Jean
Lemaire a l'honneur de l'avoir remise et restituée en
bruit[2], et icelle retrouvée à la grande gloire de Madame;
car telle est ma fortune... que je bats toujours les buissons et un autre prend les oisillons...! Je suis donc de
semblable qualité comme Cassandre, laquelle étoit très
bonne devineresse, mais jamais elle n'étoit crue ni auto-
risée ! »

Tout à cette ardente défense de ses intérêts, auxquels il
associe ceux de la duchesse, car il a travaillé aussi pour
elle dans sa « saunerie de Tourmond » et, après y avoir
fait creuser « plus de soixante et onze pieds de profondeur[3] et autant de large et cinquante en travers, qui est
une chose horrible à voir », il y a trouvé du marbre, il
n'oublie pas, selon sa coutume, son camarade Perréal.
S'il faut à Madame, pour conduire ses travaux, quelqu'un
qui soit « riche de science, d'amis, d'entendement, d'ingéniosité, d'audace, d'honneur, d'avoir et d'autorité et
qui désireroit de tout cœur y faire son chef-d'œuvre », ce
personnage elle le tient « entre ses mains » et c'est Jean
de Paris !

Il lui recommande également ses ouvriers, « compagnons besognant en votre perrière », braves gens pleins
de cœur et de courage qui sont « vos meilleurs sujets...
et ont bien mérité que, s'il vous plaît, leur faites une gracieuse récompense »..., et la lettre, enfin, se termine par
l'exposé de trois derniers griefs peu intéressants. Ainsi,
tout entier, Jean Lemaire s'y retrouve avec sa passion, sa
sincérité, son bon cœur, sa verve d'écrivain et ses souvenirs littéraires qui lui font évoquer, dans la carrière de
Saint-Lothain, la figure désolée et grave de Cassandre.

Ce que nous entrevoyons ainsi de son caractère s'ac-
corde tout à fait avec ce mot charmant qu'il écrivit un

---

1. *avillée.* — 2. renommée. — 3. *parfond.*

jour à l'un de ses amis : « ... là où je sens, mon cœur s'adonne du tout, et la raison le veut bien... » (IV, 422); quant à son esprit, sans cesse en éveil, à ses yeux fureteurs, à sa curiosité jamais lasse, ce sont ses livres mêmes qui constamment nous les rappellent.

Lui-même se dit à l'affût de toute chose « étrange[1], merveilleuse et antique » (III, 126); « ainsi que par curiosité naturelle », remarque-t-il encore, « je m'emploie volontiers à investiguer choses nouvelles » (IV, 428). Les sujets les plus inattendus tentent sa plume; il annonce à Marguerite d'Autriche qu'il prépare un ouvrage sur « le navigaige[2] des Indes nouvellement trouvé », qu'il a « naguères recueilli par plusieurs pièces en Italie » (IV, 395), ouvrage disparu s'il fut écrit. Tel détail, dit-il, « je l'ai appris à Rome et à Venise par écritures authentiques et dignes de foi » (III, 200), ou bien « en un vieux livre de la librairie d'Esnay à Lyon » (III, 304). Il se vante d'avoir recouvré les œuvres du commentateur de Manethon d'Égypte et celles de Vibius Sequester (II, 268, 270). Partout il regarde, il note (II, 451, 473); il interroge Thomas Isaac, roi d'armes, et le héraut Lecocq, lorsqu'il veut s'éclairer sur « la propriété de plusieurs termes les plus nécessaires quant aux blasonnements » (IV, 265); il converse avec des étrangers : « Un chevalier de Rhodes, nommé Daniel, anglais, me conta... » (III, 397); « ... il me souvient avoir ouï dire à Blanchart le noble, natif de Châlons-sur-Saône, homme de grande mémoire et expérience... » (II, 81), et ses *Fragments de Chronique* (IV, 440) contiennent les renseignements les plus mêlés, histoire, chronologie, archéologie, faits divers, français et latins, depuis la description du harnachement des chevaux et des chiens, que le roi d'Angleterre offre à Madame (IV, 446), jusqu'à la mention de la prise de Tirlemont par les Français, où *omnes mulieres violaverunt etiam septimo males* (sic) (IV, 452).

1. étrangère. — 2. la navigation.

C'est bien cette mobilité de corps et d'esprit qui
explique, en partie, son attitude à l'égard de l'empire et
de la France et qu'il ait pu, sans trahison, les servir, soit
tour à tour, soit même simultanément.

Il est facile de se représenter quels sentiments nationaux l'animent. Dans la mesure, assez faible, où il est
d'un pays, où il a quelque part des racines, c'est à la
terre du Hainaut qu'il tient. Il s'en réclame trop souvent
pour ne point l'aimer; il est heureux d'appartenir à ce
« peuple hennuyer franc et ouvert en ses affections[1] plus
que nul autre », et qui possède il ne sait « quelle manière
de faire plus apparoissant, plus appropriée et mieux
démonstrative, en langage, termes, voix, gestes et visage[2].
de la bienveillance[3] de son hommage envers leur prince
et princesse » (IV, 480).

Mais, instinctivement attaché à sa terre natale, aucune
raison politique et touchant à l'intérêt de son pays ne
l'incline à quelque affection pour ceux qui le gouvernent,
et, s'il sert avec dévouement Maximilien et Marguerite,
c'est parce qu'il trouve en eux de bons maîtres, comme il
eût continué à servir, pour la même raison, Pierre de
Bourbon ou Louis de Ligny. Son Hainaut fait partie des
États du prince Charles; c'est un fait qu'il ne discute pas;
mais il accepterait d'aussi bon gré qu'il appartînt à
Louis XII. En réalité, s'il est quelque chose d'autre et de
plus qu'hennuyer, il est *européen*, c'est-à-dire qu'il fait
partie de l'une de ces nations chrétiennes qu'il rêve de
voir unies bientôt contre le Turc.

Irrévérencieux dans la *Couronne margaritique* à l'égard
de Charles VIII et d'Anne de Bretagne, adversaire violent de la France dans ses *Chansons de Namur*, il ne
s'est montré tel que par l'effet d'un zèle inconsidéré, et
ces intempérances de plume, amenées par les circonstances, n'étaient pas l'expression de sa pensée réfléchie.
N'ayant pas publié le premier de ces ouvrages et passant

1. *affectuosités.* — 2. *chiere.* — 3. *bénivolence.*

le second sous silence, il se félicitera, en dédiant à Guillaume Crétin le troisième livre de ses *Illustrations*, de n'avoir jamais été « malivolant[1] à homme de France » et d'avoir, par ses œuvres précédentes, déclaré l'affection qu'il a toujours eue « au bien public de la nation françoise » (II, 256).

Il cite en exemple, non seulement les deux premiers livres des *Illustrations*, mais sa *Légende des Vénitiens* et son *Traité de la Différence des Schismes et des Conciles de l'Église*. Tous deux démontrent, en effet, qu'à une époque où il était tout à Marguerite d'Autriche il lui paraissait fort possible de défendre en même temps la politique française.

La duchesse, d'ailleurs, ne l'y poussait-elle pas? Ne venait-elle pas de conclure avec la France cette paix et ligue de Cambrai (décembre 1508) qui identifiait, — semblait-il, — les intérêts de l'empire et du royaume en Italie et unissait leurs forces contre les Vénitiens? Moins politique que Marguerite et que Maximilien, le poète prenait le traité à la lettre; il croyait à l'amitié jurée et à la solidité de l'alliance qui devait, — c'était écrit, — durer autant que la vie de l'empereur ou du roi, et une année encore après la mort de l'un d'eux!

Quoi de plus naturel, dès lors, qu'après avoir célébré la duchesse, négociatrice de cette paix, et avoir rédigé à cette occasion, — dit-on, — car l'ouvrage a disparu[2], un « traité » intitulé *La Concorde du Genre humain*, il ait, dans le courant de 1509, publié cette *Légende des Vénitiens* où il entendait démontrer, comme l'indique le soustitre, « le très juste fondement de la guerre contre eux » et prôner la nouvelle politique d'alliance franco-germaine.

A côté des exhortations à la croisade que nous retrouverons désormais dans plusieurs écrits de Lemaire, ce pamphlet, adroitement conçu pour influencer l'opinion,

1. malveillant.
2. Voir Stecher, *ouvr. cité*, p. xxxvii.

énumère les méfaits de la Sérénissime République, tant
dans son administration intérieure que dans ses rapports
avec les nations et spécialement avec la papauté. Avant
que Machiavel en ait donné la théorie, Venise paraît
avoir réalisé en pratique le gouvernement sans foi, sans
honneur, sans probité, illustré par de « belles ven-
geances » et de « vertueuses trahisons ». Jean Lemaire,
— à sa façon, — en produit maints exemples, avec le
regret, dit-il, de devoir entrer « en l'abîme de cette
matière odieuse ». « Qui voudra croire qu'une telle
manière de gens ait osé, en son plein conseil, donner
jugement mortifère sur les plus grands princes de la
terre, c'est à savoir d'une part sur la sacrée majesté du
roi des Romains, auquel ceux de Bruges en Flandre, par
grande fureur et témérité populaire, avoient osé toucher
de leurs mains sacrilèges, dont les Vénitiens, pour autoriser leur malice, leur mandèrent par lettres missives ces
six mots : *huomo morte non fa piu guerra*, exhortant lesdits Flamands brugelins (*sic*) par cette sévère[1] sentence
inhumaine de non laisser échapper la personne de leur
très noble prince, mais[2] souiller leurs mains de son
sang?... Et, d'autre part, iceux Vénitiens, jetant semblable
sentence de mort sur le roi très chrétien Charles huitième à la journée de Fornoue, proposèrent, par édit
public, récompense[3] de cent mille ducats à celui qui
le pourroit avoir en sa puissance mort ou vif. Et à chacun qui apporteroit la tête d'un François, six ducats ; dont
y eut aucuns de leurs estradiots, lesquels, parce[4] qu'ils ne
pouvoient recouvrer des têtes de François, décapitèrent
aucuns prêtres et passants de Lombardie » (III, 377).

Lemaire oppose à ces affreuses pratiques, — qui sont
d'ailleurs communes à toutes les nations, — la loyauté
du roi des Romains et la « prudhomie françoise » ; il se
plaît à constater que la coalition nouée contre la Seigneurie concorde avec les prophéties qui ont, jadis, annoncé
la ruine de celle-ci, et, s'étant résumé en une « double

1. *grieve*. — 2. *ains*. — 3. *guerdon*. — 4. *pource*.

ballade » qui décoche encore quelques injures et quelques
menaces à l'adresse de ces « fiers humains »,

> Plus cauteleux que le larron Cacus (III, 400),

il termine son pamphlet par ces vers, aussi plats qu'aimables :

> Chacun ira partout louant,
> Disant, chantant et écrivant :
> Vive le roi Louis le Grand (III, 408) !

On déterminerait difficilement ce qu'il pouvait y avoir
de sincérité et d'indignation réelle dans un écrit de cette
nature. Il appartient, certes, à cette littérature politique
qui défend, pour des raisons intéressées, les entreprises
des princes[1] et qui compte les nombreux morceaux de
prose et de vers écrits contre Venise, en France, au début
du xvie siècle, depuis les plus banales complaintes jusqu'aux pages d'histoire d'un Claude de Seyssel. Mais il
développe cependant quelques idées sur lesquelles Jean
Lemaire est revenu trop souvent, avec trop de ténacité et
de passion, pour que nous contestions qu'elles exprimèrent sa conviction réfléchie. C'est d'abord la nécessité
d'une entente entre les nations gauloise et germaine, —
il y ajoutera plus tard l'italienne, — dont les origines
sont communes et dont les destinées doivent, dès lors,
être identiques ; c'est ensuite le groupement de leurs sol-
dats contre le peuple infidèle qui menace l'est européen
et qui, sans droit, occupe non seulement la sainte Jéru-
salem, mais la terre troyenne dont ces nations sont issues.

Si, dès 1507, à Rome, il faisait le vœu solennel d'écrire
une « généalogie des Turcs et de leurs gestes[2] », ce n'était
assurément pas pour les recommander à la sympathie
des chrétiens ; et nous douterons d'autant moins qu'il fut
sincère en défendant cette idée de croisade, — dont l'idée
d'union n'est que la conséquence, — qu'elle fut extrême-

---

1. Voir H. Guy, *ouvr. cité*, p. 62 et suiv.
2. Voir ci-dessus, p. 55.

ment répandue au début du xvie siècle, et que, lieu commun de la politique extérieure des nations, on la retrouve
sous forme de clause spéciale et inévitable dans to⸱ les
grands traités d'alliance de l'époque[1].

Pour Lemaire, un tel projet intéressait plus encore la
civilisation générale que la simple politique. Sa conception des origines et du développement des races européennes, sa culture personnelle, ses goûts intellectuels en
appelaient naturellement la réalisation et il ne dut point
se forcer pour y pousser avec enthousiasme. Il attaquera
donc tout ce qui pourrait l'entraver; fût-il « Syach
Ismaël », roi de Perse, l'ennemi des Turcs est son ami;
quant à celui que l'on peut accuser, sinon de leur être
favorable, du moins de les haïr d'une haine trop tiède,
Lemaire le dénonce au mépris des chrétiens, fût-il le
Saint-Père !

Ceci nous explique qu'il se soit plu à traduire de l'italien
en français un opuscule qu'il nomme, dans une lettre à
Marguerite d'Autriche, du 18 décembre 1509, « un petit
traité... des gestes du Sophy et de la prise d'Oran en Barbarie » (IV, 377). Rien d'autre en effet n'a pu l'intéresser
dans la vie, rapidement contée, de ce « Syach Ismaël[2] »,
fondateur de la dynastie des Séfévi, que ses campagnes
contre les Ottomans et les alliances qu'elles lui firent proposer maintes fois aux princes d'Europe. Le traducteur
nous dit d'ailleurs, dans son prologue, qu'il veut opposer
à l'inertie du « chrétien », — entendez le pape, — « qui a
promis et juré solennellement faire la guerre aux Turcs et
mécréants et n'en fait rien », le zèle de « l'autre, qui n'a
point de loi et néanmoins tâche à détruire les autres infidèles de la loi mahométiste » (III, 199). Il compare ce
« chrétien », dans sa conclusion, au corbeau qui demeure

---

1. Le Glay, *Négociations diplomatiques entre la France et l'Autriche pendant les trente premières années du XVIe siècle.* Paris,
1845, 2 vol. in-4°.

2. Ismaïl Châh, roi de Perse, célèbre par ses luttes contre les Ottomans, vécut de 1485 à 1523.

« obstiné sur une charogne puante » (III, 219), et, s'il fait imprimer après ce « traité » le *Sauf-conduit donné de plein vouloir par le Soudan, aux sujets du roi très chrétien, tant pour aller en pèlerinage au saint Sépulchre, comme trafiquer marchandement en ses terres et seigneuries d'outremer* (III, 221), c'est encore parce qu'il y voit le moyen de rappeler à ses lecteurs la menace permanente de l'ennemi héréditaire, de porter quelques coups supplémentaires aux Vénitiens et d'admonester, une fois de plus, le souverain pontife qui se montre pour les fidèles moins gracieux que le Soudan.

Engagé dans cette voie, Jean Lemaire devait tout naturellement mettre sa plume au service de la cause royale le jour où Louis XII, triomphant de ses hésitations et des résistances d'Anne de Bretagne, osa se poser en adversaire du pape, après s'être fait couvrir par le clergé de France. Réuni en 1510 à l'assemblée de Tours, celui-ci avait reconnu au souverain le droit de combattre Jules II qui, le 24 février de cette même année, s'était réconcilié avec les Vénitiens, avait ainsi rompu le traité de Cambrai, et, s'alliant aux autres ennemis de la France, Suisses, Anglais, Espagnols, préparait contre elle la sainte Ligue, qui fut signée en octobre-novembre 1511.

Mais Louis XII n'entendait pas porter son offensive sur le seul terrain des champs de bataille. L'audace qui lui faisait tourner les armes contre le souverain pontife se trouverait pleinement justifiée s'il était démontré que celui-ci était indigne de la tiare et si l'autorité d'un concile régulier l'en dépossédait. Ce concile s'occuperait en même temps de la réforme attendue de l'Église ; ainsi présentée et grandie, la querelle entre le pape et le roi perdait le caractère brutalement et étroitement agressif qui l'eût fait condamner par les esprits timorés.

D'accord avec Maximilien, Louis XII convoqua le concile et fixa sa réunion à Pise pour le 1er septembre 1511.

Quoiqu'il n'apparaisse pas que cette politique rencontrât aucune opposion sérieuse en France, le roi la vit, avec plaisir, défendue par quelques-écrivains tels que Jean d'Auton, son historiographe, qui rima une *Épître élégiaque pour l'Église militante*, et Pierre Gringore, dont la *Chasse du Cerf des Cerfs* («servus servorum Dei»), l'*Espoir de Paix* et une partie du *Jeu du Prince des Sots et Mère Sotte* injurièrent copieusement Jules II ; quant à Jean Lemaire, estimant avec raison que la gravité du sujet s'accommoderait mieux de la prose que des vers, il fit paraître, en 1511, le *Traité de la Différence des Schismes et des Conciles de l'Église et de la Prééminence et Utilité des Conciles de la sainte Église gallicane* (III, 231).

Cette œuvre s'élève de beaucoup au-dessus des libelles du temps qui se bornent à diriger contre le pape des calomnies et des insultes. Lemaire comprend qu'il est insuffisant, et, sans doute, indigne de lui, de traiter le Saint-Père d'ivrogne[1], de l'accuser de répandre le sang humain[2] et de placer dans sa bouche des aveux de cette qualité :

> Ainsi qu'un Grec suis menteur détestable ;
> Comme la mer inconstant, variable ;
> Luna régnoit l'heure que je suis né[3]...

Ce n'est pas au pontife seul qu'il s'en prend, mais à plusieurs de ses prédécesseurs, c'est-à-dire à certaines pratiques de l'autorité pontificale. Les grands maux de l'Église, dit-il, sont la conséquence des schismes ; ses grands biens, des conciles ; et il démontre, en les énumérant, que les premiers « pour la plupart sont toujours venus du côté des papes, et les conciles du côté des princes » (III, 233). Il ajoute aux causes de dommages l'ambition, « mère d'avarice » ; il explique « comment l'Église a été dépravée par opulence et richesses et mêmement par la donation de Constantin » (III, 271). Convaincu, semble-t-il, par la lecture de Laurent Valla, que celle-ci

---

1. Gringore, *La Chasse du Cerf des Cerfs*, édit. Jannet, t. I, p. 165.
2. Gringore, *L'Espoir de Paix*, t. I, p. 173.
3. Gringore, *Le Jeu du Prince des Sots et de Mère Sotte*. t. I, p. 248.

n'est qu'un faux[1], il voit, nonobstant, dans le pouvoir
temporel du pape qu'elle consacre l'origine de la plupart
des tribulations de la chrétienté; il accuse également le
célibat des prêtres et motive, par ces critiques, le projet
de réformer l'Église et de réunir un « très bon et très
grand concile universel » qui préviendra le très redoutable
vingt-quatrième schisme à venir, « par lequel les princes
séculiers seront contraints de mettre la main à la réformation des ecclésiastiques » (III, 351).

Ce n'est ni par la stricte exactitude, ni par l'impartialité
que se caractérise Lemaire historien, lorsqu'il rapporte
les événements qui ont donné naissance à vingt-trois
schismes et aux plus importants des conciles. Il relève
avec soin les faits qui soutiendront sa thèse, sans distinguer s'ils ont pour garant l'histoire ou la calomnie; accu-
sons-en, plutôt que sa mauvaise foi, l'insigne faiblesse de
son sens historique.

L'ouvrage, dès lors, ne nous intéressera point par le
récit d'anecdotes connues, réelles ou controuvées, qui
nous montrent la rivalité des papes schismatiques, leur
orgueil, leur avarice, leur simonie, leur tyrannie, et les
passions toutes mondaines de leur existence débauchée,
mais uniquement par quelques détails pittoresques, par
son style excellent et par l'ironie peu appuyée de la satire,
ce qui est vraiment exceptionnel dans les polémiques de
cette époque. C'est ainsi qu'après avoir fait une rapide et
directe allusion à Jules II dans ses premières pages,
Lemaire ne le nomme plus; mais il ramène à tout instant
sur lui la pensée de son lecteur en écrivant, par exemple :
« Dioclétien qui se faisoit adorer comme Dieu et baiser
les pieds, comme font les papes modernes... » (III, 250),
ou bien : « ... (ils) dévêtirent la pourpre et les ornements
impériaux pour vivre privément et pacifiquement en leurs
maisons, ce que ne feroient pas volontiers nos papes

---

1. « Laurent Valla, citoyen romain, homme de grande littérature
et liberté, lequel a de ce composé un livre exprès par grande audace,
et semble alléguer raisons presque invincibles » (III, 252).

modernes... » (III, 255), ou bien encore : « ... (tel) fut grand
amateur de guerres..., laquelle chose est merveilleuse aux[1]
papes modernes... » (III, 348). Il raille avec gaîté des pratiques qui, d'habitude, étaient reprises lourdement, en
rappelant, notamment, que Sylvestre se contenta d'une
mitre phrygienne de samis blanc, tandis que « les papes
modernes » portent « la tiare dont usoient les rois de Perse,
laquelle est haute et pointue comme une coqueluche et
riche comme la boîte d'un lapidaire oriental » (III, 259)[2].

Le *Traité* se lit donc sans peine et mérite une place en
vue dans la littérature politique du temps, encore qu'il n'y
faille voir un de ces écrits audacieux et prophétiques qu'ani-
merait déjà le souffle de la Réforme.

« C'est la papauté, son institution et son esprit que
Lemaire ose attaquer » écrit M. Guy[3]. N'exagérons l'audace ni de son caractère ni de sa pensée. Il ne fallait,
certes, pas une très grande vaillance pour combattre
Jules II en étant assuré de l'approbation du roi et de tout
le clergé de France; quant à l'audace du penseur, il est
vraiment impossible de la conférer à Lemaire et de faire de
ce poète un précurseur conscient du mouvement luthérien.

Aucune des idées qu'il développe dans son *Traité* n'est
originale ni neuve; il répète Jean de Meun et le *Roman
de la Rose* lorsqu'il s'élève contre le célibat des prêtres, et
il attaque si peu l'institution de la papauté qu'il s'applique
à distinguer entre les mauvais papes qui « ont été cause
de schismes et divisions, et les bons, de conciles et récon-

---

1. *ès.*

2. Rabelais se souvenait, probablement, de ce passage en écrivant : « Il me semble, dist Panurge, que ce portrait fault en nos
derniers papes : car je les ay veu non aumusse ains armet en teste
porter, thymbré d'une tiare persicque, et tout l'empire chistian
estant en paix et silence, eux seuls guerre faire félonne et très
cruelle » (*Pantagruel*, liv. IV). Rabelais avait certainement lu le
Traité de la Différence des Schismes, car c'est la position qu'y prend
Lemaire qui seule a pu motiver ce qu'on trouve à son sujet au
livre II, chapitre xxx, de *Pantagruel* : « Je vis maistre Jehan le
Maire, qui contrefaisoit du pape »..., etc.

3. Voir H. Guy, *ouvr. cité*, p. 193.

ciliations » (III, 241); il craint tant que l'on ne s'y trompe qu'il insiste sur « l'intention de *son* œuvre qui est de prouver principalement que la malice, ambition et avarice des mauvais papes cause tous ces maux au monde, et, d'autre côté, que les bons papes sont dignes de grande louange et font grand fruit à la chrétienté » (III, 325).

Lorsqu'il touche à l'hérésie hussite et en indique les principaux points, qui sont les fondements de la Réforme, il les appelle de « mauvaises erreurs » (III, 341); il a soin, s'il rencontre une controverse, de taire prudemment son avis ; ce sont là, dit-il, « disputations (dont) je me déporte » et « pour autant qu'il me touche je me tiens à la plus saine opinion » (III, 261); à différentes reprises, enfin, il proteste de son attachement à l'Église romaine, écrivant qu'il ne veut pas déroger à son autorité ni à celle des « papes, prélats et pasteurs qui sagement et saintement se sont gouvernés » (III, 241).

Loin d'être un adversaire du Saint-Siège, il est donc un de ces nombreux fidèles qui veulent concilier son pouvoir avec celui des princes temporels, en le subordonnant à l'autorité des conciles généraux[1]. Cette théorie n'avait alors rien de révolutionnaire; affirmée à Constance, elle était acceptée par une grande partie du monde chrétien ; elle s'accordait avec le gallicanisme dont la conception s'élaborait en France et qui, s'il combattait l'absolutisme pontifical en acceptant toutes les conséquences logiques qu'une pareille lutte devait entraîner, n'en était pas moins, faut-il le dire, très différent du mouvement de la Réforme.

Nous ignorons comment Louis XII accueillit, des mains de Perréal, l'ouvrage politique de Lemaire, et de quelle manière il récompensa cette collaboration inattendue à ses entreprises ; mais l'accueil dut être encourageant, puisque, quelques mois plus tard, le poète, cette fois, recommença l'œuvre du polémiste.

---

1. Il n'était pas plus « pré-luthérien » que Louis XII lui-même, qui déclarait « qu'on ne faict pas la guerre à l'Église, mais le pape la faict injustement aux autres et soulstient les Vénitiens ». Voir Imbart de la Tour, *Les Origines de la Réforme*, t. II, p. 139.

Lemaire avait quitté Dôle au mois d'octobre 1511 pour se rendre à Tours (IV, 385), — nous verrons bientôt la raison de ce voyage ; — il s'arrêta à Blois, où séjournait la cour, et profita de son loisir pour écrire six cents vers qui célébraient de nouveau la valeur du monarque et la sagesse de sa politique. L'historiographe en titre, Jean d'Auton, avait composé, peu avant, une *Épître du preux Hector au roi Louis XII,* longue flatterie de courtisan qu'alourdissait encore la gaucherie habituelle de sa poésie[1]. Lemaire imagina d'écrire la réponse que le prince troyen sollicitait en terminant sa lettre ; ce fut l'*Épître du Roi à Hector de Troie* (III, 68). Bien longue, elle aussi, elle répète plusieurs fois des choses qui se trouvaient déjà dans le *Traité* précédent, mais elle contient aussi quelques passages qui nous rappellent que l'auteur avait décidément trouvé le tour et le ton que réclame ce genre.

Le roi débute en remerciant « l'héritier d'Ilion » de lui avoir écrit. « En mon vivant », lui dit-il,

> je n'ai reçu épître
> Qui tant me plut ni tant me donna joie...

et ce, non point à cause des compliments qu'elle contenait, car, remarque-t-il, si des vertus

> reluisent en moi
> Tout vient de Dieu qui m'a fait homme et roi...

mais parce qu'il ne cesse d'honorer et d'admirer Hector, ce défunt parent qui, s'il avait pu revenir au monde, lui eût certainement prêté son aide pour combattre à Agnadel[2] les Vénitiens et les Grecs, ces « traîtres, vilains et laids » descendants d'Achille et d'Anténor.

Le roi s'émerveille que son correspondant fasse usage de la langue française au paradis, mais non qu'il y séjourne, car, encore que le héros troyen n'ait pas connu la religion

---

1. M. Guy donne l'analyse de ce poème, dépourvu de tout intérêt. Voir *ouvr. cité*, p. 198.

2. Louis XII avait battu les Vénitiens à Agnadel le 14 mai 1509.

révélée, il n'est point douteux qu'ayant vécu irréprochable
en sa loi, et n'ayant fait aucune offense « au saint peuple
de Dieu, » il n'ait été accueilli parmi les chrétiens élus
comme le fut plus tard Trajan, à l'intercession du pape
Grégoire le Grand [1].

> Que plût à Dieu qu'eussions or [2] un tel pape
> Qui fût content de sa mitre et sa chape,
> Sans armes prendre...

et voici qui nous ramène au temps présent, aux guerres
d'Italie et à l'alliance contre les ennemis de l'Église, Turcs,
Grecs, Vénitiens et Saint-Père compris. Le roi rappelle
les raisons de cette alliance et avec quel zèle il y a tenu
son rôle :

> N'a pas longtemps que, notre parentèle
> Jointe avec nous, sans fraude et sans cautèle
> Fimes accord et parfaite alliance,
> Délibérés d'envoyer défiance [3]
> Au Turc, qui est le grand usurpateur
> Du beau pays où naquit ta Hauteur [4].
> Ce que bien faire alors on ne pouvoit
> Si, tout premier, à force on ne ruoit
> Sur ceux qu'on dit le peuple de Venise,
> Fiers ennemis du monde et de l'Église...

« Je me mis sur les rangs », continue le roi,

> Premier que nuls de tous mes adhérents...

Le traité de Cambrai lui imposait, en effet, l'obligation
d'être prêt le premier et d'entrer en campagne avant avril
1509, et c'est un mois plus tard que fut remportée la fameuse
victoire d'Agnadel. Ah ! tout héros d'Iliade qu'il soit, Hector n'imaginerait pas ce qu'est une bataille moderne où

---

1. Peut-être est-ce un souvenir de Dante, au chant X du Purgatoire. De même, quelques vers plus loin, Lemaire, comme Dante
encore au chant IV de l'Enfer, place Hector dans les limbes.
2. maintenant. — 3. défi. — 4. Hautesse.

gronde l'artillerie! « Tu dois savoir », lui dit son correspondant,

> Que nous avons autre tonnerre et foudre
> Faite par art de merveilleuse poudre,
> Qui fait partir un si soudain boulet
> Qu'autant résiste homme armé qu'un poulet!
> Ah! prince Hector, penses-y bien et juge!
> Tu ne vis onc si étrange déluge,
> Car, de ton temps, les guerres et victoires
> On les faisoit en bras fulminatoires
> Tant seulement; mais notre artillerie
> Sans point de faute est une diablerie!...
> ... Ja[1] ne pourrois attendre le hutin [2]
> D'une bombarde ou canon serpentin,
> Car ton grand corps seroit plus tôt atteint
> Qu'un plus petit qui s'assouplit ou feint[3];
> Tu[4] ne serois d'un si hideux coup seur[5],
> Sans un harnois de vingt pieds d'épaisseur!

C'est grâce à Dieu, d'ailleurs. que la France a vaincu en
cette journée, et si cet aveu diminue le mérite du capitaine
et de ses troupes, l'intervention providentielle du « haut
altitonnant » prouve, du moins, que la cause des alliés
était bien la sienne; c'est ce qu'affirme cette belle parole
du roi :

> En cet instant, Dieu, qui savoit mon cœur,
> Vainquit pour moi et me rendit vainqueur...

Cette aide miraculeuse n'alla cependant pas jusqu'à dis-
penser les Français de faire preuve de courage. Louis
reconnaît que jamais les siens ne le servirent mieux, et
lui-même se donne, au moment du miracle, la jolie et
crâne attitude qu'aura plus tard Henri IV à Ivry :

> ... On vit descendre un pigeon[6] par les nues,
> Faisant en l'air virevoltes[7] menues.
> Or dois savoir que pour divin augure
> Le Saint-Esprit se montre en tel' figure.

1. Jamais. — 2. bruit. — 3. se dissimule. — 4. *Si.* — 5. sûr, protégé. — 6. *colomb.* — 7. *virevousles.*

> Par le pigeon [1], plein d'amour et sans fiel,
> Est figuré le grand seigneur du ciel ;
> Par sa blancheur de claire relucence [2]
> Désignée est Justice et Innocence...
> ... Par ainsi donc la blanche colombelle,
> Sans craindre temps furieux ni rebelle,
> Et, voletant, ses ailes dresse et met
> Tout à l'entour de mon royal armet,
> Dessus l'armet que j'eus, hautain et riche,
> Sur un plumas [3] de grands plumes d'autriche [4],
> Que seul portois, armé, sur un coursier
> Haut, éminent, orgueilleux, franc et fier,
> Car de mes gens, dont j'eus bon grand amas,
> Nul, entre tous, ne portoit son plumas.
> Et ce fut fait, afin qu'eux tous, voyant
> De mon armet les plumes ondoyant,
> N'eussent ja [5] peur que je fusse absent d'eux
> En un combat [6] si rude et si hideux ;
> Car du mourir je n'eus lors peur ni soin,
> Si [7] m'en soit Dieu et l'Église à témoin !

Or, le pape à qui, par cette victoire, le roi a pu rendre « tout à ses frais » les cités pontificales que détenaient les Vénitiens, le pape l'en récompense fort mal ! Certes, quand le Saint-Père est vraiment le *servus servorum Dei*, les chrétiens l'avouent comme chef spirituel,

> Mais s'il est autre et du titre il abuse,
> Chacun des bons d'entre nous le refuse.
> Or, à présent, en avons-nous un tel
> Qui se dit serf du grand Dieu immortel,
> Mais il tient peu de son bon exemplaire ;
> Par quoi ne peut aux très vrais chrétiens plaire,
> Ainçois [8] comploît plutôt aux infidèles
> Quand, par effort de ses armes cruelles,
> Il ne fait rien sinon s'évertuer
> De sang épandre et faire gens tuer.
> Et pour montrer qu'il y met son étude
> Et qu'il nous rend pour grâce ingratitude,

---

1. *colomb.* — 2. reluisance. — 3. plumet. — 4. autruche. — 5. jamais. — 6. *estour.* — 7. Mais. — 8. Mais.

> Nos ennemis partout il sollicite
> Que contre nous la guerre ressuscite,
> Et que François, pour une fin totale,
> Soient frustrés de nos biens en Itale[1]!
> Dieu, quelle erreur! Et quelle frénésie!
> Lui qui devroit Europe, Afrique, Asie,
> Par bon exemple à tous biens émouvoir,
> N'aime rien tant que du mal faire voir,
> Frauder autrui de sa juste possesse[2],
> Peuple émouvoir à rebeller sans cesse,
> Rompre la foi, conspirer, machiner,
> Et rien ne faire autre qu'imaginer
> Comme il peut nuire au royaume de France
> Qui, pour l'Église, a eu mainte souffrance,
> Fait maints grands frais, gagné maintes victoires,
> Telles qu'on voit par toutes les histoires.

Au ton plaisant du début succède ainsi celui de l'indignation, et le poète fait adroitement écrire par le roi ce qui devait troubler l'opinion des plus fidèles lorsqu'ils considéraient la conduite du pontife :

> Il fait bon voir un ancien prêtre en armes
> Crier l'assaut, exhorter aux alarmes,
> Souillé de sang, en lieu de sacrifice,
> Contre l'état de son très digne office...
> ... Puis, en la fin, ses gens abandonner,
> Laisser là tout, bombardes et canons,
> Meubles de guerre, enseignes, gonfanons,
> Sans que mes gens daignassent le poursuivre[3],
> Car de le vaincre il ne s'en peut ensuivre
> Los ni profit, trop[4] moins que d'une femme!...

1. Italie. — 2. possession.

3. Allusion à la bataille de Bologne, du 22 mai 1511 : « Le seigneur Jean-Jacques Trivulce... repoussa l'armée du pape jusque devant Bologne, où elle fut défaite sans mettre l'espée à la main et le pape faillit être pris dedans. Jamais ne fut vue si grosse pitié de camp, car tout leur bagage y demeura, artillerie, tentes et pavillons... » Le Loyal Serviteur, *Histoire du bon Chevalier sans Peur et sans Reproche*, ch. xxxvi.

4. beaucoup.

Et le mépris se fait, ici, plus adroit que la violence. Je recommanderai à toute mon armée, dit le roi, de ne faire aucun mal au pape s'il est pris :

> S'il a sa croix et le saint sacrement
> Qu'on garde bien d'y toucher nullement;
> Mêmement quand l'artillerie sonne
> Que canonnier n'offense sa personne...
> ... Aussi déjà je proteste et promets,
> Si mal lui vient, que je n'en pourrai mais...

Cela dit contre Jules II, et sa responsabilité mise à couvert, le roi célèbre une fois de plus sa parenté avec le fils de Priam, expose comment les Gaulois et les Germains, issus d'une souche commune, doivent s'unir contre les Turcs, et confie, enfin, sa lettre au vent Borée, en conseillant à son parent d'user du même moyen postal pour lui répondre :

> Par lui pourras quelquefois me récrire,
> Ou par Auster et son frère Zéphyre...

Cette épître, qui manifeste un profond attachement à la France et à son roi, a tout le caractère d'une œuvre écrite par un poète pensionné. Lemaire pourtant ne l'était pas encore; mais on comprend qu'il en eût le désir lorsqu'on remarque que, durant cette année 1511, il avait senti fortement ébranlée sa faveur auprès de la régente des Pays-Bas.

Toujours éloigné d'elle, ses ennemis et ses rivaux profitaient de son absence pour le discréditer; il avait senti l'efficacité de leurs attaques lors de l'incident surgi à propos de l'albâtre, et ses explications indignées n'en avaient pas eu raison. Il écrit, en effet, de Lyon à Jean de Marnix, le 2 mai 1511 : « ... j'ai connu que le sieur Diego Florès[1], ou autre, m'a fait enlever[2] la charge que j'avois des sépultures, sous ombre à dire que l'albâtre n'étoit pas bon et

----

1. Trésorier et receveur général des domaines et finances de Marguerite d'Autriche.
2. *tollir*.

que le marché étoit trop cher » (IV, 382) ; et cependant il
n'oubliait pas ce qu'il devait à sa maîtresse, car, ajoute-t-il,
« nonobstant[1] une maladie que j'ai eue en la main dextre
procédant de la rupture[2] de mon bras[3], telle que vous
savez, pour laquelle guérir je suis venu en cette ville de
Lyon à mes grands dépens... je, néanmoins, pour non
perdre temps, fais imprimer deux livres à l'honneur de
Madame et là où ses armes sont » (IV, 381).

Écarté de ces travaux de Brou, il va s'en occuper pourtant avec un zèle inattendu. C'est que Barangier, l'ami
fidèle, est intervenu ; grâce à lui, « Madame est retournée
à saine connaissance de son albâtre et des marchés faits »
(IV, 383) ; elle a écrit à Lemaire, au mois d'août 1511, des
lettres qui l'ont « rempli de joie inestimable » et lui ont
fait oublier celles qui, précédemment, l'avaient « navré
jusques au cœur » (id.) ; elle lui a, enfin, fait payer cent
écus, soit une année de sa pension d'historiographe[4]. Ren-
tré en faveur, il s'empresse d'envoyer à la régente les deux
livres dont il a parlé et il lui annonce que, depuis quinze
jours, il attend à Bourg Perréal et d'autres « maîtres »
pour travailler avec eux « aux portraits[5] de l'église » (IV,
384).

Cette activité n'était pas intempestive. La construction
du cloître de Brou avait été rapidement menée, mais
l'église ne sortait pas du sol et les sépultures n'existaient
qu'en projet. Perréal et Lemaire se rendirent compte, à ce
moment, qu'il était temps d'agir s'ils voulaient conserver
la confiance de Marguerite, et voici comment ils s'y prirent.

---

1. *obstant.* — 2. *rompure.*

3. C'est, probablement, en 1508 que Jean Lemaire s'était rompu
le bras. Marguerite d'Autriche fait allusion à cet accident dans un
mandement au trésorier de Bresse daté de la fin de 1508 ou du début
de 1509. Quant à la présence du poète à Lyon motivée par sa maladie, elle fut prolongée peut-être par les démarches qu'il fit en vue
d'obtenir la première prébende vacante à l'église Saint-Just. La
régente les appuya chaudement. Voir Cl. Cochin et M. Bruchet, *ouvr.
cité*, p. 30.

4. Voir Cl. Cochin et M. Bruchet, *ouvr. cité*, p. 39.

5. plans.

Déjà, en 1509, pour faire faire d'après ses dessins la maquette
des tombeaux, le premier avait songé à s'adresser à « un
disciple » de Michel Colombe, le renommé sculpteur de
Tours; en 1511, c'est Michel Colombe lui-même qu'il
en charge, et celui-ci, bien que très âgé, accepta la
besogne. Cette combinaison plut à la régente et, comme
il fallait que quelqu'un se rendît à Tours pour régler les
conditions de l'entreprise, Jean Lemaire fit le voyage; il
lui annonce son départ dans une lettre datée de Dôle, le
9 octobre 1511 (IV, 385)[1].

L'affaire fut bien et rapidement menée. Dès le 22 novembre, il fait connaître le succès de sa mission, et parle
avec une affectueuse admiration du vieux sculpteur qu'il
appelle « le très bon ouvrier » (IV, 410). « Ledit Colombe
est fort ancien et pesant, c'est, à savoir, environ quatre-
vingts ans, et, est goutteux et maladif à cause des travaux
passés, par quoi il faut que je le gagne par douceur et
longanimité... Le bonhomme rajeunit pour l'honneur de
vous, Madame, et a le cœur à votre besogne autant ou
plus qu'il eut oncques à autre » (IV, 411).

Ces excellentes dispositions du « bonhomme » vont s'exprimer dans l'engagement que Lemaire et lui signent le
3 décembre 1511 (IV, 413).

On a reproduit plusieurs fois ce célèbre contrat où se
dessine, aussi noble et tranquille que les figures qu'il
sculpta, l'âme paisible et digne du vieux tailleur d'images
qui s'obligeait, pour lui et au nom de ses trois neveux, à
exécuter la sculpture « en petit volume » de Philibert de
Savoie, « selon le portrait et la très belle ordonnance faite
de la main de maître Jean Perréal de Paris ». Je le ferai,
promet-il, « de ma propre manufacture sans ce que autres
y touchent que moi..., et iceux patrons je promets loyale-
ment, à l'aide de Dieu, faire pour un chef-d'œuvre, selon
la possibilité de mon art et industrie. Outre plus, parce[2]

----

1. Voir également sa lettre du même jour à Barangier dans
Cl. Cochin et M. Bruchet, *ouvr. cité*, p. 40.

2. *pource*.

que ledit solliciteur Jean Lemaire nous a affirmé que
Madame désire être servie en ses édifices de gens mûrs,
graves, savants, sûrs, certains, expérimentés, bien condi-
tionnés et observant leur promesse, comme bien raison le
veut, mêmement de ceux que je dessus ai nommé assure-
rai à madite dame être tels » (IV, 414).

Il stipule ensuite, avec maints détails, quelle sera la
tâche de ses collaborateurs, et, comme il est nécessaire
que l'on se rende sur place pour achever la besogne et
qu'à cause de son âge et de sa « pesanteur » il ne se
« pourra transporter sur ledit lieu personnellement », on
décide que ses neveux le remplaceront et qu'un guide
leur facilitera le voyage au pays de Flandre qui leur est
encore inconnu.

Lemaire, enfin, ayant eu soin d'apporter au vieux maître,
dont la compétence ne sera pas discutée, un échantillon
de son albâtre, celui-ci déclare, toujours dans le contrat,
que la pierre est excellente, « très lisse et très polissable en
toute perfection » et, pour preuve, il y taille un visage de
sainte Marguerite « dont il fait présent » à la duchesse
(IV, 418).

Tel est l'essentiel de ce précieux document dans lequel
il semble que l'on entende parler, pour la dernière fois,
l'artisan du moyen âge. Rencontre intéressante, presque
émouvante, que celle de ces deux hommes qui personnifient deux époques : le poète de trente-huit ans, curieux,
remuant, courant les routes qui mènent en France, en
Flandre, en Allemagne, en Italie, aux cités où l'on voit,
où l'on apprend, où l'on admire, avide de nouveautés,
vivant une vie instable, sans patrie, sans foyer, et le sculpteur octogénaire, le probe chef de famille, l'ouvrier cons-
ciencieux qui vécut quarante années à Tours sans ressen-
tir le besoin de renouveler son atmosphère d'art, qui
semble avoir transmis sa crainte du monde à ses disciples
et sollicite un guide pour les conduire jusqu'à Brou, l'artiste admirable qui fut original par son entente des traditions et le goût personnel avec lequel il les répéta, esprit

grave et noble, mais peut-être trop calme et trop sage dans un horizon trop étroit.

Cet accord, conclu à l'intervention de Lemaire et qui promettait un chef-d'œuvre à Marguerite d'Autriche[1], ne resserra que momentanément toutefois leurs rapports distendus. C'est que les envieux ne désarmaient point, et, n'ayant rien pu contre le « solliciteur des édifices de Brou » (IV, 413) et le maître carrier de Saint-Lothain, ils s'en prirent à l'écrivain. Ils l'accusent d'avoir écrit « quelque chose » contre Madame, et, d'autre part, les trésoriers de celle-ci, « par cautelle et cavillation très malicieuse » (IV, 421), essayent de le frustrer de ce qui lui était dû !

Ces nouveaux ennuis vinrent trouver Lemaire au moment où, favorablement accueilli à la cour de Blois, plus attirante à tous points de vue que celle de Malines, l'intérêt qu'il avait à s'attacher au roi ou à la reine dut lui apparaître nettement. Il n'en fallut pas plus, certes, pour le déterminer à prendre une grave décision. S'il quittait, maintenant, le service de la régente, c'était après un service rendu ; sa retraite n'aurait rien de disgracieux.

La décision fut prise, en tout cas, brusquement, et nous y retrouvons le caractère de notre poète. De Tours, il était revenu en Belgique pour soumettre à Marguerite « les patrons et portraits et plates-formes en parchemin » de l'église de Brou. C'est de Bruxelles qu'il en informe Barangier, le 29 décembre, dans cette lettre où il annonce qu'il va rendre visite à sa vieille mère et à ses neveux[2]. Il y parle de son *retour* et se dit prêt à continuer de servir Madame en cette affaire, à condition toutefois qu'il soit « chef quant à la sollicitation d'icelle ». S'il n'obtient point cette autorité, sans menacer de quitter sa place il se borne à

---

1. En dépit du soin avec lequel tout avait été prévu dans le contrat du 3 décembre 1511, la maquette de Michel Colombe ne servit point à l'érection du tombeau de Philibert de Savoie. Il n'en resta qu'un souvenir dans le monument qui fut exécuté plus tard par Jean Van Room, dit « Jean de Bruxelles », lorsque la direction de tous les travaux eut été confiée à l'architecte belge Van Boghem.

2. Voir ci-dessus, p. 10, n. 2.

dire : « Il faudra que j'aie patience[1] ». Or, dès le mois de
février suivant, il se trouve à Blois, au service de la reine.

Ce fut lui probablement qui donna sa démission, car,
le 5 février 1511 (v. st.), Marguerite écrivait à Perréal :
« ... puisque Jean Lemaire nous a laissé (*sic*), nous ne vou-
lons avoir autre contrôleur en notre édifice de Brou que
vous-même[2] ». Mais, s'il s'en allait, il entendait que ce fût
sans qu'on pût rien lui reprocher et après avoir mis toutes
choses au point. « Monsieur », écrit-il à Barangier le
28 mars 1511 (v. st.)[3], « touchant ce qu'il vous plaît m'avertir de ce qu'il a été rapporté à Madame que j'ai dû avoir écrit
quelque chose contre elle et qu'à Paris l'on le trouve publi-
quement par écrit, de ce, je n'en suis guère ébahi, car ce
n'est pas la première coquille qu'on m'a dressée devers
Son Excellence. Sur le point que j'ai reçu vos dites lettres,
je les ai montrées à Monsieur le Contrôleur, Maître Jean
de Paris, lequel, en riant, a répondu un mot vraiment philosophal, c'est à savoir que quand les chiens ne peuvent
mordre ils se saoulent à aboyer » (IV, 419).

Moins philosophe que son ami, — qui d'ailleurs n'était
pas personnellement en cause, — Lemaire se défend contre
cette calomnie. Il n'a rien fait imprimer à Paris, sinon
ses *Illustrations de Gaule et Singularités de Troie*, qu'il
n'a baillées aux imprimeurs qu'à condition que « les armes
de Madame y seroient » comme dans l'édition de Lyon,
et ses *Conciles* et sa *Légende des Vénitiens*, où tout est
« à l'honneur » de la régente. Il ajoute ce détail intéressant
que six mille volumes en circulent déjà. Voilà tout le mal
qu'il a fait! S'il songeait seulement à écrire ou à dire
quelque chose qui pût mécontenter cette princesse « tant
aimée », que Dieu le « fasse mourir subitement et sans
confession » (IV, 422)! Et cependant, conclut-il, après que

1. Voir cette lettre dans Cl. Cochin et M. Bruchet, *ouvr. cité*, p. 45.
2. Charvet, *ouvr. cité*, p. 53.
3. La date de cette lettre est presque illisible, dit Stecher; peut-
être y a-t-il 1512. Ceci importe peu, la lettre étant datée, à sa seconde
ligne, par ces mots : « Ce jourd'hui dimanche, 28ᵉ de mars », et le
28 mars 1511 (v. st.) ayant été un dimanche.

« m'a fortune bestourné, transporté, ramoné et pelotté en
son service, que je ne sais comment je suis pu échapper »,
on me chicane pour le paiement de mes gages! Madame
« peut connaître présentement pourquoi j'ai laissé son
service; ainsi[1] ne m'en doit savoir nul mauvais gré, mais
à ceux qui en sont cause, lesquels ne demeureront point
impunis; et cela je le vous promets, car Dieu est juste! Et
se gardent hardiment de moi et de ma plume; mais ce
sera le plus tard que je pourrai » (id.).

Cela dit, Lemaire remercie encore Barangier qui, jusqu'au dernier moment, aura tenté de maintenir l'accord
entre le chroniqueur errant et son auguste maîtresse[2], et
il signe sa lettre : « Indiciaire de la reine ».

Il vient, en effet, d'être agréé par Anne de Bretagne.
Une dernière épître qu'il adresse à la régente, et qu'il date
de Blois, « aux jardins du roi, » le 14 mai 1512 (IV, 423),
l'annonce, en quelque sorte, à celle-ci. Il lui dit que la
reine l'a chargé de « compiler les chroniques de sa maison » et l'envoie à cet effet « par tout le pays de Bretagne »,
afin qu'il y furette « par les vieilles abbayes et maisons
antiques » (IV, 424).

C'est un adieu définitif à son passé; il ne regrette rien
et, fort tranquillement, écrit : « J'entends que vous avez
créé un nouvel indiciaire nommé maître Remy, bourgui-

---

1. *si.*

2. S'appuyant sur un passage de cette lettre, M. Guy croit que
Lemaire, en s'attachant à la cour de France, aurait suivi le conseil
de Barangier. Lemaire écrit : « ... s'il est aucune chose en quoi je
vous puisse complaire par deçà, mandez-le-moi; et de bon cœur,
ainsi m'ait Dieu, je l'accomplirai, voire autant que pour homme
que je sache au monde, *car vous m'avez montré le chemin.* » Il serait
assez peu compréhensible que Barangier eût poussé Lemaire à quitter le service de la régente, en même temps qu'il s'efforçait à réta-
blir la bonne entente entre eux. Je crois que le passage cité n'a pas
le sens que lui donne M. Guy et qu'il faut l'entendre ainsi : « Je
serai toujours prêt à vous complaire, *car vous m'en avez donné
l'exemple.* » Quant à savoir qui introduisit Jean Lemaire à la cour
de France, tenons-nous-en à ce que nous connaissons de son amitié avec Perréal et à ce que nous dit Clément Marot, qui, dans son
*Épître à M*ᵐᵉ *de Soubise partant de Ferrare pour s'en venir en*

gnon[1] » (IV, 426). Il fait preuve encore une fois de son bon cœur en contant à la duchesse que François Colombe, neveu du grand Michel, étant mort sans avoir pu terminer un travail pour lequel il avait reçu provisionnellement dix florins d'or, lui, Lemaire, n'a pas voulu « poursuivre sa femme ni ses héritiers de fournir et parachever ce qu'ils devoient faire pour le trépassé, voyant qu'il y avoit pitié en eux[2] » (IV, 425). Il rappelle ensuite discrètement qu'on lui doit quelque argent, « qui est peu de chose au regard de Votre Excellence et beaucoup pour moi » (id.); il formule aussi le désir de conserver le droit d'exploiter la carrière de Saint-Lothain, qui lui paraît devoir être une entreprise prospère, et, après avoir encore une fois recommandé Perréal, il affirme qu'il ne pourra s'empêcher, fût-il « au fin fond de la Bretagne », d'aller une fois l'an rendre visite à l'édifice de Brou dont il a eu « grande sollicitude » (id.).

Ce même document nous apprend que la duchesse a commandé à Lemaire de bien servir la reine; leur séparation reste donc élégante[3]; seul Perréal va tâcher vilainement de l'aigrir.

Marguerite d'Autriche ne pouvait se satisfaire de ses services intermittents; l'heure approchait où le Belge Van Boghem allait être chargé de terminer ce que le Français

France, la loue d'avoir été « la main qui, de Flandre en la France, tira jadis Jean Lemaire Belgeois » (épître LV). Michelle de Saubonne, dame de Penthenay, baronne de Soubise, fut demoiselle d'honneur d'Anne de Bretagne; c'est elle, également, qui introduisit à la cour Jean Marot, père de Clément.

1. Remi Du Puys, auteur de la *Triomphante Entrée de Charles, Prince des Espagnes, en sa Ville de Bruges* (1515). La commission d'historiographe de Remi Du Puys date du 15 février 1512 (n. st.). Il prêta serment le 5 avril. Voir Cl. Cochin et M. Bruchet, *ouvr. cité*, p. 46, n. 5.

2. Dans son remarquable ouvrage sur *Michel Colombe et la Sculpture française* de son temps, M. Vitry, appréciant ce fait, écrit : « ... il semble y avoir là quelque chose d'un peu suspect dans la conduite de Jean Lemaire... » (p. 371). Rien ne justifie cette opinion.

3. Voir la lettre de Marguerite d'Autriche à J. Lemaire. Cf. Cl. Cochin et M. Bruchet, *ouvr. cité*, p. 46.

n'avait fait qu'ébaucher ; on sait avec quel art et quelle rapidité il réalisa son œuvre : arrivé à Brou, pour la première fois, en novembre 1512, il s'en allait le 9 juillet 1532, laissant l'église et les tombeaux achevés. Mais Perréal, jusqu'au moment où il se vit définitivement remplacé, essaya de conserver sa charge ; il n'hésita pas, pour y parvenir, à aboyer. ne pouvant mordre, suivant son « mot philosophal », et, le 17 octobre 1512, il écrivait à la duchesse à propos de Jean Lemaire : « ... lui-même m'a menacé à battre ou tuer depuis Pâques en ça, parce[1] que je lui ai remontré sa nativité, sa nourriture et la bonté de la dame qui le traitoit. qui est vous, Madame, qui l'avez levé et tiré de pouillerie et pauvreté, tellement que chacun le connoît tel qu'il est, et s'en est allé demeurer en Bretagne pour que ce chacun le note. et avant qu'il soit guère, en entendrez[2] chanter mauvaise chanson, et plus ne dis autre » (IV, 390).

Lemaire connut-il ce trait de son ami ? Nous ne savons plus rien des rapports qu'ils purent avoir[3]. A ce moment du reste, où le poète belge, en pleine maturité de vie et de talent, pénètre dans un milieu littéraire et artistique où sa renommée, semble-t-il, va rayonner davantage, commence la période qui demeure pour nous la plus obscure de son existence.

---

1. *pource.* — 2. *orrez.*

3. M. Guy écrit que Lemaire se mit brusquement « à haïr » Perréal « autant qu'il l'avait chéri » (*ouvr. cité*, p. 201). C'est là une supposition qui ne s'appuie sur aucun document.

V.

LES GRANDES ŒUVRES.

On ignore à quelle époque Jean Lemaire écrivit l'ouvrage de prose et de vers qu'il intitula *La Concorde des deux Langages*. Rien dans son texte, aucune allusion à quelque événement, ne permet d'en fixer la date. M. Stecher le place vers 1509, M. Thibaut vers 1510, M. Guy vers 1511. Pour ma part je le reculerais encore d'une année; en voici la raison. Dans tous les ouvrages qu'il écrivit jusqu'à cette date, même dans son *Épitre du roi à Hector de Troie*, si dévouée à la France, Lemaire a toujours eu des paroles louangeuses pour Maximilien d'Autriche et pour sa fille Marguerite; en 1511, d'autre part, nous l'avons vu, par ses actes et dans ses lettres, s'appliquer à regagner auprès de celle-ci une faveur qu'il se sent sur le point de perdre. On comprendrait difficilement qu'écrivant, dans ces circonstances, un ouvrage important comme *La Concorde des deux Langages*, l'un de ses mieux pensés et de ses plus soignés, il n'y ait pas mis un mot, pas un seul, qui rappelât qu'il était indiciaire de la maison d'Autriche et exprimât ses sentiments à l'égard de ses maîtres, alors qu'il y étalait, avec un lyrisme enthousiaste, son admiration pour la nation française. Il en faudrait donc conclure que l'œuvre fut exécutée au moment où Lemaire, devenu tout récemment indiciaire de la reine et ayant rompu toute attache avec la cour de Malines, n'avait plus aucun motif de flatter par ses chants ni l'empereur ni la régente[1].

1. Lemaire fait bien allusion dans le prologue de son œuvre à une

Mais cette date de 1512 est aussi la plus récente que l'on puisse assigner à l'œuvre. Lemaire parle, en effet, au prologue de la *Concorde*, des guerres et « inimitiés violentes de Vénitiens... contre ceux de notre langue ». Or, il n'eût point écrit ces mots après les mois de mars et d'avril 1513, où Louis XII fit négocier et ratifier un traité avec le gouvernement de la République, traité par lequel les deux États s'engageaient à s'aider mutuellement pour reconquérir, l'un le Milanais, l'autre les territoires vénitiens détenus par l'empereur[1].

M. Guy a précisé le sens de l'œuvre en dix lignes excellentes que voici : « Les deux langages qu'il s'agit de mettre d'accord ce sont, d'une part, le français, et, de l'autre, le « toscan ou florentin ». Mais le mot langage est pris au sens large et semble désigner les états d'âme, le genre de culture, les opinions qui caractérisent chaque peuple. Et ainsi, en dépit des apparences, l'écrivain ne rêve pas la fusion des idiomes italiens et français : ce qu'il préconise en s'adressant à l'Italie et à la France, nations fraternelles puisqu'elles sont nées de Rome, c'est, fondée sur une solidarité spirituelle, l'union des volontés et des cœurs[2]. »

Ce désir d'entente spirituelle n'était que l'affirmation d'une tendance qui, depuis plus d'un siècle, avait conduit les premiers humanistes à goûter, en même temps que l'antiquité qu'ils exploraient, le génie italien qui les y aidait. L'on ne pouvait aller à Cicéron, à Plaute, à Platon, sans rencontrer sur sa route Pétrarque, Pogge, Ficin, et combien d'autres, qui les cherchaient aussi et souvent les avaient trouvés. Comment dès lors n'eût-on point sympathisé avec ces derniers?

Jean de Montreuil avait été, dès la fin du xive siècle, un

femme « d'un haut cœur viril et masculin » qui l'aurait incité à décrire le débat entre les partisans de chacune des deux langues, mais la phrase est obscure et il y a d'autant moins lieu de voir dans cette personne Marguerite d'Autriche qu'il la désigne si peu, et que l'ouvrage est dédié à « Minerve, la belle et vertueuse déesse » (III, 101).

1. Ce traité fut renouvelé en 1515 par François Ier.
2. Voir H. Guy, *ouvr. cité*, p. 194.

de ces précurseurs. Jean Jouffroy, évêque d'Arras, puis cardinal; Guillaume Fichet, professeur et imprimeur; Robert Gagnin, et tous ceux, — ils sont légion! — que leurs études, ou la guerre, ou la diplomatie, amenèrent en Italie, et tous les Italiens que les mêmes raisons conduisirent en France, avaient travaillé, inconsciemment souvent, à cette fusion des deux esprits, « des deux langages », dira Lemaire.

De cette fusion devait sortir, en France, ce qu'on appelle la culture classique, établie sur les solides fondements de la pensée et de l'art gréco-latins, et qui, sans étouffer l'originalité de l'âme française, se développa, peu à peu, jusqu'à l'heure d'atteindre son plein épanouissement dans la première partie du règne de Louis XIV. Lorsque en 1650, au prologue d'*Andromède*, Corneille écrit :

> J'ai réuni pour le faire admirer
> Tout ce qu'ont de plus beau la France et l'Italie...

à ce moment, dans leur communion avec l'antiquité, les deux nations se sont imprégnées à un point qui, en France, ne sera pas dépassé. Celle-ci doit, notamment, à ce mariage la primauté indiscutable qu'elle a conservée depuis dans les arts plastiques, — seule la peinture de la Flandre et des Pays-Bas surpassera durant un temps la sienne; — elle lui doit d'avoir pu s'assimiler plus vite et mieux la substance éternellement vivante des deux grandes civilisations disparues; or, de tous ceux qui proposèrent ces noces, parce qu'ils prévoyaient qu'elles seraient fécondes, nul ne le fit si tôt, et d'une plume aussi pressante, que Jean Lemaire de Belges.

C'est en poète, et non en pédagogue, qu'il s'y prend pour démontrer qu'il serait « bon pour chose morale et convenant[1] à chose publique » que l'Italie et la France, faisant la paix, s'entendissent pour travailler au profit de la civilisation. Dans quel domaine leurs efforts communs

1. *duisant.*

pourraient-ils s'exercer utilement à cette fin ? Sur quoi fonder leur accord ? Et le poète répond : Cet accord est irréalisable si les Français et les Italiens se bornent à poursuivre les plaisirs d'une existence facile, molle, luxueuse,
livrée aux voluptés, aux préoccupations de l'amour qui
signifie « lâcheté et oisiveté » et qui, fatalement, faisant
naître les conflits d'intérêts les plus égoïstes, sème « divi-
sion et zizanie entre loyaux amants »; mais on y parvien-
dra par la paix, la prudence, l'honneur, l'étude et le souci
de la beauté.

Et pour objectiver ce thème, pour l'exprimer artistique-
ment, Lemaire imagine qu'il visite tour à tour le temple
de Vénus et celui de Minerve.

Dans le premier, où il se présente désireux d'aimer et
de goûter des joies auxquelles il comprendra bientôt que
d'autres, plus hautes, sont préférables, il assiste à la célé-
bration du culte que l'humanité rend à l'Amour. Il le
décrit, ce culte, avec une éloquence ardente et sensuelle
où respire, chante, danse et rit l'âme du paganisme ressus-
cité par la Renaissance. Un personnage, « l'archiprêtre
Génius[1] », — que nous appellerions le génie de l'espèce, —
y prêche aux fidèles un brûlant sermon qui, leur donnant
l'exemple de la nature et du renouveau, les exhorte à aimer.
Créé pour « défendre et garder les hommes », ce Génius, qui se dit « vrai ami de Nature », ne le peut mieux
faire qu'en les poussant à se reproduire. Comme Rabelais,
trente ans plus tard, interdira l'entrée de Thélème aux
hypocrites, bigots, cagots, matagots et autres « vendeurs
d'abus remplis de déshonneur » pour n'y admettre que

> Frisques[2], galliers[3], joyeux, plaisants, mignons,
> En général tous gentils compagnons[4]...

1. Ce Génius est emprunté au *Roman de la Rose* où il est chapelain de Nature. Il y prêche aussi la puissance et la beauté de l'amour,
mais les deux sermons n'ont de commun que cette donnée générale;
celui de Lemaire est infiniment supérieur.

2. pimpants. — 3. plaisants.

4. Rabelais, *Gargantua*, ch. LIV.

l'archiprêtre écarte du temple de Vénus ceux qui sont tristes, malplaisants, sots et avaricieux, et n'y reçoit que les hommes « de cœur gai, de vouloir délectable, » les gentils, libéraux, bien complexionnés,

> Sanguins, joyeux, sans fraude et sans abus... (III, 121).

Avant le génial Tourangeau, lui, Lemaire, le Wallon de Hainaut, proclame donc la vertu de la santé et du rire; puis, sortant du domaine humain, c'est la nature entière qu'il décrit, possédée par l'éternel besoin de se perpétuer. Nul, jusqu'alors, dans la littérature française, n'avait exalté avec une pareille éloquence cette puissance d'aimer qui meut non seulement toutes les formes qu'anime la vie, mais les « corps célestes » et « les éléments ». Baigné d'une atmosphère de joie, de lumière, de parfums, de musique, dans un rayonnement d'or, peint des plus vives couleurs, l'Univers n'est plus qu'un désir, qu'une étreinte, qu'une voluptueuse conjonction d'élans, si bien que le poète en arrive à confondre en une seule et même chose l'existence et l'amour. Dans toute cette partie de son œuvre palpite le grand souffle qui rythme les vingt premiers vers du *De Rerum Natura*; Ronsard, avec un art plus sûr, ne dépassera pas ce lyrique enthousiasme; seul Rabelais, dans certaines pages d'inspiration pareille, rappellera cette verve exubérante et chaude.

Ce que Lemaire chantait là correspondait, il en eut le sentiment, à une conception nouvelle, — ou tout au moins renouvelée, — de la vie. Mais il n'était pas encore de ces hommes qui allaient se sentir bientôt en meilleur accord de pensée avec les philosophes et les poètes de l'antiquité qu'avec les Pères de l'Église et les trouvères du moyen âge, et qui, tout naturellement, en adopteraient. dès lors, les moyens d'expression. Son admiration des anciens, — pareille à celle que professera Perrault, — ne va pas jusqu'à les lui faire préférer. systématiquement, aux modernes. S'il songe à la musique, dont les chants accompagnent cet immense épanchement d'amour, il ne se contente pas de celle d'autrefois :

> D'un vieux Terpandre et d'un vieil Amphion,
> D'un Apollon harpant en sa coquille,
> On n'a plus cure, et si les défie-on[1].

> Pour un Lynus chantant de voix tranquille,
> Un Thamyras, Tubal ou Pythagore,
> Il en est cent, et pour cent en est mille!... (III, 110).

et il oppose aux concerts de leurs vieux instruments la musique infiniment plus riche et plus variée des Okeghem, des Compère et des Desprès, aux chants de laquelle, « chants de nouvelle gorre[2] »,

> Vénus s'endort, mieux qu'au chant des Sirènes... (id.)

De même, si des poètes fréquentent le temple de la déesse, il veut que sonne sur leur lyre toute la variété des genres poétiques, aussi bien médiévaux que grecs ou latins. Comme le fera Ronsard, ces poètes « pindarisent[3] » et « pétrarquisent[4] »; mais, plus éclectiques que lui, ils font alterner les élégies et les odes avec les ballades, les virelais, les rondels, même les sirventois[5].

Lemaire exprime donc bien ainsi, comme il l'a fait en s'occupant de peinture dans la *Plainte du Désiré* et la *Couronne margaritique*, qu'il n'entend point substituer à l'art et à la pensée des Français du xve siècle, l'art et la

---

1. Et aussi les défie-t-on. — 2. mode.

3. Il est intéressant de trouver ce mot, à cette date, dans un poète français. Lemaire n'est pourtant pas le premier à s'en servir; Octavien de Saint-Gelays l'avait employé au début du *Séjour d'honneur*, composé de 1490 à 1494 :

> « Plus ne me vaut d'Orphéus la science
> Qui doucement souloit pindariser... »

4. « Le bon Pétrarque, en amours le vrai maître », dit Lemaire (III, 102).

5. Pièces historiques, satiriques, morales ou religieuses, parmi les plus anciennes de la poétique médiévale.

pensée des Romains et des Grecs anciens, mais qu'il rêve de les unir, de les amalgamer et d'en tirer une harmonie nouvelle ; rêve irréalisable que poursuivirent tous les promoteurs de la Renaissance française et qui donna le jour à ces œuvres savoureusement hybrides, où les éléments philosophiques et plastiques de deux cultures trop différentes s'unissent, s'accordent même habilement parfois, mais ne parviennent pas à se fondre.

La seconde partie de *La Concorde des deux Langages* va nous montrer mieux encore l'hésitation que connurent les hommes de ce temps en présence des divers courants qui se disputaient leur pensée. Cette vie si physiquement amoureuse, si puissamment « naturelle », célébrée avec la conviction passionnée que nous avons vue, le poète va pourtant la condamner ! C'est elle qui signifie « lâcheté et oisiveté » ; c'est elle qu'il faut fuir si l'on veut s'élever jusqu'au temple de Minerve, jusqu'au palais de « haut savoir » où, par « étude et labeur et souci », l'homme enrichit son existence des trésors que lui offre le monde de la pensée, et, par le désintéressement de ses efforts, acquiert ce que la satisfaction égoïste de ses sens ne lui procurera jamais : le sentiment de l'honneur.

Sans doute, Lemaire, — devançant ici encore Rabelais, — a compris la grandeur du travail intellectuel et cru à sa profonde moralité ; il a vu l'atmosphère lumineuse et calme qui règne autour du lieu « noble et saint » où l'on pense, où l'on apprend, où l'on connait ; il a dressé son temple de Minerve sur la colline

> Dont le sommet atteint l'air du ciel très salubre...

comme l'un de ces clairs laboratoires d'où la science est aujourd'hui dardée, selon l'image de Verhaeren ; mais Rabelais, toutefois, le dépasse infiniment pour avoir voulu concilier à Thélème ces deux vies, pour y avoir accueilli à la fois l'amour et le travail, le plaisir des sens et les joies de l'esprit, pour y avoir accepté l'homme tel qu'il est, sans en rien sacrifier, persuadé que tout en lui peut et doit servir à son développement; tandis que, par une étrange contradiction, Lemaire, épouvanté soudain d'avoir exalté tant de forces physiques et de passions sensuelles, se réfugie, en les maudissant, dans « l'ermitage solitaire » où leur vague sonore et brûlante ne pourra pas l'atteindre.

Que cette contradiction ne nous étonne pas : l'histoire intellectuelle de son temps en est pleine. Si la conciliation entre les éléments artistiques médiévaux et antiques était relativement facile à réaliser, il n'en était pas de même entre les doctrines philosophiques, morales, religieuses, des deux époques. Rêve irréalisable, avons-nous dit : on accordait, en effet, plus aisément les lignes d'une ogive aux volutes d'un chapiteau corinthien que la vérité d'Épicure à celle de Saint-Thomas; le moyen âge n'avait accepté Aristote que grâce à un déguisement qui le christianisait; Ovide n'avait été possible que « moralisé ».

C'est pourquoi il n'est point surprenant que Lemaire novateur en art, amateur décidé d'expressions nouvelles, se montre hésitant et même incohérent lorsqu'il passe du domaine des formes dans celui des idées. S'il fut entreprenant contre les principes ultramontains, dans son traité de la *Différence des Schismes*, il n'en est pas moins resté fidèle aux doctrines essentielles de l'Église; s'il découvre et décrit, dans *La Concorde des deux Langages*, la conception fondamentale de la vie païenne, il s'empresse de la condamner et d'en revenir aux habitudes d'esprit et aux disciplines du moyen âge. Mais qu'importe; ce n'est pas impunément qu'il a rencontré ce monde antique, qu'il s'est mêlé, un moment, à son existence exclusivement terrestre, qu'il en a respiré l'odeur vivante, qu'il a fréquenté ses dieux humains, qu'il lui a consacré, avec un talent chaleureux, toute une partie de son œuvre : c'est à ces pages-là que s'arrêteront avec curiosité et admiration les Marot, les Ronsard, les Du Bellay, les Peletier du Mans, tous les

jeunes écrivains qui vont poser les fondements de la littérature classique ; c'est par elles qu'il exercera sur eux
l'influence dont ils lui ont été reconnaissants.

Ainsi s'explique que *La Concorde des deux Langages*
nous paraisse plus neuve encore par la forme que par le
fond. La façon d'écrire de Lemaire n'est plus en rien, ici,
celle d'un rhétoriqueur ; les mètres qu'il adopte sont, pour
la description du temple de Vénus, le tercet décasyllabique
dont il avait fait emploi, déjà, dans le *Temple d'Honneur
et de Vertus*, et, pour la description du temple de Minerve,
l'alexandrin auquel il s'était exercé dans l'épitaphe de
Chastellain et de Molinet, et dont il est l'un des premiers
à avoir apprécié la valeur expressive. Ses rimes restent
riches, mais sans exagération, sans calembours ; elles ne
sont plus ni batelées, ni couronnées, ni fratrisées ; il
renonce aux sonorités étranges et longuement répétées ; il
ne sacrifie qu'une fois, en deux vers, au mauvais goût des
allitérations excessives[1] ; ses qualités de vrai poète, révélées
déjà par ses œuvres précédentes, se manifestent ici mieux
à l'aise, dans un cadre moins étroit, et, ayant certaines
choses à dire, il les dit en réduisant au minimun indispensable les contraintes prosodiques. Considéré du seul
point de vue de la forme, ce poème marque la fin d'une
école et le début d'une ère littéraire nouvelle, plus nettement encore que ne le firent, en opposition avec la poésie
classique, les premiers vers des romantiques, et Jean
Lemaire de Belges est bien, dans ces limites, l'un des révolutionnaires les plus radicaux qu'ait connus la littérature
française.

On ne se débarrasse pas, néanmoins, d'un seul coup et
pour toujours de ses mauvaises habitudes. Comment
Lemaire n'y serait-il pas retourné, lorsqu'un événement
l'obligea à redevenir le rhétoriqueur qu'il avait été parfois
— dans le plus mauvais sens du mot — en lui imposant

1. Français faitis, francs, forts, fermes, au fait,
Fins, frais, de fer, féroces, sans frayeur... (III, 122).

le devoir de rimer un poème de circonstance rempli de sentiments qu'il lui fallait jouer ? A peine avait-il été promu indiciaire d'Anne de Bretagne que celle-ci, — naturellement ! — était tombée gravement malade. Elle fut si près de mourir que sa guérison parut miraculeuse et suscita plusieurs dithyrambes qui la célébrèrent. Lemaire ne pouvait, évidemment, garder le silence ; il composa 192 vers qu'il intitula : *Ce sont les XXIIII Couplets de la Valitude et Convalescence de la Reine très chrétienne, Madame Anne de Bretagne, deux Fois Reine de France* (III, 87).

On y voit deux très nobles princesses « de grandeur spectable et magnificence incrédible » qui sont France et Bretagne, réciter, tour à tour, chacun de ces couplets, afin d'obtenir de Dieu et de la Sainte Vierge qu'ils conservent la reine en vie ; elles invitent à prier avec elles, le peuple français, les Bretons, les « nobles virginettes », les « enfants d'honneur », les « pucelles mignonettes » en même temps que le « sexe viril » et les religieux de tous les ordres. Seule, en effet, l'intervention divine pourra sauver la reine, car ses maux sont « aux médecins du tout incognoissibles » ! Par égard spécial pour Louis XII, Dieu consent à exaucer ces prières et Jean Lemaire consigne, à la gloire de la Couronne de France, le souvenir de cette obligeance particulière du « Souverain dominateur ».

De deux en deux couplets, huit mêmes rimes se répètent ; ce sont là de ces difficultés dont le virtuose se joue, et son poème n'en est pas moins clairement écrit ; mais il n'a rien fait pour en bannir les lieux communs, et, de tous ses ouvrages, celui-ci, sans conteste, est le plus insignifiant ; son seul mérite est d'être relativement court puisque le même événement inspira à Jean Marot plus de mille vers aussi médiocres.

A ce moment d'ailleurs, Lemaire allait faire sa cour à la royale convalescente en lui offrant mieux que vingt-quatre couplets ; ou, plutôt, c'est à la princesse Claude, sa fille, que, par une amabilité flatteuse, il présenta, le 1er mai 1512, le second livre de ses *Illustrations de Gaule*

et Singularités de Troie, qui parut à Paris, chez Geoffroy
de Marnef, au mois d'août suivant.

Le premier livre avait été publié à Lyon, chez Estienne
Baland, dans la seconde moitié de l'année 1510 ; il était
dédié à Marguerite d'Autriche ; le troisième livre, que
Lemaire allait achever à Nantes, en décembre 1512 (II, 475)
et dont il ferait hommage à la reine Anne elle-même et à
Guillaume Crétin, paraîtrait en juillet 1513, à Paris, chez
de Marnef.

Cette œuvre, enfin terminée, est le plus grand effort de
Lemaire ; il y a consacré douze années de sa vie ; il y a
mis, bien plus encore que dans ses poèmes, tout ce que
son génie avait de défauts et de qualités ; elle se dresse
à l'entrée de cette voie littéraire qui, bordée d'œuvres
énormes et délicates, traverse le xvɪe siècle, pareille à une
fontaine monumentale dont les eaux, tour à tour limpides
et troubles, abreuvèrent abondamment les meilleurs poètes
et prosateurs français de la Renaissance. C'est en se sou-
venant de sa richesse en poésie que Peletier du Mans
écrivit que, par elle, la langue française « commença à
s'anoblir[1] » ; que Joachim du Bellay constata que Jean
Lemaire, le premier, avait « illustré et les Gaules et la
langue française, lui donnant beaucoup de mots et manières
de parler poétiques qui ont bien servi même aux plus
excellents de notre temps[2] » ; qu'Étienne Pasquier répéta,
presque dans les mêmes termes, cette flatteuse apprécia-
tion[3] et que Clément Marot reconnut à « Jean Lemaire,
belgeois... l'âme d'Homère le Grégeois[4] ».

On se représente sans peine, me semble-t-il, l'idée première que se fit l'Homère belge de ce que devrait être son
œuvre. Ayant, d'après ce qu'il déclare, commencé son
travail vers l'année 1500, lorsqu'il n'était encore que le

1. Peletier du Mans, *Art poétique.* Dédicace.
2. Joachim du Bellay, *Défense et Illustration de la Langue françoise*, l. II, ch. ɪɪ.
3. Étienne Pasquier, *Recherches de la France*, l. VII, ch. v.
4. Le Grec (*Épître*, l. V).

médiocre fonctionnaire de Pierre de Bourbon, il est évident qu'il n'eut pas, à cette époque, l'intention d'exalter la maison d'Autriche et que tout ce qu'il y introduisit à cette fin fut ajouté plus tard. Sa conception paraît avoir été d'abord exclusivement historique, morale et artistique[1]; ce n'est que par la suite, quand sa situation personnelle eut changé et qu'il fut devenu l'indiciaire de « Madame » que ses intentions pédagogiques et politiques surgirent et s'exprimèrent. Il ne faut donc pas chercher la signification primitive de l'ouvrage dans le prologue, écrit après la terminaison du premier livre, mais dans quelques chapitres du début où elle se manifeste nettement.

Poëte, et vrai poëte, Lemaire pourtant n'entendait point se borner à la poésie; il voulait employer ses dons à l'exécution d'une grande œuvre historique, ou, plutôt, en un temps où la distinction des genres littéraires n'existait pas comme aujourd'hui, l'histoire, qu'elle fût écrite en vers ou en prose, lui apparaissait comme l'une des branches les plus élevées et les plus nobles du tronc poétique[2]. C'est donc en poète, uniquement, ne l'oublions pas, — car c'est pour l'avoir oublié qu'on a souvent fort mal jugé son œuvre, — qu'il résolut de traiter son sujet, c'est-à-dire de conter l'origine commune de la plupart des nations européennes, en insistant spécialement sur ce qu'elles devaient au sang troyen.

1. Il donne, parmi les raisons qui l'ont poussé à écrire l'histoire de Troie, son désir de redresser les erreurs des historiens « dont s'est ensuivi que toutes peintures et tapisseries modernes de quelque riche et coûteuse(*) étoffe qu'elles puissent être, si elles sont faites d'après le patron des dites corrompues histoires, perdent beaucoup de leur estime et réputation entre gens savants et entendus » (I, 4).

2. Ronsard qui commence à distinguer ce qui sépare le poète de « l'orateur » (l'historien), conserve encore quelque chose de cette conception lorsqu'il écrit, soixante-dix ans plus tard, que « l'histoire en beaucoup de sortes se conforme à la poésie, comme en véhémence du parler, harangues, descriptions de batailles, villes, fleuves, mers, montagnes et autres semblables choses... (*La Franciade*, préface, éd. Blanchemain, t. III, p. 7).

(*) *coustengeuse.*

La Gaule, notamment, s'en trouvait imprégnée; le moyen âge entier avait admis cette légende, d'autant plus facilement que Rome lui avait donné l'exemple d'une pareille superstition. Virgile, reprenant la promesse faite à Énée que sa descendance lui survivrait afin que la race de Dardanus ne pérît point[1], l'appliquait, conformément aux traditions de son temps, au peuple issu de Latinus dont Énée fut le gendre. Les historiens les plus graves, Tite-Live, Salluste, Velleius Paterculus, Diodore de Sicile et bien d'autres, avaient suivi les poètes. Il devait plaire aux nations, encore mal dégrossies, de l'Europe occidentale, pour qui Rome, malgré sa ruine, rayonnait d'un éternel prestige, de pouvoir se réclamer des mêmes ancêtres qu'elle; rien, leur semblait-il, ne les illustrait plus que ce naïf cousinage!

Hommes d'état, diplomates, poètes, chroniqueurs, tout le monde, en France, s'accorda pour y voir une incontestable vérité; et, à une époque où la science historique n'existait pas, où l'on savait moins encore de l'origine des races européennes que ce que les Romains en avaient su, cette unité d'extraction qui les faisait remonter à Noé, puis cette dispersion en Germanie, en Gaule, en Italie, en Espagne, de guerriers troyens, fuyant leur ville détruite, s'installant dans les royaumes qui les accueillaient et y fondant de nouvelles dynasties, tout cela semblait former, en effet, un bloc d'histoire réelle.

En France, comme à Rome, la fable alimenta la poésie et la chronique[2]; on la retrouve, fragmentée ou sous forme d'allusions, en un grand nombre d'ouvrages; dans la seconde partie du xiie siècle, Benoit de Sainte-Maure en augmente la force et l'éclat par les trente mille vers de son *Roman de Troie;* les *Grandes Chroniques de Saint-Denis* l'enregistrent officiellement, et elle s'incorpore si étroite-

---

1. Voir Homère, *Iliade*, ch. xx, et Virgile, *Énéide*, l. III, v. 97.

2. « La prise de Troie, préface, obligée au moyen âge, de toute histoire nationale » (G. Paris, *La littérature française au moyen âge*, p. 139).

ment à l'histoire de la nation, qu'en écrivant la *Franciade*, Ronsard, qui n'y croyait plus, déclare, néanmoins, qu'il s'est « fondé et appuyé sur nos vieilles annales et que le peuple français tient pour chose très assurée, selon les annales, que Francion, fils d'Hector, suivi d'une compagnie de Troyens, après le sac de Troie aborde aux palus Maeotides, et de là plus avant en Hongrie[1]... »

Pour Jean Lemaire, cette histoire avait un double attrait : c'était une vaste et noble matière, et celui qui la traiterait avec la science qu'elle exigeait, surpasserait les Chastellain et les Molinet dont l'œuvre ne présentait pas un intérêt aussi général; mais, de plus, en ramenant l'historien à ces événements lointains dont avaient dépendu les destinées du monde moderne, elle lui ouvrait le trésor de la mythologie grecque, c'est-à-dire l'un des plus beaux et des plus riches en poésie parmi tous ceux qu'a jamais créés l'imagination humaine.

Le plan des *Illustrations* était donc dessiné; l'ouvrage devait « éclaircir... la très vénérable antiquité du sang de nos dits princes de Gaule tant Belgique que Celtique, et, au surplus, mettre en lumière les choses arcanes[2] et non vulgaires de l'histoire troyenne » (I, 11); pour remplir cet objet le poète avait résolu de raconter comment les descendants de Noé avaient fondé les principaux royaumes d'Europe, puis, passant à l'histoire particulière de Troie, comment les aventures de Pâris, enfant, adolescent, jeune homme, avaient causé la destruction de la cité. La rédaction de l'œuvre se trouvait commencée déjà, lorsque Lemaire devint indiciaire de Marguerite d'Autriche.

De ce jour, il résolut de donner aux *Illustrations* une signification plus spéciale, et moins désintéressée, en y introduisant, comme il s'y sentait tenu, tout ce qui lui permettrait de célébrer l'antiquité, la noblesse et la grandeur de la maison qu'il servait. Trop nettement déterminé,

1. Ronsard, *La Franciade*, préface, éd. Blanchemain, t. III, p. 10 et 23.

2. secrètes.

le sujet, toutefois, ne s'y prêtait guère ; aussi, les deux premiers livres s'occupent beaucoup plus des Gaulois que des Germains et l'on n'y trouve que quelques allusions aux origines du Saint-Empire. Dans le troisième seulement, à la veille du moment où Lemaire allait se séparer de la régente, il développa ce dernier point, si bien que, lorsque ce troisième livre parut, — conséquence amusante de ces changements de maîtres, — l'auteur, devenu indiciaire de la reine Anne, n'avait plus aucune raison d'exalter les ancêtres de Maximilien.

S'il ne pouvait donc faire, de la première partie de son œuvre, le panégyrique que tout prince attendait de son indiciaire, il y intercala, du moins, quelques flatteries destinées à Marguerite et à sa famille, et découvrit à l'histoire qu'il contait un sens allégorique dont la régente et le petit prince Charles n'auraient qu'à se louer. Il explique, en effet, dans le prologue rédigé en 1510, lorsque le premier livre va paraître, que la jeunesse de Pâris se passa sous l'égide de Minerve, qu'il ne voit que Marguerite d'Autriche, parmi les princesses vivantes, qui puisse « convenablement tenir lieu de dame Pallas », et que nul, mieux que l'archiduc Charles, ne pourrait « figurer le personnage du très bel enfant royal Pâris Alexandre » (I, 6). Tant bien que mal, il prétend donc extraire de son roman poétique une pédagogie à l'usage et à l'honneur de ses maîtres et protecteurs, la tante et le neveu.

Mais, tout intéressantes que soient les pages qui nous montrent Pâris, ignorant sa naissance illustre, élevé chez des bergers et partageant avec eux les travaux et les plaisirs de la vie campagnarde, il ne s'y trouve rien qui soit applicable à l'éducation et à l'instruction du futur Charles-Quint ; et ce n'est pas davantage à l'intention de celui-ci que Lemaire a tiré de diverses aventures du prince troyen, de son jugement des trois déesses et de l'adultère d'Hélène, plusieurs leçons éminemment morales. Il n'est point d'écrivain sérieux de ce temps qui ne considérât comme son devoir de faire servir à l'enseignement de ses lecteurs les histoires réelles ou fabuleuses qu'il leur donnait, et le nôtre, traitant cette matière « toute riche de grands mystères et intelligences poétiques et philosophales, contenant fructueuse substance sous l'écorce de fables artificielles » (I, 4) eût suivi cette méthode médiévale, même s'il n'avait prétendu faire œuvre de pédagogue princier.

Il reste donc bien dans le goût des rhétoriqueurs lorsqu'il explique le sens allégorique qu'ont, non seulement les actes et les paroles de ses héros, mais leurs costumes et leurs attributs, et nous ne devons pas nous étonner davantage de l'entendre prêcher la morale, la pudeur, la chasteté et le respect des liens conjugaux tandis qu'il nous raconte les amours d'Hélène, la beauté de Vénus et les ardeurs de son tempérament.

L'artiste, heureusement, dans les deux premiers livres des *Illustrations* relègue au second plan le moraliste et l'historien. Après avoir, en dix-neuf chapitres, exposé l'histoire du monde depuis le moment où « en l'an six cents de son âge, le xv111e jour du mois d'avril » (I, 19), Noé entra dans l'arche, jusqu'à la naissance de Pâris, Lemaire s'arrête longuement au récit de l'histoire fameuse du Priamide.

Voyageur découvrant une région nouvelle, variée, charmante et riche, il s'y attarde délicieusement et ne la quitte qu'après en avoir épuisé les ressources. La jeunesse pastorale de l'enfant et ses premières amours avec la nymphe Pégasis Œnone, font, sous sa plume, un récit savoureux, frais comme le grand air du printemps, l'odeur de l'herbe et le silence ombragé des bois ; la nature goûtée pour son charme rural y entoure d'un décor vivant ces personnages, à la fois déesse et femme, seigneur et berger, semblables aux amants que dessineront plus tard, mais sans y mettre plus de grâce, l'*Astrée* et toute la littérature qu'elle engendra.

Il ne se borne pas, cependant, à donner à ces figures la grâce extérieure de la ligne et de la couleur, il leur communique la vie par un juste sentiment de leur caractère particulier. Chacune d'elles a son âme individuelle, marquée par quelques traits d'une exacte psychologie; ayant posé une situation, il s'inquiète des états d'esprit très nuancés qui en seront la conséquence. Lorsqu'il conte, par exemple, les craintes que le récit du jugement de Pâris éveille chez Pégasis Œnone, redoutant pour son époux la vengeance de Junon et de Pallas, il termine son chapitre par ces adroites observations :

« Ainsi admonestoit la belle nymphe Pégasis Œnone, par douces paroles, son très cher époux, Pâris Alexandre. Mais si elle eût su le mal qui depuis[1] lui en adviendra, elle fût dès lors tombée en désespoir. Toutefois, quelque semblant qu'elle fît, elle ne se pouvoit bonnement égayer comme auparavant[2] ni revenir[3] à réjouissance[4], mais[5] lui apportoit le cœur occultement tristesse[6] et doléance. Et ne se donnoit garde que, sans y penser, elle jetoit regrets et profonds[7] soupirs tant de nuit comme de jour, lesquels lui étoient présage de son infortune. Dont, pour avoir le cœur éclairé, elle se découvrit à aucuns sages vieillards et aucunes bonnes femmes, ses voisines, qui se connaissoient en sortilèges et divinations[8] et savoient à dire, par art ou par expérience, les fortunes des gens et la signifiance des songes et diverses apparitions; et[9] trouvoit partout que la vision de Pâris lui préparoit[10] un grand deuil et mal non pareil, de quoi elle fut de plus en plus troublée. Pâris aussi, épris d'ardeur ambitieuse n'étoit point si délibéré qu'il avoit coutume[11]; néanmoins il dissimuloit son désir au plus qu'il pouvoit... »

Ces notations délicates se rencontrent souvent et s'accordent à merveille avec la fraîche couleur du récit.

Appliquant à la composition de ses tableaux antiques l'érudition, délicieusement incomplète, d'un Mantegna, et à laquelle supplée alors la fantaisie, Lemaire évoque une vie troyenne qui marie le moyen âge aux temps préhomé-

1. *puis.* — 2. *paravant.* — 3. *réduire.* — 4. *réjouissement.* — 5. *ains.* — 6. *tristeur.* — 7. *parfonds.* — 8. *devinements.* — 9. *si.* — 10. *adressoit.* — 11. *souloit.*

riques, et rien n'est plus joli, par un mélange de sérieux, de naïveté, de connaissances précises et d'imagination, que les pages où il raconte le « tournoi » au cours duquel luttent Hector et Pâris, et la reconnaissance, par Hécube et Priam, de leur fils élevé loin d'eux.

Mais quelle autre surprise encore lorsque le poëte, ayant pénétré dans le monde des Dieux, décrit l'Olympe réuni aux noces de Pélée et de Thétis, la Discorde y jetant sa fatale pomme d'or et la scène où Pâris l'octroie à la plus belle.

Sans doute, les érudits n'ignoraient pas la mythologie grecque, et quelques-unes de ses grandes fables étaient connues du public. On la voit s'introduire, au cours du moyen âge, dans la prose et les vers français, et y prendre, lentement, une place de plus en plus considérable. Au début ce ne sont que quelques beaux noms sonores, des allusions aux aventures les plus insignes, quelques images empruntées à tel ou tel auteur ancien ; mais il n'y a là que des mots, car le sens profond qu'ils cachent n'est pas senti par ceux qui les emploient. Peu à peu, cependant, ces allusions s'étendent, ces emprunts se multiplient, ce sens, enfin, se devine vaguement. Si Guillaume de Lorris et Jean de Meun ne recourent à la mythologie que pour en tirer des ornements qu'ils appliquent, avec plus ou moins de bonheur, sur le *Roman de la Rose*, et s'ils n'usent des dieux antiques que pour leur faire jouer des rôles aussi froidement allégoriques que ceux qu'ils donnent à Bel-Accueil, à Danger, à Faux-Semblant, Froissart, dans ses poèmes, témoigne déjà d'une intelligence bien plus avisée des fables grecques, et quelques poètes du xve siècle, notamment Christine de Pisan, Alain Chartier, Martin Le Franc, Octavien de Saint-Gelays, en éprouvent, de mieux en mieux, les qualités concrètes et vivantes. Dans Jean Lemaire, enfin, l'usage qu'il en fait montre à quel point il les connaît et les pénètre ; sa nature d'artiste et son tempérament sainement réaliste lui permettent de comprendre les deux caractères essentiels de ces mythes éblouissants, c'est-à-dire leur beauté poétique et plastique et leur signification éternellement humaine. Il se montre, alors, vraiment pareil aux premiers maîtres de la Renaissance qui, retrouvant dans l'antiquité, — mais bien mieux et plus complètement exprimés qu'ils ne le pourraient faire, — leurs idées et leurs sentiments, s'y précipitent et s'y baignent comme en une Jouvence qui va renouveler en eux l'esprit de l'humanité.

Avec quelle joie de coloriste il peint les grandes figures divines et les mêle au monde homérique! Comme il s'emploie à les faire vivre parce qu'il sent qu'un jour elles ont vraiment vécu dans l'imagination des hommes! Il ranime, en même temps qu'elles, le décor de leur existence, et, s'il se souvient, pour en évoquer quelques-unes, des moyens employés par certains artistes de son temps, — car on ne peut s'empêcher de croire, lorsqu'on lit son portrait de la nymphe Pégasis Œnone[1], qu'il a vu le *Printemps* de Sandro Botticelli, — il devance d'autres peintres quand il décrit, par exemple, avec une harmonie éclatante de tons, une chaleur de vie, une puissance heureuse et saine qui font immédiatement songer à Rubens, les trois déesses attendant, nues, dans le silence du monde émerveillé, l'arrêt que va rendre Pâris[2].

Mais il y a plus, dans ces pages, qu'une brillante réussite littéraire; par l'effet d'une illumination subite, toute la splendeur de la fable antique est apparue au poète. Les yeux ravis, le cœur tremblant, oubliant l'histoire, la morale, la politique, il a vu soudain, dans sa lumière d'or, le spectacle que pendant dix siècles, en France, la civilisation chrétienne avait caché aux hommes, et, spontanément, sans raisonner son impression, sans essayer de l'accorder avec ses intentions habituelles de rhétoriqueur, mais possédé par l'ivresse nouvelle de l'art, il a réalisé cette chose, inconnue jusqu'alors dans la littérature française : un morceau de prose somptueuse et cadencée, écrit

1. Voir I, 166.
2. Voir I, 253.

sans autre but que la joie de l'écrire, et qu'inspire uniquement une admiration fervente, religieuse, de la beauté physique.

C'est d'après ses deux premiers livres qu'il y a lieu de juger la grande œuvre de Lemaire ; les qualités en sont si remarquables que paraissent légers les défauts qui, par place, nous rappellent qu'elle fut écrite à un moment où la langue et la littérature françaises étaient en pleine formation. Nous n'insisterons pas sur la bizarrerie de sa conception qui la fait passer de l'histoire (?) au roman, pour revenir à l'histoire, et sur la disproportion de ses diverses parties. Ce manque d'unité se retrouve dans l'esprit des *Illustrations* où l'on constate cette confusion et cette incohérence d'idées, ce mélange de passé et d'avenir, de moyen âge et de renaissance qui forment le caractère le plus manifeste des écrits de Lemaire.

Si la pensée de Rabelais, qui naquit une vingtaine d'années après lui, se montre, sur bien des points, libérée, émancipée, moderne, la sienne, en dépit de ses efforts, demeure ligotée dans les mille liens serrés des disciplines intellectuelles médiévales. Il tente de s'en débarrasser, mais il n'en brise que fort peu. Il croit, naturellement, à toutes les fables de sa religion, mais il croit, en même temps, à celles de la mythologie ; il se tire de la difficulté qu'entraîne leur conciliation, en faisant des Dieux de l'Olympe de simples souverains des hommes, mais il n'en laisse pas moins à leurs actes et à leurs aventures leur caractère merveilleux et divin. Il croit aussi à la magie, aux songes, aux horoscopes, — il a donné très sérieusement dans ses *Fragments de Chroniques*, celui de Marguerite d'Autriche dressé par « les astronomiens du temps » (IV, 462), — mais, par contre, il appelle la divination d'Apollon vanité, superstition et « erreur des anciens » (I, 126) ; il croit, comme la Bible, que les premiers hommes jouirent d'une extrême longévité et ne doute pas un instant qu'au temps d'Hélène encore, leur stature ne fût géante (II, 81).

On lui a reproché, en outre, ses nombreux anachronismes et qu'en voulant représenter le décor et les gens du monde antique, il ait peint un tableau médiéval, français et, souvent même, particulièrement bourguignon[1]. Il se trompe évidemment lorsqu'il montre Pâris sollicitant son frère Hector de l'armer chevalier (I, 338); lorsqu'il parle des éperons de Thésée, de l'Université d'Athènes ou des tapisseries ornant les palais royaux; sa représentation des funérailles de Pâris (II, 206) rappelle un peu trop les pompes funèbres qu'il a relatées comme indiciaire; les titres de baron, duc, grand bâtard, monsieur, madame et beaux cousins, que se donnent ses Troyens, sont un fâcheux écho de ceux dont on usait à la cour de Bourgogne, et il devient tout à fait drôle quand il décrit Jason portant au cou « l'ordre divin de la Toison d'Or » (I, 213).

Mais la plupart de ces fautes ne constituent pas cependant de réels anachronismes; elles sont dues, simplement, à l'emploi de termes dont l'équivalent n'avait pas encore passé, sous une forme spéciale, dans la langue française. Quand Lemaire parle de princes, de barons, de ducs, de chevaliers troyens, c'est pour nous faire entendre qu'il existait en Troade une certaine hiérarchie parmi les grands, et si nous le raillons de ses « Monsieur » et de ses « Madame », empressons-nous de rire de Corneille, de Racine et de tout le théâtre classique.

S'il nous entretient de tournois « qui en langue grecque s'appellent Argons » (I, 287) et s'il conserve le mot français parce qu'il n'en trouve pas d'autre, il sait parfaitement que ces jeux d'autrefois ne ressemblaient en rien aux joutes du XVe siècle, et il en explique avec précision la différence; il procède de même touchant d'autres particularités de la vie antique, et l'on comprend difficilement que M. Thibaut lui fasse grief de représenter Œnone interrogeant l'horizon « comme une châtelaine à la plus haute tour de son manoir[2] », puisque les palais troyens avaient des tours,

1. Voir Thibaut, *ouvr. cité*, p. 180.
2. Voir Thibaut, *ouvr. cité*, p. 180

qu'on y pouvait monter, et que l'action d'Œnone apparaît, dès lors, toute naturelle et vraisemblable.

Au lieu de reprocher à Lemaire d'avoir modernisé l'antiquité, louons-le plutôt de s'être efforcé, dans nombre de ces pages qu'il consacre à l'aventure greco-troyenne, de donner à ses peintures, encore qu'il ne connût ni le mot ni la chose, une juste couleur locale. C'est à nous de comprendre ce qu'il a vu, ce qu'il a senti du passé, et à ne pas commettre, nous-mêmes, en nous en tenant aux expressions qu'il emploie, les anachronismes dont sa plume paraît coupable mais dont sa pensée et sa vision sont innocentes.

C'est dans cette même partie de son ouvrage qu'il trouve, naturellement, le plus d'occasions de faire montre de ses dons littéraires. Son goût n'est pas toujours exquis, et il est fâcheux d'entendre Junon, dépitée de n'avoir pas reçu le fruit d'or, traiter Pâris de « bête transformée », d' «idole fantastique », de « vaisseau corrompu de lubricité vilaine », de « sac à fiente et pourriture » (I, 258). Tombant dans un travers que n'évitera point Rabelais, il transforme sa prose, habituellement naturelle et simple, en un langage pompeux, précieux, obscur et ridicule, aussitôt qu'il prétend faire discourir noblement ses héros; il lui arrive enfin de se souvenir des allitérations chères aux rhétoriqueurs et de s'y plaire, mais c'est exceptionnel[1], et les remarques fines, les observations justes et personnelles, les notations pittoresques et les morceaux écrits d'une façon charmante abondent dans les deux premiers livres des *Illustrations*. On en lira ci-dessous de nombreux exemples; en voici un qui n'a pas trouvé place dans les pages reproduites et qui donne trop bien idée de la perfection d'écriture à laquelle atteint parfois Lemaire, pour que nous l'omettions :

« Aussi la gracieuse nymphe Pégasis Œnone étoit toute

---

1. Il écrit, par exemple : « ... tu auras mellifluence sans male influence, douceur sans douleur, autorité sans austérité, honneur sans horreur et luisance sans nuisance » (I, 248).

pensive et mélancolieuse pour la si longue absence de son mari, qui plus ne lui est rien, — mais encore ne le sait-elle point. Et souvent faisoit enquérir par ses gens des marchands ou étrangers, venant deça[1] la mer, s'ils en savoient aucunes nouvelles; mais nulle n'en pouvoit apprendre. Elle[2] montoit aux hautes tours et donjons du palais, et y menoit ses belles-sœurs Cassandre et Polyxène et les autres, pour voir si, d'aventure, elles verroient blanchir nulles voiles sur la mer[3]. Et quand, aucunes fois, ses yeux trompés[4] par grande affection voyoient ou croyoient[5] voir aucuns navires nageant au vent, alors elle changeoit[6] de couleur et tressailloit toute de joie et s'éjouissoit en vaine espérance. Et puis quand elle se trouvoit déçue de son illusion[7], elle pâlissoit tout à coup et arrosoit sa claire face de larmes, car elle, qui avoit assemblé et uni toutes les affections de son cœur en l'amour et bienveillance de son seigneur et mari Pâris Alexandre, ne songeoit autre chose fors son retour et sa santé prospère, tellement qu'en ses gestes, en sa contenance, en son parler et en son visage[8] on pouvoit aisément lire la haute sublimité d'amour qui tenoit siège et habitacle au clos de son noble cœur » (II, 88).

De telles pages, malheureusement, ne se retrouveront plus lorsqu'après le rapt d'Hélène et les grands événements de la guerre de Troie, Lemaire aura terminé le deuxième livre des *Illustrations*. Il abandonne alors le domaine du roman poétique qui lui convient pour celui de l'histoire, où sa marche est moins aisée, et la troisième partie de son œuvre est d'un intérêt fort restreint, encore qu'il écrive que les deux précédentes « ne sont que les bourgeons et les fleurs » et que celle-ci est « le fruit parvenu en maturité » (II, 256).

Ce fruit, hélas, manque de saveur et n'est guère nourrissant! Le récit est confus, — malgré ses divisions et subdivisions en traités et chapitres, — de l'occupation de l'Europe par « l'ancienne noblesse troyenne » et des alliances multiples, — et vraiment inextricables, — qui, s'établis-

1. d'en de çà de. — 2. *Si.* — 3. *marine.* — 4. *déçus.* — 5. *cuidoient.* — 6. *muoit.* — 7. *cuider.* — 8. *sa chère.*

sant entre les peuples issus de Francus, fils d'Hector, mèlent le « sang de France, de Bourgogne et d'Autriche la basse... jusques à l'empereur Charles-le-Grand qui fut monarque d'Europe et de toutes les nations occidentales » (II, 260).

C'est donc dans ce troisième livre que Lemaire indique spécialement ses intentions politiques : puisque Charlemagne a réuni sous son sceptre la Gaule et la Germanie et s'est appuyé sur cette double force pour combattre les Sarrazins, rien n'empêche ces deux nations de s'unir de nouveau afin de triompher des Turcs.

Nous avons vu naître ces idées dans l'esprit de l'auteur à partir du moment où celui-ci se rapprocha de Louis XII et se mit à défendre la politique royale[1] ; la paix de Cambrai (décembre 1508) semblait pouvoir les rendre réalisables ; le désir d'en démontrer le fondement solide et la sagesse le détournèrent des digressions poétiques, — seule valeur de son œuvre, — et c'est ainsi que ce troisième livre est, sauf quelques passages, d'une lecture vraiment pénible.

Son manque absolu de valeur historique est dû moins à l'absence de renseignements précis touchant des temps éloignés, qu'à la pauvreté des moyens auxquels Lemaire a recours pour établir et démontrer ses affirmations. Il use, notamment, d'une manière enfantine, des explications étymologiques. De Francus viennent les Francs, de Brutus les Bretons, de Brabon les Brabançons ; Belgius a donné son nom à la Belgique, Pâris fonda Paris, Bavo fonda Bavay, Harbon fonda Narbonne, etc., etc. Encore qu'il ait le scrupule de la vérité et manifeste un désir évi-

---

1. Si l'idée de l'alliance des nations occidentales et de la croisade contre les Turcs se trouve déjà dans le premier livre des *Illustrations*, c'est qu'elle y a été ajoutée après coup, au moment de la publication, en 1510. La preuve de cette interpolation se constate nettement au chapitre XXXIII de ce premier livre où Apollon fait allusion à la croisade et à la paix de Cambrai (I, 266) ; ce passage a donc été écrit au début de 1509, au plus tôt, alors que le chapitre était évidemment rédigé depuis longtemps et que l'ouvrage, pour lequel le privilège fut obtenu en juillet 1509, était prêt à paraître.

demment sincère de la trouver, il se révèle totalement incapable d'apprécier la valeur des documents qu'il consulte. Tous les auteurs qu'il lit, chroniqueurs, philosophes, historiens, orateurs, poètes, commentateurs, tous à ses yeux méritent un crédit égal; soucieux de faire la preuve de ce qu'il avance, il croit l'avoir faite lorsqu'il a invoqué l'opinion d'un écrivain, quel qu'il soit, et si plusieurs rapportent différemment un fait, sa critique se borne à accepter le récit qui s'adapte le mieux au sien.

Ses sources sont nombreuses mais de qualité bien diverse. Deux auteurs dont les œuvres n'ont pas plus de valeur historique que littéraire, Darès de Phrygie et Dictys de Crète, l'ont principalement alimenté pour tout ce qui concerne la partie troyenne des *Illustrations*. Tous deux, disant avoir assisté à la guerre de Troie, le premier comme assiégé, le second comme assiégeant, font le récit des événements auxquels ils ont été mêlés. Deux versions latines en sont seules venues jusqu'à nous; il est probable que la première est le résumé, fait au viie siècle, d'un écrit qui doit remonter au iiie de notre ère, et que la seconde est une invention d'un certain Septimius qui vécut au ive siècle[1]. Mais, pour Lemaire, rien n'était plus authentique que ces précieux journaux, et il les étudie, les confronte et les invoque avec un imperturbable sérieux. A côté de ces témoins oculaires, les écrivains auxquels il recourt le plus volontiers sont « Bérose de Chaldée, en ses déflorations », « Boccace, en la Généalogie des Dieux », « Ovide, au livre des Fastes et des Epitres Héroïdes », « Diodore de Sicile, en l'histoire des Antiquités fabuleuses », « Frère Jean Annius de Viterbe, commentateur », « Homère, en son Iliade », « Virgile, ès Enéides » (I, 344, 345); et il en cite, avec complaisance, près de quatre-vingt-dix autres (II, 6 et 253), de toutes époques, de tous pays et de toute valeur, sur le savoir et la véracité desquels il étaie son monument.

1. Voir Benoit de Sainte-Maure, *Le Roman de Troie*, publié par L. Constans, t. VI, p. 192 et suiv.

A défaut du sens critique qui lui eût permis de donner à ces auteurs la confiance respective qu'ils méritent, il possédait du moins celui de la beauté littéraire, puisqu'il place au-dessus d'eux tous Homère et Virgile qu'il nomme, tour à tour, les « princes des poètes ». Plusieurs écrivains du moyen âge leur avaient décerné ce titre, mais c'était, en ce qui concerne Homère, sur la foi de sa réputation. Jean Lemaire n'a connu l'Iliade que par la traduction en prose latine de Laurent Valla ; elle lui a néanmoins suffi pour comprendre la suprême majesté de cette poésie et pour l'aimer au point qu'ayant à raconter la rencontre de Ménélas et de Pâris, et la page célèbre où les vieillards troyens déclarent qu'il est juste que leur ville souffre de si grands maux pour la beauté d'Hélène, il pense ne pouvoir mieux faire que de reproduire le vieux poème « presque mot à mot » parce que ce passage, dit-il, est « bon et délectable et sent bien son antiquité » (II, 152).

Personne avant lui n'avait donné, en France, la version de 175 vers d'Homère[1] ; personne ne s'était essayé à l'emploi de l'image et de l'épithète homériques ; personne enfin n'avait conçu une œuvre où revivrait l'antiquité divine dans toute la lumière, la force et la beauté dont l'avaient revêtue deux de ses plus nobles génies. C'est pour avoir fait cela que Jean Lemaire est admirable et mérite, si Villon doit être considéré comme le premier en date des grands poètes qu'eut la France, d'être tenu, lui, pour le premier de ses grands artistes littéraires.

[1]. Cette priorité de Lemaire parmi les traducteurs d'Homère a été signalée par M. Gandar dans son *Ronsard, imitateur d'Homère et de Pindare*, p. 11. C'est à partir de 1519 que Samxon fait paraître la première traduction française de l'*Iliade* : elle est d'ailleurs détestable et aussi peu « homérique » que possible. Voir Egger, *L'Hellénisme en France*, t. I, p. 191 et suiv.

VI.

LES DERNIÈRES ANNÉES.

Les *Illustrations* eurent un grand succès ; entre 1510 et
1530, on en connaît quinze éditions ; d'autres suivirent,
plus espacées[1].

L'érudition de l'ouvrage pouvait attirer, momentanément, les savants ; le roman qu'il contenait devait plaire à
tous les lecteurs[2].

Ce fut la dernière œuvre en prose de Lemaire, car s'il
dédie, en 1514, à Claude de France, fille de la reine Anne,
qui venait de mourir, un *Traité des Pompes funèbres
antiques et modernes* (IV, 269), il est probable, encore
qu'il le donne pour une œuvre nouvelle, que ce n'était que
la reproduction du « traité » qu'il avait offert quelques
années auparavant à Marguerite d'Autriche[3].

C'est à la *Description et Illustration de Bretagne armo-*

---

1. Elles furent traduites en italien par Damian Maraffy ; mais il
est douteux que l'ouvrage parut. Voir E. Picot, *Les Français ita-
lianisants au XVIᵉ siècle*, t. I, p. 165.

2. Il existe deux huitains du poète Melin de Saint-Gelays, par lesquels il en fait hommage à une dame. Il lui dit :

> ..... Car vous étant le lustre et le bon heur
> De notre Gaule et de ses nations,
> C'est bien raison que l'hommage et l'honneur
> Se fasse à vous des *Illustrations*.

(*Œuvres complètes de Melin de Saint-Gelays*, édit. Blanchemain,
t. II, p. 51.)

3. Voir ci-dessus, p. 50.

rique (III, 197), dont il ne fit sans doute que rassembler les premiers matériaux, que Lemaire réservait désormais sa prose; quant à sa poésie, il ne la consacrerait plus qu'à des poèmes relativement courts et sans hautes visées.

Ce n'est pas, cependant, qu'il ne fût animé de grandes intentions littéraires quand il parut parmi les hommes de lettres qui, appointés ou non par le roi de France ou par la reine, fréquentaient la cour de Blois. Il les salua, dès son arrivée, par un *Double Virelai de nouvelle Taille et de l'Invention de Jean Le Maire* (IV, 330), à la fois respectueux, modeste, de cette modestie feinte que professaient les rhétoriqueurs, et plein d'excellente confraternité. Il l'adressait à Jean d'Auton, à Jean Marot, à André de la Vigne, à tous ceux qui allaient, désormais, le rencontrer sur leur chemin, solliciteur, comme eux, des faveurs royales. Ils ne purent qu'être satisfaits de la façon dont le nouveau venu prenait place dans leurs rangs; ils admirèrent assurément la prestesse avec laquelle le double virelai alignait ses vingt-quatre vers sur deux seules rimes battelées, tour de force dont Lemaire était coutumier. Voici ce virelai :

> Hautains esprits du grand royal pourpris,
> Je suis épris par mouvements certains
> De bien servir la reine de haut prix.
> Mais trop surpris[1] est mon cœur malappris,
> Dont, de grand peur, mes sens sont comme éteints.
> Si j'y atteins, par grands labeurs lointains,
> En bien faisant, sans rudesse ou mespris[2],
> On dira lors que bien l'ai entrepris,
> Et que j'aurai d'aucun bien mes sacs pleins.
> Mais quoi! j'ai doute et crains d'être repris!
> Si[3] vous requiers, quand je soupire et plaingz[4],
> Secourez-moi, nobles hautains esprits!
>
> Esprits hautains, tant courtois et humains,
> Tendez vos mains à mes pauvres écrits.

1. *souspris*. — 2. méprise. — 3. aussi. — 4. lamente.

Si je fais bien vous aurez honneurs maints ;
Si je remains[1] languissant, soirs et mains[2],
Las, on n'orra[3] que mes plaincts[4] et mes cris.
J'ai bon vouloir, mais j'ai peur d'être pris,
Ainsi qu'on trouve une gerbe[5] sans grains.
J'ay ma déesse et l'aime, honore et crains.
Si j'ai du bien, vous y serez compris ;
S'autrement va, tous mes biens sont restreints,
Douleur m'assault[6], désespoir et despris[7] ;
Aidez-moi donc, nobles esprits hautains !

Les confrères de Lemaire n'eurent pas longtemps, toutefois, le plaisir, — ou la crainte, — de le voir au milieu d'eux. En mai 1512, il annonçait son prochain départ de Blois, imposé par les travaux que la reine lui confiait (IV, 424), et la lettre, déjà citée, de Perréal à Marguerite d'Autriche, du 17 octobre de cette année, dit qu'il « s'en est allé demeurer en Bretagne » (IV, 390). Il en revint, cependant, peu après, car il rappelle à la princesse Claude, dans le *Traité* dont nous venons de parler, qu'il fut « l'un des plus dolents spectateurs de la pompe funéraire[8] et finale inhumation » (IV, 271) de la reine Anne, décédée le 9 janvier 1514; ces derniers mots, « finale inhumation », semblent même indiquer qu'en fidèle indiciaire, s'apprêtant à décrire ces lugubres et somptueuses cérémonies, il suivit sa souveraine jusqu'à Saint-Denis.

Chose étrange pourtant, il ne traça pas une ligne qui en perpétuât le souvenir[9] ou célébrât la royale défunte. Parmi tous les morts qu'il avait pleurés, celle-ci méritait mieux qu'aucun autre, cependant, les regrets d'un homme de lettres ; elle avait largement encouragé les arts[10], et sa

---

1. demeure. — 2. matins. — 3. n'entendra. — 4. plaintes. — 5. *jarbe*. — 6. m'assaille. — 7. mépris. — 8. *funéralle*.

9. Ces obsèques avaient été pourtant particulièrement « superbes et honorables », comme le raconte Brantôme dans *La Vie des Dames illustres; Anne de Bretagne*.

10. « La reine Anne de Bretagne usait royalement des gros revenus de son duché personnel et de son douaire, et, comme elle ne redou-

louange eût été facile au poète qui avait trouvé le moyen d'être inspiré en parlant de Pierre de Bourbon et de Philibert de Savoie.

Il garda le silence, comme s'il eût partagé l'opinion du Loyal serviteur, déclarant que pour décrire les vertus et la vie de la reine, ainsi qu'elle le mérite, « il faudroit que Dieu fît rescuciter Cicéron pour le latin et maître Jean de Meung pour le françois, car les modernes n'y sauroient atteindre »; il se borna à se plaindre, invoquant le « haut altitonant » en un nouveau virelai double (IV, 269), d'avoir sans cesse à raconter :

> Les faits dolents de mort qui tout dévore...

> ... Du bon Bourbon le trépas survenant
> Me fit pleurer; et puis, tout d'un tenant,
> J'ai déploré la perte de Ligny;
> Savoie après et Castille plaigny;
> Voici la suite et le pis avenant
>   Quand Il te plaît!

> S'il faut toujours qu'en la fin je déplore
> Prince ou princesse, en quoi faisant soupire :
> Il me déplaît...

et ce fut à la seule expression de cette répugnance que se réduisit son oraison funèbre de la reine Anne.

Du temps qu'il passa à Blois date, sans doute, une traduction qu'il fit, en vingt alexandrins, de l'épitaphe latine de Gaston de Foix, tué à la bataille de Ravenne le 11 avril 1512; c'est peut-être, également, entre 1514 et 1520 qu'il écrivit les poèmes intitulés : *Les trois Contes de Cupido et d'Atropos* (III, 39).

Mais, d'abord, sont-ils tous trois de lui? Ils furent publiés en 1525[1] et portaient, en sous-titre, l'indication

tait point le luxe ni la flatterie, les lettres, les arts, les industries artistiques trouvèrent auprès d'elle un accueil sans rival » (de Maulde La Clavière, introduction aux *Chroniques de Louis XII*, par Jean d'Auton, t. I, p. 11).

[1]. Il existe une autre édition du premier tiers du XVIe siècle, sans

suivante : « ... le premier fut inventé par Séraphin, poète italien, et traduit par Jean Le Maire. Le second et le tiers de l'invention de maître Jean Le Maire, et a été cette œuvre fondée afin de retirer les gens de folles amours. » Si Lemaire était l'auteur de ces quatre lignes, il n'y aurait nul doute et les trois contes, dans la mesure qu'il indique, lui appartiendraient évidemment ; mais, en 1525, Lemaire était mort ; la note de l'éditeur pouvait être erronée et lui attribuer faussement le troisième conte dont M. Guy, notamment, lui refuse la paternité.

Deux sonnets de Serafino Ciminelli d'Aquila[1] furent le point de départ de ces poèmes. Il y était conté que l'Amour et la Mort, s'étant enivrés, échangèrent leurs arcs par erreur et que, désormais, tous les vieillards frappés par celle-ci devenaient amoureux, tandis que les jeunes gens atteints par Cupidon, au lieu d'aimer, perdaient la vie. Telle est la matière du premier conte que Lemaire, pour rappeler, peut-être, que son modèle était italien, écrivit en *terza rima*, comme il s'y était exercé déjà à deux reprises.

Dans le second, plus long et moins bien composé, Vénus punit son fils, dont l'imprudence a vilainement blessé Volupté, et précipite l'arc mortifère dans les fossés de son palais. Hélas ! le poison des flèches gâte affreusement l'eau qu'y buvaient les amoureux et, — symbole trop clair, — les voici désormais atteints d'une maladie, nouvelle en France à cette époque, maladie que les Français de Charles VIII disaient avoir rapportée de Naples, et qui doit posséder de réelles vertus littéraires, puisque, après avoir occupé abondamment des poètes et des prosateurs du xvie siècle, elle a encore inspiré, de nos jours, un académicien dramaturge.

Quoiqu'il puisse paraître d'un goût assez fâcheux de

indication de date ni d'auteur. Voir Vianey, *Le Pétrarquisme en France au XVIe siècle*, p. 43.

1. Poète italien, d'une immense renommée durant sa vie et jusque vers 1550 ; né à Aquila en 1466, mort à Rome en 1500.

mêler la pathologie aux lettres et de donner, en vers ou
en prose dramatique, des conseils d'hygiène, reconnaissons que, pour son temps surtout, Lemaire a traité son
sujet presque délicatement; de plus, ses intentions furent
aussi morales que celles de M. Brieux, puisqu'il écrit ses
contes « afin de retirer les gens de folles amours » et qu'il
espère que ce cruel châtiment va rendre, par une crainte
salutaire, « prudhome » et « prudefemme » un grand
nombre de ceux dont la chasteté était déjà presque « à
néant » (III, 55).

Le troisième conte, enfin, met en scène Volupté et
Mégère, qui, dans un concile réuni à Tours par le Maître
des dieux, l'an

> Mil cinq cent vingt, le premier de septembre (III, 59),

plaident l'une et l'autre afin que Cupidon et Atropos
rentrent en possession de leurs arcs respectifs; et l'aventure se termine par un arrêt de Jupiter qui, sous certaines
conditions, leur octroie des armes nouvelles.

Ce troisième conte, dit M. Guy, ne saurait en aucune
façon être attribué à notre poète, parce que les vers en
sont faibles et que, « rimés d'ailleurs en 1520, ils se ter-
minent par la devise *Cœur à bon droit* et non par celle de
Lemaire, *De peu assez*[1] ».

Si ce problème d'attribution devait être résolu d'après
la seule qualité des vers, on pourrait ne point partager
l'opinion de M. Guy. Ils sont, en effet, aussi faciles, cor-
rects, richement rimés que tous ceux qu'écrivit Lemaire;
ils témoignent d'une connaissance égale du métier littéraire; on y retrouve enfin, dans le ton, le rythme, le choix
des images et des rimes rares, dans l'intervention de Mer-
cure-Orateur, — si fréquente chez Lemaire, — dans une
évocation de la Discorde et du rôle qu'elle joua au banquet des dieux, — souvenir des *Illustrations de Gaule*, —
les formes et la tournure d'esprit habituelles au poète
« belgien ».

1. Voir H. Guy, *ouvr. cité*, p. 205.

Le fait qu'ils sont de 1520 n'empêcherait pas, d'autre part, qu'ils fussent de sa plume ; il n'est pas démontré qu'à cette date Lemaire fût mort ou incapable de les écrire. Mais il est vrai que le poème se termine ainsi :

> ..... qui blâmer m'en voudroit,
> Je montrerois avoir cœur à bon droit (III, 67).

et ces quatre derniers mots semblent bien former une de ces devises par lesquelles les rhétoriqueurs signaient leurs œuvres, encore que dans l'édition de 1525, qui attribue les trois contes à Lemaire, la sienne, *De peu assez*, se retrouve imprimée au-dessous du troisième[1].

Un dernier motif nous ferait, enfin, partager l'opinion de M. Guy, c'est que ce troisième conte, qui développe deux plaidoiries de Mégère et de Volupté, les appuie sur des considérations juridiques si spéciales, exactes et précises, qu'elles révèlent une connaissance particulière, — nous serions tenté de dire « professionnelle », — du droit, que rien, jusqu'à présent, ne nous a fait soupçonner chez Lemaire.

Ces trois contes, qui, comme les *Épîtres de l'Amant vert*, sont du Lemaire souriant, témoignent d'un talent d'invention qu'on ne rencontre guère chez les poètes de l'époque. Dans une étude sur Jean Lemaire, à laquelle nous reviendrons[2], M. Abel Lefranc remarque, justement, qu'on y rencontre en germe ce « lucianisme », inspirateur prochain de tant d'œuvres françaises, qui raille et parodie les dieux, et qu'on songe, en les lisant, à quelque page légère du xviiie siècle. Ils contiennent plusieurs de ces vers bien venus que seul trouve un poète et un artiste :

> Je les fais vivre en un joyeux désir,

1. Ajoutons que, d'après M. Guy, ces mots *Cœur à bon droit* souscrivent *Les Louanges et Epitaphes... de Mme la duchesse de Valois, comtesse de Taillebourg*, écrites la même année (voir Bibl. nat., fr. 1721, 107 2°, 111 2°). Voir *ouvr. cité*, p. 206.

2. Voir *Revue des Cours et Conférences*, 1er trimestre 1911.

dit l'Amour, parlant de ses victimes, et il ajoute, s'adressant à la Mort :

> Chacun m'adore et suis dieu triomphant ;
> Mais tout chacun te fuit comme le diable :
> Tu es trop froide, et je suis échauffant !...

> ... Lors, en disant les paroles présentes,
> Eux deux s'en vont entrer en la taverne,
> Sans point laver leurs mains tant innocentes.

> La Mort buvoit autant qu'une citerne...

Et quand Atropos et l'Amour, ayant échangé leurs arcs, se servent aveuglément chacun de l'arme de son compagnon :

> Là, eut un bruit tout plein d'horrible encombre[1],
> Et cris tranchants bien pour fendre une roche :
> Mort fait lumière et Cupidon fait ombre !...

Voici, d'ailleurs, le début charmant du deuxième conte :

> N'a pas longtemps qu'il me fut raconté
> Comment Amour qui s'étoit mesconté[2]
> Prit d'Atropos l'horrible et cruel arc
> Dont il occit maintes gens en un parc.
> Or, s'en vint-il depuis, tout ivre et las,
> Tant eût-il pris de vin et de soulas[3],
> Rendre au giron de sa dame· de mère,
> Qu'on dit Vénus, or[4] douce et puis amère.
> Elle est déesse et de rien ne lui chaut.
> Si[5] dormoit lors dedans un poêle[6] chaud,
> Sur un mol lit de plumettes délies[7],
> Bien tapissé de verdures jolies.
> Tout à l'entour sont des Nymphes et Grâces,
> Nues dormant, bien refaites et grasses.

---

1. Le texte porte *encontre ;* c'est évidemment *encombre* qu'il faut lire, comme l'indiquent les rimes *nombre* et *ombre*.

2. trompé. — 3. plaisir. — 4. tantôt. — 5. Elle. — 6. sous un dais. — 7. délicates.

Bon les fait voir ainsi tant rondelettes,
En soupirant branler leurs mamelettes.
Le poêle étoit bien garni de verrines[1]
Claires luisant, vermeillles, saphirines,
Souef[2] flairant comme un beau paradis,
Plein d'oiselets joyeux et esbaudis,
Qui là-dedans un bruit plaisant menoient,
Et le pourpris en deduit[3] maintenoient.
Quand là survint ce fol dieu qu'on maudit,
Chacun dormoit ainsi comme j'ai dit,
Fors Volupté, la mère de Vénus,
Qui s'ébattoit avec des enfants nus,
Prenant plaisir, et faisant un banquet
Tout plein de joie et d'amoureux caquet.
Cupidon but trois fois, à son entrer,
Du bon vin doux, pour se mieux accoutrer,
Et Volupté, la plaisante et la gaie,
Prit une harpe, et de chanter s'essaye,
Pour festoyer Amour à sa venue,
Lequel s'endort dessus sa mère nue,
Et ronfle, et souffle, et laisse son arc choir
Sur un coussin, où, depuis[4], se vint seoir
Volupté gente, et se mit au c.. nu,
Sans y viser[5], sur l'arc de fer cornu,
Et sur un trait plein de poison mortelle
Si[6] se piqua et reçut douleur telle,
Qu'elle jeta un haut cri et aigu... (III, 43).

Ces quelques vers donnent le ton facile des trois contes; ils permettent d'apprécier, une fois de plus, combien Clément Marot eut peu de chose à faire pour introduire dans la littérature française le genre qui porte son nom.

Avec ces dernièrs poèmes, nous en sommes arrivés aux ouvrages dont l'attribution à Lemaire n'est plus tout à fait sûre. De l'édition de ses œuvres complètes, que nous avons suivie, un certain nombre de pièces peuvent être retranchées sans crainte d'erreur; telles sont les épitaphes de Ligny (IV, 331); de « Muguet, l'oiseau du roi » (IV,

---

1. verrières. — 2. suavement. — 3. amusement. — 4. ensuite. — 5. regarder. — 6. Elle.

339); de ses chiens « Chailly » (IV, 340), « Herbault » (IV, 341), « Ralay » (IV, 343); de « Triboulet » (IV, 346); du « roi Louis XIme » (IV, 348, 351); du « duc Jean de Bourbon » (IV, 352), et sans doute les quatre couplets « sur la sépulture de feu Monseigneur de Bayard » (IV, 355). Pas plus que dans deux « Bergerettes » (IV, 369, 370), on n'y retrouve le vers et l'esprit de Lemaire. Par contre semblent bien être de lui les épitaphes de « François Robertet » (IV, 353) et de « Jacques Palmier » (IV, 360), ainsi que l'épître à « Bayard » (IV, 363) et la ballade : *Un cerf volant...* (IV, 358). Des huit rondeaux mêlés à ces poèmes, le premier, que nous reproduisons ci-dessous, est signé de son nom ; les deux suivants peuvent évidemment être de lui ; les autres, qu'il en soit l'auteur ou non, n'offrent point d'intérêt.

Si l'épître à Bayard, dont nous parlons ci-dessus, lui appartient, il en résulterait qu'il vivait encore en 1521, puisqu'elle fut écrite après le siège de Mézières, qui fut levé le 26 septembre de cette année. Dans le cas contraire, lui ayant enlevé le troisième conte de Cupidon et d'Atropos, daté de 1520, c'est en 1514, lors de l'inhumation de la reine Anne à Saint-Denis, que, pour la dernière fois, nous l'aurons rencontré. Il se passe, en effet, après cette date, un fait extraordinaire dans l'histoire littéraire : ce poète remuant, dont nous avons pu jusqu'ici, presque d'année en année, suivre l'existence ; cet écrivain renommé, considéré par ses confrères et par le public lettré comme l'un des premiers de la France et des Pays-Bas ; cet indiciaire de la reine Anne, courtisan de la princesse Claude devenue reine de France en 1515 ; cet auteur dont les œuvres, pendant un demi-siècle, n'ont pas cessé d'être lues et rééditées, et sur lequel, jusqu'au bout de sa vie, des renseignements, semble-t-il, eussent dû nous être donnés, sinon par ses amis, au moins par ses rivaux, Jean Lemaire de Belges disparaît tout à coup de la vie littéraire ; nous ignorons tout de ses dernières années et nous ne connaissons ni le lieu ni la date de sa mort. Seul, un

auteur fait directement allusion à celle-ci : c'est Pierre de
Saint-Julien, fils de l'éditeur de la *Couronne margaritique*, qui, dans la seconde moitié du xvie siècle, écrit :
« ... quant à ce qu'est du dit Jean Lemaire, tous ceux qui
l'ont privément connu savent qu'à l'infirmité de sa cervelle
le vin ajouta tant, qu'enfin il mourut fol et transporté dans
un hôpital[1]... »

Pierre de Saint-Julien, homme d'église, étant un parti-
san de la politique romaine qu'avait si rudement combat-
tue le gallican Lemaire, M. Stecher et M. Guy refusent
d'ajouter foi à ce que le premier appelle de l'*Odium theolo-
gicum* et le second une « invention féroce ». Il est à remarquer que Pierre de Saint-Julien continue ce passage par
les lignes suivantes : « Et si lui et Agrippa ont été amis, la
parité de condition avoit concilié entre eux cette amité, et
la fin de l'un et de l'autre a découvert que leur savoir avoit
été très mal envaissellé. » Il estime donc que la mort de
Lemaire fut aussi misérable que celle de Corneille
Agrippa, croyant, comme le croit encore M. Stecher, que
celui-ci s'éteignit, abandonné de tous, à l'hôpital de Gre-
noble, en 1535 ; la légende ajoutait qu'il n'y eut, pour dernier compagnon, qu'un chien noir dans lequel un démon
caché guettait son âme. On sait aujourd'hui qu'Agrippa
est mort chez un de ses admirateurs, membre du parlement du Dauphiné[2] ; ce qui fut invention méchante et
calomnie, colportées et répétées à son égard, peut donc
l'être également en ce qui concerne Jean Lemaire. Ce que
nous connaissons de la vie du poète, de son caractère, de
ses occupations, de son ardeur au travail exclut l'idée
d'habitudes d'intempérance, et rien, dans ses écrits ni dans
ses actes, ne manifeste une « infirmité de cervelle » pouvant mener à la folie.

Et, toutefois, n'y avait-il pas, dans ces phrases de Pierre
de Saint-Julien, comme un écho déformé de ce que l'on

1. Pierre de Saint-Julien, *De l'Antiquité et Origine des Bourguignons*, l. II, p. 389.
2. Voir Prost, *Corneille Agrippa*, t. II, p. 403.

contait, vers 1525, à propos d'une fin qui, sans être aussi lamentable, n'aurait pas été, cependant, tout à fait « naturelle ».

M. Abel Lefranc, dont la compétence touchant le xvie siècle a projeté sur l'œuvre de Rabelais, notamment, des clartés inattendues, a émis, à ce sujet, une hypothèse qui, si nous l'acceptions, nous procurerait des renseignements curieusement précis sur les derniers instants de Jean Lemaire de Belges[1].

On se souvient qu'au livre III, chapitre xxi et suivants de *Pantagruel*, Panurge, curieux de connaître s'il doit se marier, « prend conseil d'un vieil poète françois nommé Raminagrobis ». On avait identifié celui-ci avec Crétin pour l'unique raison qu'il remet à Panurge un rondeau de cet auteur. Or, M. Lefranc soutient que Raminagrobis n'est pas Crétin, mais Jean Lemaire de Belges, qu'ainsi, de façon fort claire, et pour la seconde fois dans son œuvre[2], Rabelais a mis en scène.

Rappelons d'abord, en ne retenant que ce qui intéresse la question, le texte du roman :

Nous avons icy, près la Villaumère, dit Pantagruel, un homme vieux et poète, c'est Raminagrobis, lequel, en seconde nopces, espousa la grande Guore, dont nasquit la belle Bazoche. J'ai entendu qu'il est en l'article et dernier moment de son décès : transportez-vous vers lui et oyez son chant. Pourra estre que de luy aurez ce que prétendez, et par luy Apollo vostre doubte dissoudra... Sur l'heure fut par eux chemin prins, et, arrivans au logis poétique, trouvèrent le bon vieillard en agonie, avec maintien joyeux, face ouverte et regard lumineux.

Raminagrobis, pour tout conseil, donne à Panurge le rondeau de Crétin, puis dit : « Allez, enfants, en la garde du grand Dieu des cieux, et plus de cestuy affaire ne d'aultre que soit ne m'inquietez. J'ay, ce jourd'huy, qui est le dernier et de may et de moy, hors ma maison, à

---

1. Voir *Revue des Etudes rabelaisiennes*, t. IX, p. 144.
2. Voir *Pantagruel*, liv. II, ch. xxx.

grande fatigue et difficulté, chassé un tas de villaines, immondes et pestilentes bestes noires, guarres[1], fauves, blanches, cendrées, grivolées[2], lesquelles laisser ne me vouloient à mon aise mourir et, par fraudulentes joinctures, gruppements harpyacques[3], importunités freslonnicques, toutes forgées en l'officine de ne scay quelle insatiabilité, me évocquoient du doux pensement auquel je acquiesçois, contemplant, voyant et ja touchant et goustant le bien et félicité que le bon Dieu a préparé à ses fidèles et esleuz en l'aultre vie et estat d'immortalité. Déclinez de leur voye, ne soyez à elles semblables, plus ne me molestez, et me laissez en silence, je vous supplie. »

Sur quelles particularités de ces passages l'hypothèse de M. Lefranc trouve-t-elle à s'appuyer ?

1. — *La Villaumère*, hameau de Touraine[4], qui s'orthographie aussi *La Villaumaire*, serait un nom choisi dans le but d'évoquer celui du poète belge[5]. C'est, en

1. bigarrées. — 2. tachetées. — 3. happements de harpies.

4. Voir *Revue des Etudes rabelaisiennes*, t. V, p. 83.

5. Il peut être intéressant de reproduire ici une note d'Esmangart et Johanneau dans leur édition de Rabelais (vol. IV, liv. III, ch. XXI, p. 441) : « La Ville-au-Maire, dit Le Duchat dans Ménage au mot Villaumère, comme ce lieu est dénommé dans la carte du Chinonois, est un village situé dans le pays de Verron, entre la Loire et la Vienne, assez près de Chinon. C'est ce lieu-là que Rabelais assigne pour demeure au poète Raminagrobis, qu'on sait être le vieux poète Guillaume Crétin ; et cela, non que Crétin y demeurât effectivement, mais, par une double rencontre des plus heureuses, ayant trouvé ce village dans le territoire qui servait de scène à son roman, il y a assigné la demeure du *vieil Homère*, Raminagrobis, d'un *vieil homme* tel qu'était ce poète, et du poète *Guillaume* Crétin ; de sorte que la Ville-au-Maire se trouve, tout à la fois, la résidence du Raminagrobis, autant qu'il est un *vieil Homère* et un *vieil homme*, et qu'il s'appelle *Guillaume*, ou plutôt *Willaume*, comme on parlait au temps de Rabelais. » — Ces interprétations subtiles et fantaisistes conservent, à part la dernière, la valeur qu'elles peuvent avoir si l'on remplace Crétin par Lemaire. Il y a même lieu de remarquer que, dans son temps, ce dernier fut comparé à Homère ; on se souvient que Cl. Marot lui attribuait l'âme « d'Homère le gregeois ». Rabelais a pu se rappeler cette expression d'un poète qu'il avait beaucoup lu.

effet, fort possible ; on trouve dans Rabelais plus d'un exemple de ce procédé.

2. — L'auteur du troisième *Conte de Cupido et d'Atropos* vivait sans doute dans la région de Tours aux environs de 1520, puisqu'il plaça dans cette ville, au 1er septembre de cette année, les *grans Estas* qui tranchent le différend surgi entre la Mort et l'Amour. Cet auteur étant Lemaire, il est donc tout naturel que Rabelais, qui vivait en Touraine à cette époque, y ait fait mourir Raminagrobis. L'argument n'aurait quelque valeur que s'il était établi que le troisième conte est bien l'œuvre de Lemaire, et nous avons signalé, ci-dessus, que rien n'est moins prouvé.

3. — Raminagrobis, au dire de Pantagruel, « en secondes nopces espousa la grande Guore ». Cette fâcheuse épouse n'est autre que la maladie spéciale dont Lemaire a chanté l'origine fabuleuse dans le deuxième des trois contes. Parmi tous les noms qu'il lui donne se trouve, précisément, celui-là :

> ... L'un la voulut Sahaphati nommer
> En arabic, l'autre a pu estimer
> Que l'on doit dire en latin Mentagra ;
> Mais le commun, quand il la rencontra,
> La nommoit Guorre... (III, 54).

Lemaire, dit M. Lefranc, en parle dans ce conte « avec une abondance et une rancune singulière » dont Rabelais, par sa révélation, nous fait deviner le motif. Voilà, sans doute, qui dépoétiserait la fin de « l'Homère belgeois », mais expliquerait, d'autre part, son silence et sa retraite prématurés. Remarquons, toutefois, que les « secondes nopces » dont parle Rabelais impliquent un premier mariage de Raminagrobis ; or, rien ne permet de supposer que Lemaire aurait été marié.

4. — Les attaques mordantes de Raminagrobis contre les moines de toutes couleurs qui l'assaillent à son lit de mort s'accordent, écrit M. Lefranc, avec l'esprit de Jean Lemaire, « type complet d'anticlérical », et avec le rôle

que Rabelais lui fait jouer en son livre II, chapitre xxx, lorsqu'il nous le montre se moquant des papes et des pardons. Oui..., peut-être..., quoiqu'il faille remarquer que si Lemaire critiqua sans ménagements les mauvais papes, jamais, contrairement à Érasme, à Rabelais lui-même et à maints écrivains de son temps, il ne prit à partie les ordres monastiques; à peine, dans le *Traité de la Différence des Schismes et des Conciles*, fait-il allusion, deux fois, en termes très généraux, aux « vices du clergé et gens ecclésiastiques ». C'est peu pour faire de lui le type de l'anticlérical, écartant de son chevet les « villaines, immondes et pestilentes bestes » qui troublent son agonie chrétienne, mais fort peu catholique.

M. Lefranc fait remarquer encore que Jean Lemaire est le seul poète de la génération antérieure à celle de Rabelais qui corresponde au portrait tracé par le grand Tourangeau; rien n'est plus exact.

Mais aucun de ces arguments ne vaut, nous semble-t-il, celui que l'on tire, — et M. Lefranc, bien entendu, ne l'omet pas, — du rapprochement de ce passage énigmatique avec les quelques lignes du livre II de Pantagruel où Rabelais nomme notre poète : « Je vis maistre Jehan Le Maire qui contrefaisoit du pape, et à tous ces pauvres rois et papes de ce monde faisoit baiser ses pieds et, *faisant du grobis*, leur donnoit sa bénédiction..., etc. »

Après avoir dépeint, *faisant du grobis*, c'est-à-dire se donnant l'allure d'un gros chat, l'auteur du *Traité de la Différence des Schismes et des Conciles*, il devenait tout naturel qu'en le mettant en scène une seconde fois, au cours du livre III, Rabelais le baptisât du nom de Raminagrobis, ce nom signifiant « le gros chat qui ronronne[1] ». Et, n'était cette funeste « guore », on voudrait que ce fût bien à Jean Lemaire qu'il songeât en l'appelant à deux reprises « le bon poète » et en le décrivant sur son lit d'agonie, « avec maintien joyeux, face ouverte et regard lumineux ». Il ne manquait au Belge, pour parfaire sa

---

1. Voir *Revue des Études rabelaisiennes*, t. IX, p. 275 et suiv.

gloire, que l'admiration du plus grand prosateur français
de la Renaissance !

Quoi qu'il en soit, il est certain que c'est dans la retraite
que Jean Lemaire passa les dernières années de sa vie. La
reine Anne étant morte, il abandonna sans doute ses
recherches sur l' « histoire britanique » dont François Ier
et Claude de France se désintéressaient. Mais, s'il quitta
le pays breton, il ne reparut pas à la cour ; les comptes du
roi ne mentionnent pas son nom ; il dut mourir éloigné
d'elle depuis un certain temps déjà ; et c'est ainsi que sa
disparition passa inaperçue.

Un art de rhétorique, sans date et d'un auteur inconnu,
où il est question de Guillaume Crétin encore en vie, fait
allusion à feu Jean Lemaire. Comme Crétin mourut dans
le courant de 1525, c'est, au plus tard, en 1524 qu'il faut
fixer le décès de l'indiciaire belge[1].

Mais son œuvre allait vivre, pendant un demi-siècle
encore, et exercer une influence incontestable sur la génération d'artistes qui naissait alors et dont Ronsard serait
le maître.

On comprend, d'après tout ce qui précède, que les penseurs, les chercheurs de vérité, les esprits observateurs et
critiques, les savants, en qui s'éveillait le désir des connaissances exactes, n'aient pas trouvé grand'chose à y
puiser ; ce n'est point par ses idées que le poète belge
devait exercer une action féconde. Nous avons indiqué
que lorsqu'il prétendit faire de la science, ou tout au
moins de l'érudition, il s'y prit en artiste, et ce n'est qu'à
ce titre que ses contemporains et ses successeurs l'ont loué.

Qu'elles nous paraissent audacieuses ou réactionnaires,
— et elles le sont tour à tour, — ses vues politiques et
religieuses d'union des peuples, de croisade contre les
Turcs et de réformation de l'Église ne lui sont pas per-

1. Voir E. Langlois, *De artibus Rhetoricae Rhythmicae*, p. 80-81.
M. A. Humpers a publié, dans le *Bulletin de l'Académie royale de
Belgique (Lettres)*, 1913, p. 408, une étude d'après laquelle Lemaire
serait mort en 1515 ou 1516 au plus tard. Ses preuves, intéressantes,
ne sont, toutefois, pas d'une évidence telle qu'on puisse considérer
que la question est résolue.

sonnelles, et il faut, — nous croyons l'avoir montré, — forcer singulièrement sa pensée pour faire de lui un précurseur conscient de la Réforme. Il s'est promené en aveugle à travers la forêt de l'histoire, cueillant, indifféremment, pour en faire son bouquet, le rameau vivace des faits réels, la fleur artificielle de la légende et la feuille morte du mensonge; rien dans ses ouvrages ni dans ses lettres ne témoigne d'une réflexion vraiment originale et libre sur l'un ou l'autre des grands problèmes qui peuvent occuper les hommes.

Si l'on voulait extraire une pédagogie des chapitres qu'il consacre, dans les *Illustrations*, à l'éducation du jeune Pâris, les éléments en seraient bien pauvres. Pâris, au milieu des pasteurs, se livre à la plupart des exercices physiques qui figureront parmi les occupations de Gargantua, lorsque Ponocrates aura entrepris de « l'instituer » en nouvelle discipline; mais son cerveau demeure en friche et Lemaire, oubliant qu'il a la prétention de donner son héros comme modèle à l'archiduc Charles d'Autriche et de Bourgogne, se borne à nous dire que le fils de Priam « fut quelque peu instruit en lecture et en écriture » (I, 134).

C'est dans le domaine de la morale qu'en vrai rhétoriqueur il développe le plus volontiers les lieux communs dont ses lectures l'ont nourri. Les aventures qu'il conte dans les *Illustrations*, qu'il imagine dans la *Concorde des deux Langages*, lui permettent de défendre de sages principes d'une moralité courante, qui, pour banals qu'ils soient, sont utiles à rappeler, et qu'il rappelle avec une éloquence passionnée dont le passage suivant va donner une idée.

La guerre troyenne est terminée; des milliers de guerriers sont morts; Troie est détruite; la race de Priam est presque anéantie; tout cela par la faute d'Hélène! Moins indulgent que les vieillards d'Homère, voici comment notre poète juge l'épouse adultère :

O chienne très détestable! Lice enragée et vipère très dangereuse! Combien y a-t-il de différence de toi à la noble nymphe Pégasis Œnone? Certes, autant qu'il y a de choix d'une chèvre infâme à une brebis noble, d'une femme chaste à une paillarde, et autant qu'il y a de distance entre un doux courage féminin plein d'amour pudique et une affection de louve échauffée qui n'appête que l'exécution de son ardeur libidineuse et effrénée. Comment oses-tu tant demeurer en vie? Ne vois-tu point que ta ribauderie[1] a honni et contaminé toute cette noble maison et que ta luxure puante a mis à néant la hautesse d'un si triomphant lignage? O visage de sirène à queue de couleuvre, orde vile courtisane[2], toute pourrie et vermoulue d'iniquité, tu rends bien un prix[3] serpentin de l'honneur qu'on te fait! Tu te devois plutôt précipiter du haut des nobles murailles qui sont démolies à ton occasion; tu te devois plutôt lancer dedans le feu qui est allumé[4] par ton péché. Mais, afin que ta chaleur inextinguible ne défaille à homme, tu uses maintenant de sanglantes blandices et de flatteries abominables envers ton fol mari Ménélas, tout rassoté et tout abêti, lequel tu avais coutume[5] de vitupérer et moquer. Et maintenant il accolle et embrasse convoiteusement ton corps tant corrompu par amour vénérien et étranger! Et baise ta bouche encore sentant l'haleine de tes adultères, sans oser faire aucune mention reprochable de tes vilains forfaits; mais te recueille comme tout aise et tout affamé[6] de ta vaine beauté après si longue absence, là où, au contraire, il devrait lui-même sacrifier aux dieux infernaux ton âme laide et impudique toute pollue d'infamie[7] et l'envoyer de sa propre main avec les ombres damnées! (II, 219).

Par quelques morceaux de ce genre, épars dans toute son œuvre, Lemaire revient ainsi à son rôle de moraliste, comme s'il voulait s'excuser d'avoir témoigné trop d'intérêt aux fables païennes et trop d'admiration pour la beauté qu'il y découvre. Dans la forme qu'il leur donne, — on vient de le voir, — il ne peut s'empêcher d'être artiste avant tout.

A quel point il le fut, nous n'avons plus à le dire, car les pages ci-dessous en achèveront la démonstration. Son goût, parfois mauvais, est souvent délicieux; en un siècle où les meilleurs, — et nous pensons ici à l'école affinée et

---

1. *ribaudise.* — 2. *mérétrice.* — 3. *guerdon.* — 4. *esprins.* — 5. *tu soulois.* — 6. *familleux.* — 7. *infameté.*

polie des derniers Valois, — sont fréquemment plats et grossiers, où la grivoiserie se distingue à peine de l'obscénité, il se montre délicat, même s'il lui arrive de traiter un sujet scabreux. Plus encore que la musique, dont il a compris, avant les poètes de la Pléiade, toute la valeur esthétique, il aime la peinture et, ne se bornant pas à en célébrer les œuvres, il lui emprunte ses figures et ses décors, et, par des moyens littéraires, reproduit ses tableaux.

Trouverait-on avant lui, dans la littérature française, des descriptions de paysages senties et vues comme les siennes? Trouverait-on, surtout, un prosateur ou un poète exprimant, comme il l'a fait, l'admiration purement esthétique de la forme humaine et, particulièrement, de la belle nudité féminine?

Sa préoccupation de la ligne et de la couleur le conduit, naturellement, à vouloir les exprimer par l'instrument poétique dont il use et, plus qu'aucun autre, il s'attache à perfectionner sa langue, à l'assouplir, à lui donner, tour à tour, de l'ampleur et de la rapidité, de la noblesse et de la grâce, à s'aider de la sonorité des mots et du rythme des phrases pour traduire plus communicativement les images qu'il voit et les émotions qu'il éprouve. Avant Tory, Ramus, Le Roy, Peletier du Mans, Henri Estienne, il vante les mérites du français et dénie la supériorité de l'italien, seule langue moderne qui pût alors rivaliser avec lui[1]. Décidé à « l'illustrer », il s'applique à en montrer les ressources par l'emploi d'un vocabulaire extrêmement varié. Comme Ronsard le recommandera plus tard dans l'*Abrégé de l'Art poétique* et dans la *Préface sur la Franciade*, il a recours au dictionnaire particulier des « artisans de tous mestiers » et n'hésite pas à employer des termes provinciaux, — notamment de son pays de Hainaut, — « pourveu qu'ils soient bons et que proprement ils signifient ce qu'il veut dire[2] ». Enfin, par

---

1. Voir t. I, p. 10-11; t. III, p. 98, 99, 105.
2. Ronsard, *Œuvres*, édit. Blanchemain, t. VII, p. 321, et t. III, p. 31.

la création de nombreux néologismes, il montre comment on enrichit la langue et l'adapte aux besoins nouveaux de la culture.

Pas plus que Rabelais, pas plus que Ronsard, pas plus que les meilleurs esprits du xvie siècle, il ne garde, sur ce point, la mesure qu'il eût fallu pour éviter le reproche que Boileau adressera plus tard à ceux dont « la muse, en françois, parle grec et latin ». Du premier de ces idiomes, il ne semble guère avoir connu que quelques mots, encore qu'il fasse allusion à « la faconde du beau langage grec » (II, 198); mais, quant au latin, pour lui comme pour tous les érudits du temps, c'était sa langue, au même titre que le français, et il y puisa copieusement les éléments de nombreux mots qu'il construisait savamment, afin de « magnifier » par eux sa « maternelle »[1].

Car il aima les mots, les mots rares, évocatifs, les noms propres sonores, les adjectifs colorés, éclatants, toutes les expressions qui font voir en peignant. Il s'en compose une palette au moyen de laquelle il enlumine de grands tableaux, largement conçus, dont il élague tous détails qui ne se fondraient point dans l'harmonie de l'ensemble. S'il se plaît aux développements oratoires, aux discours solennels, aux harangues d'apparat et se souvient alors de Chastellain plus encore que de Cicécon, il sait, quand il le faut, être rapide, précis, trouver le trait qui peint; certains de ses portraits, tels ceux de Mars et d'Hector (I, 209 et 313), sont d'étonnants exemples de cet art accompli, et, tout en étant, comme l'indique M. Lefranc, par sa réalisation d'une prose poétique, le précurseur de d'Urfé, de Bossuet. de Fénelon, de Chateaubriand, de Baudelaire, de Flaubert, il trouve, par sa façon d'écrire ses traités politiques, le moyen d'annoncer le style ample et nerveux de Calvin[2].

1. Voir A. Humpers, *Étude sur la Langue de Jean Lemaire de Belges*, Paris, 1921, p. 166 et suiv.

2. A. Lefranc, *Jean Lemaire de Belges. Revue des Cours et Conférences*, 1910-1911, p. 773 et suiv.

Poète, la technique de son art l'intéresse. Nous avons vu que, s'il eut grand souci de la forme des vers, il ne tomba qu'exceptionnellement dans les exagérations ridicules, — quoique bien intentionnées, — des rhétoriqueurs; il pratiqua d'ailleurs fort peu les genres préférés par ceux-ci; nous ne possédons de lui ni chant royal, ni villanelle, ni pastourelle, ni débat, ni blason, ni nulle sorte de lai; deux ballades, deux virelais et quelques rondeaux rappellent seuls dans son œuvre les petits poèmes à forme fixe chers à l'école qui l'instruisit. L'épître et le conte, tels qu'il les conçut, étaient des genres relativement nouveaux, et, s'il resta fidèle, dans ses diverses déplorations, à des modèles surannés, s'il s'amusa, parfois, au jeu compliqué des rimes et des allitérations, il finit par abandonner franchement toutes les pratiques étroites de ses maîtres et rajeunit la prosodie par des innovations métriques qui font de lui, notamment, l'introducteur des tercets dans la poésie française et le restaurateur de l'alexandrin.

L'une de ses innovations a définitivement transformé le vers français. Elle prouve le sens du rythme que possédait Lemaire et la délicatesse de son oreille. Avant lui les poètes n'observaient point ce qu'on appelle la coupe féminine; ils écrivaient :

> Santé, jeunes*se*, long vivre et paradis[1]...

sans faire compter pour un pied l'*e* muet tombant à la césure, ou, ce qui ne valait pas mieux, ils marquaient la césure par l'*e* muet lui-même :

> Gentilhomm*e* de l'ostel de la Royne[2]...

Lemaire établit la règle absolue de l'élision de ces

---

1. Jean d'Auton, *Ballade à Louis XII. Chronique*, édit. de Maulde La Clavière, t. I, p. xxviii, n° 3.

2. Jean Marot, *Le Voyage de Venise*, édit. Coustellier, Paris, 1723, p. 82.

voyelles; il l'enseigna à Clément Marot[1], et, depuis lors, elle est demeurée l'une des plus unanimement respectées de la prosodie.

Il n'était pas possible qu'un artiste de cette qualité n'exerçât pas une influence sensible et longue sur les jeunes écrivains qui rêvaient alors une renaissance littéraire. Quelque original qu'il se montrât de bonne heure, Clément Marot resta toujours plein des souvenirs qu'il gardait de Jean Lemaire. Il était certainement encore adolescent quand il l'avait rencontré, à Blois sans doute, et lui avait fait voir ses premières productions. Lemaire, ayant à peine dépassé la quarantaine, avait dû l'éblouir par sa large réputation, par son talent et, plus encore, par son savoir que n'égalerait jamais celui du jeune Français. Ils parlèrent de leur art; le disciple écouta et retint les leçons du maître; il commença même dans son *Temple de Cupido*, qui n'est qu'une réplique plus coulante, plus « melliflue », mais moins nerveuse et moins chaude, de la description du temple de Vénus, il commença par lui emprunter son sujet, ses idées, ses images et ses rimes; plus personnel ensuite, il conserva cependant quelque chose de cette musique fleurie que Lemaire lui avait fait

---

1. Clém. Marot, Préface de l'*Adolescence clémentine* (1532) : « ... les coupes féminines que je n'observois encor alors, dont Jehan Le Maire de Belges (en les m'apprenant) me reprint... » Voir, sur cette question, Ph. Martinon, *La Genèse des Règles de Jean Lemaire à Malherbe* (*Revue d'Histoire littéraire de la France*, 1909, p. 62). M. Thibaut (*ouvr. cité*, p. 236) s'est totalement mépris en croyant que ce que Lemaire avait enseigné à Marot était « l'entrelacement des rimes masculines et féminines ». Cet entrelacement régulier ne fut point observé par Lemaire. C'est également par erreur que M. Guy (*ouvr. cité*, p. 90) indique Octavien de Saint-Gelays comme étant le premier qui effectua cet entrelacement. On le trouve, fidèlement respecté, dans nombre de poètes lyriques médiévaux et notamment dans les 140 huitains de la *Recollection des Merveilles advenues en notre Temps*, de Chastellain et de Molinet. Chose particulière, Molinet, qui ne s'était jamais soucié de cette règle, l'applique scrupuleusement, lorsque, à la 44ᵉ strophe, il reprend l'œuvre abandonnée par Chastellain.

goûter, et le nom du maître fut l'un de ceux qui revinrent le plus souvent sous la plume de l'élève, toujours accompagné d'une louange flatteuse.

A la fin de sa vie, encore, dans un poème écrit en 1543, imaginant que son père lui parlait des Champs-Élysées et lui disait s'y trouver avec divers poètes et

> Ton Jean Lemaire entre eux haut colloqué[1]...

par le premier mot de ce vers il ajoutait, délicatement, à l'expression d'une constante admiration, le souvenir attendri de son ancienne amitié.

Sans être aussi directe, l'influence qu'exerça Lemaire sur Ronsard fut au moins aussi forte[2]. On a dit erronément que l'école de la Pléiade lui devait le goût des diminutifs, dont elle fit un si grand usage; ce goût est bien antérieur à Lemaire, et Froissart, pour ne citer qu'un nom, est rempli d'*herbelettes*, de *colombettes*, de *bergerettes* et de *rossignolets*. Si le Belge éblouit les jeunes poètes de 1550, et spécialement leur chef, c'est bien moins par les ornements extérieurs de sa poésie que par sa prose et l'esprit qui l'animait. Il suffit de songer à l'art qu'ils aimèrent, aux écrivains anciens qui furent leurs dieux, à l'accueil enthousiaste et immodéré qu'ils firent à tout ce que Rome et la Grèce leur apportaient de réalités et de fables pour deviner avec quelle joie ils lurent les *Illustrations*. Il est possible, on l'a dit, que sans elles la *Franciade* n'eût pas été écrite et la littérature française n'y eût pas énormément perdu. Mais si Ronsard se trompa en y cherchant un *sujet*, il y trouva maintes autres choses dont il se sut « quelques fois fort bien aider », et Pasquier ajoute que « les plus riches traits de cette belle hymne que notre Ronsard fit sur la mort de la reine de Navarre sont

1. Clément Marot, *Complainte de Monsieur le Général Guillaume Prud'homme.*
2. Voir H. Guy, *Les Sources françaises de Ronsard. Revue de l'Histoire littéraire de la France*, 1902, p. 217.

tirés de lui (Lemaire) au jugement que Pâris donna des trois déesses[1] ».

Ainsi le plus grand poète du xvie siècle, et l'un des plus beaux que la France ait eus, avait admiré, comme nous les admirons de nouveau, ces pages éclatantes, et ce sont elles, parmi maintes autres du vieux « Belgeois », qui lui enseignèrent le moyen d'ennoblir la poésie française par le respect d'un art élevé et par l'amour de la beauté du monde.

Tel qu'il nous apparaît maintenant par son œuvre, Jean Lemaire, au milieu des hommes de lettres de son temps, révèle nettement qu'il appartient à une espèce particulière d'artistes dont furent prodigues les provinces belges.

On ne compte plus, dans les Flandres française et flamande et dans le pays wallon avoisinant, les écrivains qui, trouvant insuffisant de n'aimer que leur art, s'intéressent aux autres, en étudient et en admirent les créations et, s'ils sont poètes, enrichissent leur poésie de tout ce que la peinture, la sculpture ou la musique peuvent lui communiquer d'images, de couleurs ou de rythmes ; mais, plus spécialement, nous les reconnaissons vraiment belges, ces écrivains pour qui le monde réel existe et qui nous font partager les émotions qu'il éveille en leur âme quand ils l'ont regardé avec leurs yeux de peintres.

Qu'ils s'appellent Ruysbroeck, Froissart, Chastellain ou Jean Lemaire, qu'ils soient, plus près de nous, un Verhaeren ou un Maeterlinck, tous ont une qualité qu'exprime parfaitement un mot du vieux français, tous sont des « imagiers ». Même lorsqu'ils s'élèvent aux plus hauts sommets du monde des idées, tous n'arrivent à s'exprimer à leur gré qu'en empruntant à la vie vivante ses couleurs et ses formes ; pareils à leurs frères les peintres, ils ont reçu le don de voir et, voulussent-ils se détacher de la terre, elle les a si bien ravis de ses spectacles que nulles visions abstraites n'effaceront jamais les images qu'ils en ont gardées.

1. Pasquier, *Recherches de la France*, l. VII, ch. v.

Jean Lemaire est bien de ceux-là ; quelque « intellectuel » qu'il fût, il a aimé la vie réelle, vivante, sensible, qui entoure les hommes d'un décor attrayant, et de cette réalité puissante et saine il a fait la substance durable de son œuvre.

Mais ce n'était point assez pour qu'il devînt le poète qu'il fut, et l'on sent bien, en le lisant, qu'il y a, dans ses belles pages, autre chose encore que ces qualités solides, mais un peu lourdes, qui forment le fond de sa nature et l'apparentent aux artistes flamands. Il s'y trouve ce qu'il n'a découvert ni en lui ni chez lui : un souffle aérien, une lumière délicate, une flamme subtile ; c'est le génie latin.

Comme tous les grands Belges, inconsciemment peut-être, il a éprouvé la nécessité, pour élever son âme, élargir son esprit, d'opérer en lui la fusion de ses qualités personnelles avec celles dont est fait ce génie latin. Il a compris, — comme après lui Rubens, Van Dyck, Orlando de Lassus et comme au xixᵉ siècle et de nos jours tous ceux qui ont illustré la Belgique, — il a compris qu'un Flamand, quelque originales et précieuses que soient ses aptitudes, ne peut compter sur elles seules s'il veut réaliser de ces œuvres éternelles rayonnant sur le monde, et qu'il est indispensable qu'elles soient fécondées.

Il faut qu'elles se complètent de tout ce qui leur manque naturellement : le goût, la finesse, la clarté, la distinction, une alacrité d'esprit, un sens de l'ordre, un rythme apollinien de pensée et d'élocution et qu'elles soient exaltées par un large désir d'idéal qui seul donne, à ceux qu'il anime, la force de pénétrer par quelques derniers coups d'ailes, dans la région où se créent les chefs-d'œuvre parfaits.

C'est de ces vertus qu'est formé ce génie, en qui s'est concentré tout ce qui demeure vivant du génie grec ; or, l'histoire tout entière de l'âme belge nous apprend que de toutes les unions qui lui ont été offertes il n'en est point qui furent plus brillantes et plus fécondes que celle qu'elle a mille fois répétée avec l'esprit latin.

Plus cette âme est foncièrement flamande, plus lui est efficace cet admirable levain ; mieux elle trouve, par lui, le moyen d'exprimer d'une façon complète les divers aspects de son originalité. Qu'auraient été Rubens et Van Dyck sans l'Italie ? Verhaeren et Maeterlinck sans la culture française ?

Avant eux, Jean Lemaire fit donc ce qu'ils allaient faire ; ce fut le secret de sa force et de sa réussite. Et si toute une part de son œuvre, qui longtemps parut morte, se remet à vivre aujourd'hui, c'est parce qu'en l'écrivant il s'est tourné vers la France, vers Rome et vers la Grèce, c'est-à-dire du côté où, depuis deux mille ans, le ciel est resté clair.

LES MEILLEURES PAGES

LES ILLUSTRATIONS DE GAULE

ET

SINGULARITÉS DE TROIE[1]

Dans le premier livre de cet ouvrage, l'auteur établit la communauté d'origine des Troyens et des Gaulois. Il remonte, à cette fin, jusqu'au patriarche Noë, et consacre dix-neuf chapitres à l'histoire de sa descendance et au récit des hauts faits de personnages légendaires, fondateurs de villes et de dynasties.

Arrivé à Priam, prince de Troie, et à Hécube, son épouse, il conte la naissance de leur fils Pâris, précédée de songes sinistres qui décident le père à supprimer l'enfant.

Celui-ci, toutefois, sauvé par sa mère, et confié à des pasteurs ignorant son illustre origine, est élevé par eux et instruit « sagement en la noble art et pratique de bergerie et d'agriculture ».

C'est au retour de la chasse que le jouvenceau Pâris, à qui sa vaillance a valu le surnom d'Alexandre, rencontre la nymphe Pégasis Œnone, dont il fera sa femme.

I[2].

Certain jour Pâris Alexandre, tout lassé de la course d'un cerf, lequel il avoit longuement suivi en la forêt Ida, à cor et à cri, et en le poursuivant s'étoit éloigné de ses compagnons, s'endormit en l'ombre des lauriers toujours verdoyants, auprès d'une fontaine nommée Créusa, laquelle est au fond d'une plaisante vallée des montagnes Ida, là où le fleuve Xanthe, ou Scamandre, prend son origine.

1. Voir ci-dessus, p. 111 et suiv.
2. Chapitre xxiv de l'ouvrage.

La délectation du val plaisant et solitaire, et l'aménité
du lieu coi, secret et taciturne, avec le doux bruit des
claires ondes argentines partant du roc, incitèrent le beau
Pâris à sommeiller et à s'étendre sur l'herbe épaisse et
drue, et sur les fleurettes bien fleurantes, faisant chevet du
pied du rocher et ayant son arc et son carquois sous son
bras dextre. Après ce qu'il eût pris le doux repos de nature recréant les labeurs des hommes, il s'éveilla, et, à son
réveil, en étendant ses forts bras et essuyant[1] ses beaux
yeux clairs comme deux étoiles, jeta son regard en circonférence et[2] vit, tout à l'entour de lui, un grand nombre de
belles nymphes, gentilles et gracieuses fées, qui le regar-
doient par grande attention. Mais sitôt qu'elles l'aper-
çurent remuer[3] et interrompre[4] sa plaisante somnolence,
toutes ensemble en un moment se disparurent et tour-
nèrent en fuite.

Alors[5] Pâris, tout émerveillé et transmué d'une vision
si nouvelle, se dressa sur pieds, en sursaut, et, d'un
grand zèle ardent, se prit à courir après elles si très légèrement qu'il ne sembloit point fouler l'herbe de ses
plantes. Et tant fit qu'il en ratteignit une légèrement
fuyant, de laquelle les cheveux d'or[6] voletoient en l'air par-
dessus ses épaules. Il[7] la retint doucement par les plis on-
doyants de sa robe gentille et lui dit humblement en cette
manière :

— « O déesse brillante[8], quelle que tu sois, au nom de la
claire Diane, plaise à ta grâce et courtoisie demeurer un
peu[9] — sauve ta bonne bonne paix ! — et me vouloir dire
quelle est l'assemblée de ces nobles nymphes que j'ai présentement vues, car onques nulle chose ne désirai tant savoir que celle-ci ? »

Lors la gracieuse nymphe, qui se sentit arrêtée, se retourna promptement, et, d'un visage qui sembloit courroucé[10], lui dit ainsi :

— « Quelle hardiesse te meut, ô jeune adolescent royal, ni

1. *torchant.* — 2. *si.* — 3. *remouvoir.* — 4. *entrebriser.* — 5. *Adonc.*
— 6. *aureins.* — 7. *Si.* — 8. *spécieuse.* — 9. *petit.* — 10. *d'une chère
semblable à coursée.*

de quelle assurance[1] présumes-tu de mettre la main aux nymphes — qui sont demi-déesses! — en leur faisant violence? Je te prie, déporte-toi de telle outrageuse témérité, et nous laisse aller franches et libres, par l'exemple de ceux à qui il en est autrefois mésarrivé[2]. »

Le noble enfant Pâris Alexandre, quand il ouit la nymphe ainsi parler impérieusement et hautainement, tout craintif et plein d'effroi[3], s'inclina en terre comme étonné et moitié ravi tant de sa merveilleuse éloquence comme de sa souveraine beauté, et la voulut adorer comme une déesse céleste; mais elle le refusa et ne souffrit lui être exhibé si haut honneur.

Lors Pâris, planté debout sans sonner mot, notoit son singulier acoutrement non commun ou vulgaire, mais bien séant à la forme non pareille. Car, en son beau chef, elle ne portoit or ni gemmes, mais seulement, pour la préserver du hâle, un chapeau de branches de laurier, qui est un arbrisseau dédié à Phébus, dont les feuilles obtiennent toujours florissante verdure. Sa belle face, sans fard et sans teinture autre que naturelle, modeste et gracieuse de blancheur, sans blandices[4], prétendoit autorité non austère et révérence lointaine[5] de rusticité. La nudité de ses beaux bras, bien pleins et bien formés, non enveloppés de lin ni de soie, fors seulement d'un crêpe clair et délicat[6], faisoit foi du reste de sa vénuste[7] corpulence, laquelle n'étoit cachée[8] du regard de Pâris, sinon par l'interposition[9] d'une houppelande ténue et délicate[10], telles que les nymphes et fées ont accoutumé de porter, c'est à savoir, de fine cotonine tissue à diverses figures de fleurettes et d'oiselets, froncée et travaillée[11] par haut et sur les lisières à lettres d'or, ceinte d'une riche ceinture purpurine entrelacée à nœuds d'amour, et retroussée par-dessous les mamelletes dont elle montroit la forme ronde et distincte. Les ondes multicolores de cet habillement féé flottoient

1. *fiance.* — 2. *mescheu.* — 3. *tremeur.* — 4. flatteries. — 5. éloignée. — 6. *délié.* — 7. gracieuse. — 8. *absconce.* — 9. *interpos.* — 10. *deliée.* — 11. *labourée* (*Arte laboratæ vestes*, dit Virgile : *vêtements travaillés avec art*).

jusques en terre, et l'aspect[1] d'icelui étoit de variable plaisance, semblable à la surface[2] d'un ruisselet argentin entrechangeant la gaie verdure et florissance de ses rives avec
l'azurée beauté du ciel, laquelle y est joyeusement réver-
bérée. Au bas de ce vêtement non pareil pendoient franges
vermeillettes avec petits grelots[3] et cymbalettes, harmo-
nieusement sonnants quand elle marchoit. La forme de
ses pieds étoit ornée de jolis escarpins tissus mignonne-
ment de joncs aquatiques[4], et, en l'une de ses mains mignonnes et délicates, portoit un petit panier d'osier tout
plein de divers fruitages.

Quand Pâris Alexandre eut, un certain temps[5], considéré la beauté de la nymphe, elle lui sembla belle outre
mesure. Par quoi il fut ému d'un nouveau sentiment
d'amour non encore à lui accoutumé et dont lui-même
étoit ignorant. Il[6] ne savoit trouver manière d'entr'ouvrir
la bouche pour mot répondre ; mais sa noble nature l'en-
hardit et lui bailla élégance de parler, assez en tel cas re-
quise ; il[7] dit en cette manière :

« — Noble déesse, quelle que tu sois, ou de celles qui
habitent le haut manoir Olympe ou cette région terrestre
inférieure, je te supplie donner pardon à ma folle hardiesse
et présomption. Et si je t'ai fait aucun déplaisir en approchant ta hautesse, ainsi[8] n'ai-je pas été mû à ce pour cause
de te faire violence — car avant voudrois-je mourir ! —
mais seulement pour te supplier par humilité[9] de me
faire connaître[10] qui sont ces gracieuses nymphes et demi-
déesses que j'ai naguères vues avec toi, afin que je me
mette en devoir de leur faire la révérence, et, premièrement,
à ta hautesse, selon mon possible, et à la mesure du savoir
d'un petit simplet bergeret, lequel, pour autant que je peux
conjecturer par tes paroles, tu prends au lieu d'un autre,
vu que tu m'attribues titre de lignée royale. »

Alors la fleur des nymphes, Pégasis Œnone — ainsi

1. *regard.* — 2. *superficialité.* — 3. *tintinables.* — 4. *palustres.* —
5. *une espace.* — 6. *Si.* — 7. *si.* — 8. *si.* — 9. *humblesse.* —
10. *certain.*

s'appeloit-elle — en souriant doucement, prit Pâris par la main dextre, et, en le regardant d'un œil doux, amoureux et débonnaire, ouvrit sa très belle bouche, plus vermeille que boutons de roses, et lui dit ainsi :

« — Cesse, noble fils de roi très clair, prince de jeunesse, cesse de croire[1] que la prudence des nymphes soit abusée en la connaissance de ta noble personne, car à elles, qui sont demi-déesses terrestres, ne peut être rien inconnu. Nous savons, et de plante et de lait, ton origine ; nous connaissons que tu es l'enfant Pâris, surnommé Alexandre par ta vertu, nourri — par fortune ennemie — entre les pasteurs du roi, desquels tu crois[2] avoir pris naissance. Mais je ne veux plus que tu ignores que ton estoc[3] paternel prend racine du propre sceptre royal de Priam, roi de Troie et seigneur de toute Asie, duquel, ignorant, tu gardes les troupeaux comme pauvre serf ou esclave, frustré d'aveu et connaissance de filialité. Or, te suffise alors[4], et me laisse retourner vers mes compagnes, lesquelles m'attendent, car il n'est pas bienséant qu'une nymphe ou gentille femme seule tienne si longues paroles à aucun homme mortel. »

Mais, Pâris insistant pour la faire parler, la nymphe consent à lui dévoiler les circonstances de sa naissance. Le jeune homme l'en remercie chaleureusement, puis lui demande qui elle est et qui sont les fées ses compagnes ; et la nymphe répond :

« — Tu me peux souventes fois avoir vue avec mes très honorées compagnes les nymphes et fées d'autre région, car, maintenant et autrefois, quand tu t'exerçois en plusieurs nobles œuvres de labeur juvénile, nous nous sommes délectées en ton plaisant regard[5], avons aimé ta présence et nous sommes trouvées promptes écouteuses[6] de tes louanges. Et, par je ne sais quelle curiosité bénévole, souventes fois nous nous sommes mussées et tapies secrètement entre les verts buissonnets sans être aperçues,

---

1. *cuider.* — 2. *cuides.* — 3. ta souche. — 4. *à tant.* — 5. de ta plaisante vue. — 6. *escouteresses.*

pour épier ta belle contenance; maintes fois avons loué et
vanté[1] ta voix harmonieuse, dont les vallées retentissoient,
et toujours a été dit entre nous que celle seroit bien heureuse de laquelle tu daignerois chanter[2] un lai amoureux
sur ta harpe gentille comme de celle qui t'est chère[3]. Par
ainsi étions-nous continuellement désirant ta collocution
privée et favorisant à toutes tes entreprises[4], sans ton sû;
toutefois émues à ce, mêmement, parce que, après avoir
invoqué les noms des hauts dieux célestes, tu ne faillis jamais de aussi te recommander à nos grâces et faveurs particulières. Par quoi mes très chères sœurs et amies les
belles Dryades, lesquelles ont leur repaire parmi les bois
feuillus et les forêts épaisses, en contemplation de ta valeur t'ont toujours administré assez gibier et sauvagine
pour t'amuser[5] abondamment en leur pourpris. Les gentes
Oréades, lesquelles habitent sur les hautes montagnes
Idées, prêtoient aussi et prêtent encore franc cours et
libre[6] à ton plaisir[7] parmi leurs landes et campagnes larges
et ouvertes[8], pour suivre et prendre toutes manières de
bêtes dont il te prend envie. Les douces Naïades mo-
dèrent[9] la froidure congélative et mitigent la rapacité[10] redoutable de grands fleuves qu'elles ont en surveillance[11] en
extirpant les herbes empêchantes, afin qu'à ton plaisir,
quand le cas y échet, soit en chassant ou après la chasse,
tu les puisses traverser à la nage[12] aussi légèrement que
les poissons mêmes, et y laver ta sueur, et baigner, toi et
tes compagnons, en sûreté.

« Outre plus aussi les Hymnides très florissantes, qui
font verdoyer l'herbe haute et drue parmi les prairies et
épanouir[13] les diverses fleurettes au long des rivages, te
baillent sûr accès parmi leur tenement[14], et chassent serpents, couleuvres, aspics, vipères et toutes autres espèces
de bêtes venimeuses, en telle façon que toi et les tiens

---

1. *extollé.* — 2. *diter.* — 3. *de ta cher tenue.* — 4. *emprises.* —
5. *te déporter.* — 6. *delivre.* — 7. *deduit.* — 8. *patentes.* — 9. *at-
trempent.* — 10. la rapidité. — 11. *cure.* — 12. *transnoer.* — 13. *es-
panir.* — 14. domaine.

vous y pouvez ébattre, sans aucune suspicion de danger. Les plaisantes Hamadryades, auxquelles la déesse Opis, autrement appelée la Terre, a baillé le gouvernement des arbres branchus et des jolis arbrisseaux pour les faire croître et végéter et dresser leurs hautes chevelures jusques aux nues, quand tu es las de ton plaisant labeur quotidien, fournissent une ombre délectative à toi et à tes bêtes, ensemble[1] fruit et floraison[2]. Et si, d'aventure, il advient quelquefois que tu aies élu belle amie qui se trouve digne de reposer entre tes bras, lors elles te feront tentes et ombrages encore plus amples de leurs rinceaux fleurissants, sous lesquelles tu te pourras repaître des plaisants mets d'amours jusques à satiété.

« Et en tant qu'il touche les nymphes Napées qui sont maîtresses et gardiennes des fontaines, dont je suis l'une — et entre les autres non pas la moindre — tant de la part d'elles qui sont mes très chères sœurs et compagnes, comme de ma propre autorité privée, je te dis, sans reproche, et ne veux que tu ignores que, maintefois, avons étanché ta soif laborieuse[3] de nos suaves liqueurs, et administré rafraîchissement[4] plaisant à ton palais en nos diverses fontaines, et éteint l'ardeur de ta douce haleine anhéleuse[5]. Et, parce que ce lieu-ci est plaisant et de notre propre domaine et demeurance[6] maternelle, j'y avois amené une partie de mes dites plus privées compagnes à fin[7] de prendre récréation joyeuse[8] sous l'opacité des ombrages qui sont frais et gracieux. Mais ton réveil les a fait disparaître[9], combien qu'elles ne fussent encore soûles de te regarder et que plusieurs en y eût qui louoient ta douce somnolence et étoient délibérées de te dérober un baiser en dormant. Toutefois, nonobstant leurs absences, je veux que tu goûtes du doux fruit que pour elles j'avois cueilli sur les arbres fertiles de mes sœurs les nymphes Hamadryades, lesquelles tiennent en conservation[10] tous

---

1. en même temps que. — 2. *floriture*. — 3. pénible. — 4. *refrigere*. — 5. *anhelant*. — 6. séjour. — 7. *à cause*. — 8. *solacieuse*. — 9. *disparées*. — 10. *conserve*.

les plus beaux jardinages[1] du monde, sans excepter celui
des Hespérides, qui est comme un paradis terrestre, en
Afrique, ni celui aussi d'Alcinoüs, roi des Phéaciens[2], en
l'île de Corcyre, là où il a, nouvellement[3], par grande curiosité, planté, enté et greffé un nombre infini de toutes
manières d'arbres. »

En ce disant, la belle nymphe Napée versa en son giron
mille espèces de fruits aromatiques étant au panier bien
ouvré d'osier, et sembloit que la corne d'Achéloüs rompue
par le fort Hercule fut là[4] répandue, car il y avoit
amandes, coings, citrons, dates, figues, grenades, melons,
myrobolans[5], oranges, olives, pommes, poires, prunes,
pêches, raisins de plusieurs sortes, et autres fruits étranges
appelés lotus[6]. Le lotus[7] est un fruit naissant en Afrique,
qu'ont dit maintenant Barbarie, sur hauts arbres, et toutefois la quantité d'iceluy fruit n'excède point la grosseur
d'une fève. Sa couleur est jaune comme saffran et dedans
est plein de grains semblables à millet. Mais sa douceur
et suavité est si très spéciale que, selon Homère en son
Odyssée, après que les gens d'Ulysse, errant par la mer[8],
en eurent goùté, ils ne faisoient plus compte de retourner
aux navires, mais vouloient là[9] faire séjour. De ce fruit la
nymphe en présenta par singularité[10] au gentil Pâris en
l'invitant[11] courtoisement de manger du noble labeur des
nymphes et de leur trésor[12].

II[13].

Quand le gentil adolescent Pâris eut savouré de ce gracieux fruitage, plus doux et plus substantiel[14] que manne,
lequel lui rendit un goùt plus que délicieux et une volupté
inestimable, il lui sembla avoir mangé toutes les épices et

1. jardins. — 2. *Phéaques*. — 3. *de nouvel*. — 4. *illec*. — 5. fruits
du badamier. — 6, 7. *lotes*. — 8. *marine*. — 9. *illec*. — 10. particulièrement. — 11. *semonnant*. — 12. *espargne*.
13. Chapitre xxv.
14. *substantieux*.

bonnes viandes[1] du monde. Lors la nymphe Pégasis
Œnone dit à Pâris :

« — Puisque tu as savouré du doux fruit de mes compagnes, je te veux abreuver de la liqueur maternelle. Car,
afin que tu saches, la noble fée qui préside à cette fontaine
est ma très chère mère, et le grand fleuve Xanthe est mon
très honnoré père, lequel tient, par titre de possession,
grande partie de ces vallées plates[2] et fertiles. Et je, qui
suis leur bien aimée fille, ai la source[3] de ma belle fontai-
nette un peu plus bas en la vallée, laquelle porte mon
nom, comme tu pourras ci-après savoir. »

Ce dit, elle prit l'écorce d'un citron large et ample et,
par grande cérémonie, la plongea trois fois en la fontaine,
prononçant ces mots :

« — Ma très sacrée génitrice, que les nymphes et fées de
ce pays appellent Créusa, ainsi comme il est vrai que tu
sois dame de ce plaisant pourpris, exauce la prière de ta
tendre fille, Pégasis Œnone, ici présente, en produisant
du profond[4] de tes trésors un don que je te requiers maintenant soigneusement : c'est que tu m'offres[5] la substance
de tes ondes suaves et plus savoureuses qu'autrefois, et
qui soient dignes d'attoucher aux lèvres vermeilles du
noble enfant royal qui ci est, et d'arroser son gosier
amoureux. »

Incontinent cette oraison prononcée, la claire onde de
la fontaine se prit à frémir dedans son receptacle, en bouil-
lonnant au fond de sa source et murmurant doucement
à l'endroit des rives comme si elle avoit sentiment d'accorder la requête de la nymphe. Alors[6] Œnone, joyeuse,
puisa dedans en rapportant son vaisselet plein de la noble
eau, claire comme cristal ou fin béryl, froide et fraîche à
merveille, et la présenta à Pâris, disant ainsi :

« — Le pré-élu des nymphes de Phrygie, reçois le présent maternel selon la volonté de celle qui le t'est offrant ! »

Pâris le prit et but à son gré[7], et, après avoir savouré la

---

1. nourritures. — 2. *plaines.* — 3. *sourgeon.* — 4. *parfond.* — 5. *me
propines.* — 6. *Adonc.* — 7. *hait.*

noble liqueur, plus éloquent qu'auparavant, il parla en cette manière...

Parmi plusieurs choses aimables, Pâris dit à Œnone qu'il la soupçonne d'être Vénus elle-même, et que bien heureux sera l'homme qu'elle voudra nommer son « servant en amours ».

Quand Pégasis Œnone, la noble nymphe Napée, eut ainsi ouï parler Pâris Alexandre, elle conçut tacitement en son cœur une joie incroyable, voyant le comble de ses désirs venir à fin prétendue, car elle n'avoit jamais eu son affection plus inclinée à chose du monde que d'être accointée de Pâris et d'avoir son amoureuse alliance, tant pour sa haute extraction comme pour l'estimation de ses vertus très renommées, et sa beauté même. Toutefois, elle n'en faisoit pas grand semblant; mais, voyant Pâris tout enveloppé de nouveau soin, raffermissoit[1] bellement son maintien doux et simple, comme une tourterelle, et lui rendoit mutuel regard[2], déclarant assez, néanmoins, par la vue[3] de ses yeux attrayants, avoir l'affection intérieure de même à lui[4], lequel, tout embrasé de feu vénérien dont encore n'avoit été si vivement atteint, tenoit ses yeux inséparablement fichés en elle. Mais les pupilles errantes et vagabondes en leur circonférence étinceloient de ses désirs amoureux, comme font les rais du soleil matinal[5] réverbérés en la claire fontaine. Et son gentil cœur, altéré de chaleur véhémente, buvoit à grands traits la fervente liqueur de cupidineux appétit, laquelle, non pouvant digérer, tout ainsi que les flammes[6] d'une fournaise dont le feu est trop véhément pressent l'une l'autre à l'entrée du soupirail, ainsi du noble estomac[7] de l'enfant Pâris vidoient soupirs en si grande multitude que l'un ne donnoit lieu à l'autre...

Un amour mutuel si brûlant, quelques subtils discours qu'il inspire, ne peut s'en contenter; voici donc par quelles paroles

---

1. *raffermoit.* — 2. *aspect.* — 3. *le semblant.* — 4. la même que la sienne. — 5. *matutin.* — 6. *flambes.* — 7. sein.

de Pâris et par quelles considérations de l'auteur le chapitre se termine.

« ... Si le nom d'ami, ô dame illustre, est trop grand, et à moi non dû, parce que je ne suis qu'un simple pastoureau et pauvre bergeret, et un rien auprès de ta grande et large noblesse, posséder[1] de tes parents, néanmoins j'ai cette confiance[2] qu'il te plaira quelquefois[3] que je sois plus grand, et que tu me reconduiras[4] au manoir paternel et patrimoine héréditaire, afin que toi[5]-même soies participante aux biens qui en sourdront, et seule administratrice. Et, ce temps pendant, je me nommerai ton serf humble et ta propriété[6] et esclave perpétuel, pour faire et disposer de moi à ton plaisir; et tu te tiendras pour ma dame et ma maîtresse, ma nymphe et ma déesse, seule et unique, en usant sur moi de totale prérogative et autorité. Ainsi[7] te prie, en signe de ces convenances[8] ratifiées, me donner un frais baiser de ta bouche rose[9] pour mitiger un peu la grande ardeur du désir amoureux qui me brûle les veines. »

Et, en ce disant, il lui mit le bras senestre au col et le dextre sur la claire poitrine, et savoura l'écorce du doux fruit d'amour par plusieurs oscultations et approchements aimants[10]. Mais ce[11] ne le soûla point de réfrigération compétente[12], sans le goût principal du noyau qui est au milieu de l'écaille.

Les nobles poètes disent que cinq lignes y a en amour, c'est-à-dire cinq points ou degrés spéciaux[13]. C'est, à savoir, le regard, le parler, l'attouchement, le baiser, et le dernier, qui est le plus désiré et auquel tous les autres tendent pour finale résolution, c'est celui qu'on nomme par honnêteté : le don de merci. Pâris donc, venu de degré en degré jusques au quatrième de ces points, lequel lui sembla plus doux que sucre de madère, par instinct de

1. bien, avoir (dans le sens du substantif). — 2. *confidence.* — 3. un jour. — 4. *reduiras.* — 5. *tu.* — 6. *mancipe.* — 7. *Si.* — 8. *conventions.* — 9. *rosaïque.* — 10. *amatoires.* — 11. cela. — 12. suffisante. 13. Voir l'épigramme de Cl. Marot, *Des cinq points en amour.*

nature ne se sut abstenir de vouloir parfournir le cinquième. Car ainsi comme il advient aucunes fois que les pastoureaux des champs, par inadvertance, ont laissé un charbon de feu entre les sèches fougères, et il survient aucun impétueux vent chaud et méridional qui allume les fétus et feuillettes gisant alentour, tantôt la flamme éparse prenant vigueur surprend ce qui lui est voisin et ne cesse de forcener parmi les bruyères jusques à ce qu'elle ait tout mis en cendre, ainsi, pareillement, le fort mouvement de nature ému au jeune Pâris par grande caléfaction d'amoureuse concupiscence, trouvant devant soi objet plaisant et propice, ne se put oncques arrêter avant son entreprise[1] achevée. Et encore[2] que sa partie répugnât par semblant, néanmoins elle succomba volontairement sur les tapis verts de l'herbe épaisse et drue, semés d'odorantes[3] violettes. Et, au beau Pâris vainqueur, en demeura la force non forcée.

III[4].

Tandis qu'au milieu de fêtes champêtres Pâris épouse Pégasis Œnone, Jupiter invite tous les dieux et toutes les déesses aux noces du roi Péleus de Thessalie et de la nymphe Thétis.

Au mandement du roi Jupiter, exposé par Mercure, tous les dieux inférieurs et supérieurs et les grandes déesses, aussi les demi-dieux, héros, nymphes et demidéesses, obéirent promptement et abandonnèrent leurs manoirs, régions, seigneureries, domaines, cités, temples, autels et autres lieux sacrés, pour prendre leur chemin vers le lieu assigné du haut mont Pélion de Thessalie, excepté le vieillard Saturne, triste, mélancolique et tardif selon la nature de sa planète, lequel s'excusa de venir, parce qu'il étoit malade, et aussi que sa sphère et région est trop lointaine de la terre habitable. Pareillement l'ancien père des dieux, Démogorgon, demeura en son abîme

1. *emprinse.* — 2. *combien.* — 3. *flairantes.*
4. Chapitre xxviii.

et au profond[1] centre de la terre; aussi[2] n'en peut oncques
échapper. Or, dirai-je de quels pays, îles et régions
vinrent la plupart des autres dieux et déesses, par mer et
par terre, en ensuivant Virgile en ses Priapées, qui assigne
à chacun d'iceux certain lieu et habitation, et aussi Boccace et autres auteurs.

Premièrement y alla de la grande mer océane, Thétis,
déesse des eaux; et entra par les détroits de Maroc[3] en la
mer Méditerranée. Icelle grande dame Thétis fut fille du
ciel et de Vesta, c'est-à-dire la terre, car Vesta est ainsi
dite parce qu'elle est vêtue de fleurs et de verdure. La
dessus dite Thétis est mère génitrice de toutes nymphes
et fées, car toutes femmes sont humides de nature. Elle
étoit montée sur le chariot de son mari, le grand Océan,
qui va et vient, flotte et reflotte deux fois le jour, et étoit
traînée par deux grandes baleines, et à sa queue étoit sa
fille Doris, ainsi nommée parce qu'elle est amère et salée,
avec[4] les Sirènes et grand nombre de nymphes appelées
Néréides, parce qu'elles sont filles de Nérée et de la dite
Doris, lesquelles étoient montées sur le dos des dauphins.
Et toutes étoient sorties de leurs profonds[5] gouffres et
repaires de mer, délibérées de venir faire honneur à leur
sœur et compagne, la jeune Thétis épousée.

Conséquemment, des îles qui sont en la mer Méditerranée, y alla, pour le premier, Éole, seigneur de l'île de Li-
pari et des autres îles Vulcaniennes[6] qui sont à l'endroit
de Sicile. Icelui Éole est le roi des vents, fils de Jupiter le
tiers et de la nymphe Sergeste. Mais il ne mena avec lui fors
seulement le doux vent Zéphyre, autrement appelé Favo-
nius parce qu'il favorise aux fleurettes, et sa femme la
belle nymphe Flora. Il[7] enferma Borée et ses autres compagnons trop terribles et impétueux dedans les cavernes
et gouffres des dites îles. Et de l'île de Lemnos qui est l'une
des Cyclades, partit le boiteux Vulcain, dieu du feu, lequel est forgeron[8] des dieux et forge les foudres de son

1. *parfond.* — 2. *si.* — 3. *Maloch.* — 4. *ensemble.* — 5. *parfonds.* —
6. *Vulcanes.* — 7. *Si.* — 8. *febvre.*

père Jupiter, tant en la dite île comme au mont Etna de Sicile. Il mena avec lui deux de ses ouvriers nommés Cyclopes, c'est à savoir Brontès et Pyragmon qui sont grands géants ; et recommanda fournaises, enclumes et marteaux aux autres compagnons.

De l'île de Crète vint[1] la claire déesse Diane, qu'on appelle autrement Phébé ou Lune, laquelle tous les mois répare ses cornes ; et amena avec elle grand nombre de nymphes. Elle étoit montée sur un chariot à deux roues pour désigner son cours diurne[2] et nocturne, lequel étoit tiré par deux cerfs blancs, signifiant qu'elle est déesse des veneurs. Aucuns disoient que c'étoient deux chevaux dont l'un est blanc et l'autre noir ; le blanc dénote le jour, et le noir la nuit.

De l'île de Rhodes vint Apollon, autrement appelé Soleil, ou Phébus, fils de Jupiter et de Latone, et frère germain de la dite déesse Diane, lequel portoit, en son noble chef aux cheveux d'or[3], un diadème clair et irradiant divisé par[4] douze pierres précieuses selon les douze signes de Zodiaque. Et étoit monté sur son chariot doré avec[5] lequel il circuit continuellement la terre. Icelui chariot est orné richement de diamants, chrysolithes, rubis et autres pierres précieuses qui dénotent les diverses vertus et propriétés du soleil, et sont mises en œuvre alentour des roues d'or[6], des rais argentés et du timon de fin or massif. Et Aurore, c'est-à-dire l'aube du jour, sa belle fourrière, fille de Titan et de la Terre, le précédoit, chassant toute ténébreuse obscurité nocturne de devant lui.

Après[7], vint de l'île de Chypre, la belle déesse Vénus, fille de Jupiter et de la nymphe Dioné, et laissa ses nobles vergers fleuris qui sont en la dite île. Et[8] vint, avec elle, son fils Cupidon, dieu d'amours, orné de tels acoutrements qu'on sait ; lequel aussi amena sa fille Volupté. Et les trois Grâces, filles de la nymphe Antonoé, vinrent avec leur maîtresse la déesse Vénus.

1. *desmarcha.* — 2. *journal.* — 3. *auricome.* — 4. *distingué de.* — 5. *à tout.* — 6. *aureines.* — 7. *En après.* — 8. *Si.*

Pareillement de l'île de Ténédos, qui est le bien aimé
séjour de Neptune, délogea le dit dieu Neptune, fils de
Saturne et de la déesse Opis, et s'en vint en grande
pompe, séant sur un chariot que douze chevaux marins
traînoient sur flots et sur ondes salées ; lequel chariot
dénote la circuition que la mer fait alentour de la terre.
Il tenoit en sa main un grand trident en lieu de sceptre,
en signifiant les trois propriétés de l'eau, c'est à savoir
qu'elle est labile, c'est-à-dire coulante, navigable et po-
table. Et menoit avec lui ses instrumentistes[1] et précurseurs, appelés Tritons, qui cornent en buccines de co-
quilles de mer, et désignent le bruit que la mer fait
contre les rivages et rochers ; aussi mille autres monstres
de mer le suivoient. Et[2] laissa Neptune la garde des grands
troupeaux de ses poissons et bêtes[3] marines à Protée, le
sage vieillard, roi d'Égypte, fils de l'Océan et de la grande
Thétis, lequel étoit son berger. Et, outre plus, recommanda
la conservation des ports et havres de mer à Portinus,
autrement appelé Palémon, le dieu d'iceux, et la défense
des rivages à Marica, la déesse. Et ce quant aux îles de
mer.

De la région de terre ferme, outre la mer Hellespontiaque[4], c'est à savoir de Phrygie, qui est en Asie la mi-
neure, et du mont Bérecynthe, environ Troie, vint dame
Cybèle, la grande mère des dieux, femme de l'ancien
Saturne et fille du ciel et de Vesta, laquelle est nommée
Vesta parce qu'elle est revêtue de fleurs, comme dessus
est dit, ou Terre parce qu'elle est conterée et foulée[5] des
pieds, ou Opis parce qu'elle baille opulence et assistance[6]
aux vivants, ou Alma et Pales parce qu'elle prête aliment
et pâture aux animaux. La dite Cybèle, donc, étoit
montée sur son chariot, attelé de quatre lions domptés,
pour démontrer que les plus forts de la terre sont sujets
aux lois de nature ; et tenoit un sceptre royal en sa main,
ayant au chef une grande et merveilleuse couronne, toute

---

1. *instrumentaires.* — 2. *Si.* — 3. *belues.* — 4. *Hellesponte.* — 5. *dé-
foulée.* — 6. *opitulation.*

étoffée[1] de tours, cités et châteaux. La robe étoit bien figurée[2] de bois, herbes et divers arbrisseaux dont la terre est parée, et, tout alentour d'elle, ses gens appelés Corybantes, armés et embâtonnés, sonnant tambours, tympanons et bedons, dont ils menoient grande noise[3], en signifiance que chacun doit être prêt à défendre sa terre et son pays. Priape aussi, le dieu des jardins et de fertilité, vint de ce quartier, c'est-à-dire de Lampsaque, qui est une cité de Phrygie, située sur la mer Propontide.

Des parties citramarines, c'est-à-dire de la région d'Italie, passèrent la mer Adriatique et allèrent aux dites noces, Hercule, fils de Jupiter et d'Alcmène, nouvellement déifié en la cité Tiburtine à cause de ses grandes prouesses; et de ce quartier aussi y allèrent Faunus, fils de Picus, et Sylvain, son compagnon, lesquels sont tous deux princes et demi-dieux des bocages. Pareillement y alla de Sicile la fertile, la noble déesse Cérès, fille de Saturne et de la déesse Opis, laquelle est dominatrice[4] des blés. Maintenant reste à décrire les dieux et les déesses qui y allèrent de Grèce.

Pluton, roi de Molosse et des régions inférieures, frère de Jupiter et de Neptune, et fils de Saturne et de la déesse Opis, souvent nommée, partit de basse terre et de sa grande cité nommée Dis, qui est toute barrée de fer, et se fia du tout à son portier Cerberus, le grand chien à[5] trois têtes. Il étoit monté sur un chariot à trois roues, que trois chevaux plus noir que mûre[6] traînoient, en dénotant que la puissance plutonique, c'est-à-dire les richesses lesquelles on prend aux[7] régions souterraines, sont tirées par trois grands labeurs, c'est à savoir délibération d'acquérir, tristesse et difficulté. Il[8] amena avec lui sa compagne Proserpine, fille de Cérès, déesse de fertilité. Et, de la riche cité de Mycènes qui étoit en Achaïe, y alla la reine Junon, bien accompagnée; aussi Pan, le dieu des pasteurs, habitant aux[9] landes de la province d'Arcadie, laissa ses brebis et se mit en[10] chemin; et, en outre, la déesse Pallas partit de

1. *garnie.* — 2. *couverte de dessins.* — 3. bruit. — 4. *dominateresse.* — 5. *en.* — 6. *meure.* — 7. *ès.* — 8. *Si.* — 9. *ès.* — 10. *à.*

l'université d'Athènes et se rendit de ce côté[1], et les neuf Muses l'accompagnèrent avec leur mère Mémoire.

D'autre côté, Mars le terrible, fils de Junon la cruelle[2], qui étoit bien embarrassé[3] en ses batailles, prit trêves et vint[4], du plus profond de Thrace sur les frontières de Tartarie, en[5] simple état et peu de compagnie, laissant en son armée[6] Impétuosité, Boutement[7] de feux, Hommicide, Injure, Dispersion de biens, Ruine, Espionnages[8], Menaces, Tristesse, Fureur, et autres soudars de la guerre qui ne sont point convenables[9] à une assemblée nuptiale. Et s'en vint hâtivement, monté sur un chariot tout d'acier, fourbi et détrempé, à gros clous d'airain, dont les chevaux étoient hideusement teints et couverts d'écume et de sang, fumant et hennissant horriblement ; et lui, tout échauffé, ayant les mains sanglantes et le visage tout terni de poudre et de sueur, se vint ruer au lieu de l'assemblée. Mais les dames qui l'accueillirent[10] le lavèrent d'eau de rose, elles-mêmes, et le désarmèrent, puis lui baillèrent un riche manteau de pourpre fourré d'hermines, qui le rendit plus gracieux et plus avenant.

Tous les dieux étoient arrivés, excepté le gentil Bacchus, dieu du vin, fils de Jupiter et de la belle Sémélé. Et, parce qu'il tardoit beaucoup à l'appétit des attendants, et que la fête ne valoit rien sans lui, le héraut Mercure fut envoyé[11] pour le hâter. Il[12] le trouva partant de son lieu natal, c'est à savoir de la cité de Thèbes, en Béotie, qui s'en venoit en grand triomphe sur son chariot traîné par lynxs, qui sont bêtes ayant le regard si aigu qu'il perce les murailles, et par tigres, qui sont bêtes très furieuses, en signifiance que quand l'homme prend du vin raisonnablement, on en voit plus clair en ses affaires, et quand il en prend outre mesure, on perd l'usage de raison. Bacchus étoit en forme d'un jeune homme nu et efféminé, pour dénoter que le vin diversement administré rajeunit, dénue et

---

1. *se tira celle part.* — 2. *diverse.* — 3. *empesché.* — 4. *desmarcha* — 5. *à.* — 6. *ost.* — 7. de bouter : mettre. — 8. *Espies.* — 9. *duisans.* — 10. *le recueillirent.* — 11. *renvoyé.* — 12. *Si.*

amollit les gens. En son chef il avoit un chapeau de lierre dont on couronne les poètes, en désignant que le vin est toujours en sa vigueur et floraison[1], et en sa main tenoit un sceptre de jets[2] de vigne. Après Bacchus venoit son maître et gouverneur, appelé Silenus le bon vieillard, lequel étoit déjà ivre, et monté sur un âne, tenant un grand flacon par l'anse, et se laissoit tomber. Mais Marsyas, le satyre, et ses compagnons le redressoient, et alloient à l'entour de lui, avec leurs barbes et pieds de chèvres, sautant et trépignant[3], riant et vociférant par grande lasciveté, dont, à l'approche[4], la noble assemblée se prit fort à rire. Le gentil dieu Bacchus descendit de son chariot et fut reçu et bien accueilli[5] grandement des dieux et déesses, des seigneurs et des dames, et son noble arroi fut prisé.

Outre les dessus dits, plusieurs autres dieux et déesses, demi-dieux et demi-déesses, héros et héroïnes[6], de toutes parts arrivèrent à la fête, dont le nombre est presque innumérable. Mais, entre les autres, y abordèrent et furent les bienvenus Honneur, Grâce, Vertu, Victoire, Amour, Majesté, Fortune, Renommée et Vénération; et le gentil prêtre Génius, ami de Nature[7], fils de Mercure et de Lara la belle nymphe, lequel y fut invité[8] pour bénir l'épousée, avec Hyménée, le gracieux dieu des noces. Mais, au contraire, la fausse diablesse Discorde, autrement appelée Litige, et sa malheureuse bande, c'est à savoir Labeur, Envie, Peur, Dol, Fraude, Pertinace[9], Pauvreté, Misère, Famine, Quérimonie[10], Maladie, Vieillesse, Pâleur, Nuit, Ténèbre, Mélancolie et sa fille Tristesse, Paresse, Honte, Conturbation[11], Sommeil et Mort, tous enfants d'Érèbe[12], c'est-à-dire Enfer, fils de l'ancien père des dieux, Demogorgon, et de l'obscure profondeur[13] des abîmes ap-

---

1. *floriture.* — 2. *jettons.* — 3. *treppans.* — 4. *l'approcher.* — 5. *bienviengné.* — 6. *Héroïdes.*

7. Voir, ci-dessous, *Le Traité intitulé la Concorde des deux Langages.*

8. *semons.* — 9. Avarice. — 10. Plainte en justice. — 11. Trouble. — 12. *de Erebus.* — 13. profondité.

pelée Chaos, et les trois Furies aussi, ce sont les trois rages infernales, c'est à savoir, Alecto, Tisiphone et Mégère, filles d'Achéron, l'horrible fleuve, avec[1] leurs cheveux colubrins, se crurent[2] témérairement ingérer d'entrer au pourpris déifique, nonombstant qu'ils n'y eussent point été appelés, car Discorde et telles manières de gens ne doivent point être en bonne compagnie. Mais ils furent rudemment repoussés[3] par Janus à deux visages, portier des dieux, lequel tenoit en ses mains un grand serpent entortillé mordant sa queue. Ainsi[4] s'en retourna la honteuse bande, toute dolente et confuse, aux faubourgs d'Enfer dont elle étoit venue, excepté Discorde, la hideuse et la criminelle, laquelle se mussa en un caveau[5] profond[6], remuant[7] la tête pleine de menaces, et dit que bien s'en vengera.

IV[8].

Le mont Pélion en la province de Thessalie, auquel ces noces se faisoient, est haut et droit à merveille, car, selon les écritures, si le sommet jusques au pied étoit mesuré perpendiculairement, c'est-à-dire à plomb, il a bien mille deux cent cinquante pas de hauteur.

Or, étoit arrivé bien matin sur le dit mont le roi des dieux et des hommes, Jupiter, qui est ainsi dit *quasi juvans pater*, c'est-à-dire, père aidant. Et se séoit en son trône déifique et impérial, éclaircissant les nues par la sérénité de son visage[9] environné de gloire et de majesté triomphale, selon la splendeur[10] de sa claire planète qui est chaude et humide, modeste et tempérée[11], hautaine. libérale, miséricordieuse et amoureuse. Son noble trône étoit disposé au plus haut de la montagne sous un haut chêne glandifère[12], lequel arbre est dédié à icelui dieu

1. *à tout.* — 2. *cuiderent.* — 3. *reboutez.* — 4. *Si.* — 5. *cavain.* — 6. *parfond.* — 7. *crolant.*
8. Chapitre xxix.
9. *sa chère.* — 10. *resplendeur.* — 11. *attrempée.* — 12. portant des glands.

Jupiter, en signifiance que, au premier âge, la providence divine paissoit les hommes de glands. Auprès de lui étoit le beau Ganymède, Troyen, son échanson, tenant sur le poing un grand aigle royal, lequel oiseau est consacré à Jupiter, parce qu'il vole plus haut que nul des autres, et dénote présage et signification de hautesse impériale et victorieuse. Auprès de lui étoient son héraut, Mercure, et l'archiprêtre Génius, avec les dessus nommés, c'est à savoir, Honneur, Grâce, Vertu, Victoire, Amour, Majesté, Fortune, Renommée et Vénération. En sa main il tenoit un sceptre fulgurant[1] à trois pointes et rais, pour désigner que la foudre que Dieu envoie en terre a trois propriétés principales, c'est à savoir, pour la première, qu'elle est claire et coruscante, pour la seconde, tranche et pénètre toute chose matérielle, et pour la troisième[2], elle brûle et confond[3] tout ce qu'elle atteint.

Or, fut le grand roi Jupiter très[4] joyeux quand il vit si noble assemblée et tant de hauts personnages arrivés sur la montagne, tous résolus à faire bonne chère; et ne craignit[5] sinon que Mars, le grand dieu des batailles, troublât la fête comme il avoit fait autrefois aux noces de Pirithoüs et Hippodamie, en ce même pays de Thessalie, auxquelles il incita les Centaures, moitié hommes, moitié chevaux, à faire mêlée furieuse et mortelle entre les Lapithes, comme décrit élégamment Ovide au deuxième livre de sa Métamorphose. Toutefois, parce qu'il le vit paisible et débonnaire entre les dames, il n'eut aucun soupçon de lui.

Mais tout le mal viendra d'un autre côté, c'est à savoir, la fausse déesse Discorde, qui s'en est allée au jardin des Hespérides, en Afrique, pour quérir une pomme d'or dont le noble banquet[6] sera désemparé. De laquelle chose ignorant le bon roi Jupiter, il se tourna devers ses ministres en leur commandant que l'appareil fût grand et somp-

---

1. *fulgurin.* — 2. *tierce.* — 3. détruit. — 4. *moult.* — 5. *douta.* — 6. *convive.*

tueux, et que chacun fût diligent de s'employer en son office ordinaire. A quoi faire ils furent tous prompts et attentifs[1].

Car alors Flora, la gracieuse nymphe, compagne du vent Zéphyre, s'entremit de tapisser la noble montagne de fraîche verdure et de plantes aromatiques et odorantes[2], violettes diaprées de maintes couleurs, dont son mari le gentil Zéphyre, fils d'Atrée et de la belle Aurore, lui faisoit fourniture, ainsi[3] comme de marjolaines, poliot[4], cyprès, spic, romarin, euroine[5], menthe, basilic[6] marguerites, soucis, ancolies, jennettes[7], giroflées, coquelicots, percelles[8], bacinets[9], passe-roses, passe-velours, glays[10], noyelles[11], lys, pensées, muguets, roses et œillets herbus. Les autres nymphes aussi mirent la main à la pâte et s'aidèrent de leur part. Mêmement les Hymnides, lesquelles se prirent à tendre et dresser au long de leurs prairies les beaux verts buissonnets fleurissants et les haies toutes couvertes de floraison[12] faisant tentes, abris[13], treilles, feuillées, frescades[14] et pavillons de rosiers fleurissants, d'odorants[15] églantiers, groseliers, mûriers, framboisiers, jasmins, sureaux[16], vignettes et coudriers pour faire ombrages aux dieux. Et quand ils furent tous tendus et bien hourdis, Rosée, la belle pucelle, fille de la Lune et de l'Air, vint pendre autour des branchettes mille perles rondes et gemmes claires et transparentes qu'elle tira de son épargne[17] pour enrichir leur floraison[18], laquelle rendoit telle odeur que toute la région en étoit toute imbue et embaumée. Aucunes des autres fées, si comme les Napées, s'étudièrent de faire sortir de plusieurs endroits de la montagne plusieurs fontainettes et ruisseaux courant à douce noise, dont l'eau étoit plus claire que béryl et le regard[19] amène et délectable. Ainsi[20] produisirent aussi les

---

1. *ententifs.* — 2. *flairans.* — 3. *si.* — 4. thym. — 5. espèce d'armoise. — 6. *basilique.* — 7. genêts. — 8. bluets ou saxifrages. — 9. renoncules. — 10. glaïeuls. — 11. nilles : tailles de la vigne. — 12. *floriture.* — 13. *tref* (tente). — 14. berceau de feuillage, *frascato* (ital.). — 15. *de flairants.* — 16. *séhus.* — 17. trésor. — 18. *florissance.* — 19. la vue. — 20. *Si.*

Hamadryades, et mirent hors de leurs arbrisseaux plusieurs feuillettes et fruitages de diverses sortes, tellement que ce pouvoit sembler un paradis terrestre. Car chacune s'y employa par grande étude, à qui mieux mieux ; même Sylvain, le dieu des bois et des forêts, amplifia[1] ses ombres de plus grande étendue pour rendre le lieu plus plein de délices.

Cependant aussi les Heures, filles du Soleil et de Chronis, c'est-à-dire du Temps, portières du ciel et palefrenières de Phébus, établirent les quatre merveilleux chevaux aux freins dorés de leur seigneur, ayant les crins bouclés[2] et rutilants de fin or, et l'ongle des pieds d'un métal nommé aurichalque[3] au lieu de corne. Lesquels chevaux jettent feu et flamme[4] par la gueule, et sont leurs noms : Pyroïs, Éous, Éthon et Phlegon. Le premier est rouge, le second est blanc, le tiers est jaune et ardent et le quart[5] est noir et obscur selon les diverses dispositions du jour. Et, avec ce, les dites Heures prirent la charge de l'écurie des autres dieux, en administrant largement, parmi les rateliers, précieuses herbes et fourrages propices à la nourriture des autres diverses bêtes.

Brontès et Pyragmon, Cyclopes, enfants de Neptune et d'Amphitrite, grands géants de la famille de Vulcain, parce qu'ils aiment le feu, furent contents d'avoir charge de cuisine. Priape, le dieu des jardins et de fertilité, fils de Bacchus et de Vénus, fut verdier et saucier ; il fournit la cuisine de toute verdure nécessaire et broya la sauce.

Vulcain, autrement appelé Mulciber, forgeron[6] des dieux, fut établi à la garde du buffet, duquel toute la riche vaiselle avoit pris tournure, merveilleuse et suprême[7], par ses propres mains. Le gentil Persée, fils de Jupiter et de la belle Danaé, avec le noble Jason, fils du roi Pélias de Thessale[8], portant à son col l'ordre divin de la Toison d'Or, furent enrôlés pour chevaliers tranchants, car, nou-

---

1. *amplia.* — 2. *recercellez.* — 3. cuivre rouge. — 4. *flambe.* —
5. quatrième. — 6. *fevre.* — 7. *supernelle.* — 8. Thessalie.

vellement, ils étoient stellifiés[1] et placés[2] au nombre des dieux. La noble nymphe Hébé, déesse de jeunesse et fille de la reine Junon (de nouvel épousée au preux chevalier Hercule, lequel étoit déifié), fut établie à servir le roi Jupiter de coupe d'or, et Ganymède, le noble enfant troyen, à exercer la charge ordinaire d'échanson envers les autres dieux, et rafraîchit[3] les douces potions nectarées pour iceux servir. Cérès, la déesse des blés, avoit[4] déjà fourni tous les offices de paneterie; les gens de Bacchus, pareillement, avoient[5] fait garnison de toutes sortes de vins, tant pour la bouche[6] que pour le commun; Pomone, l'une des Hamadryades, et Frutesa, sa compagne, avoient[7] aussi fait finance[8] de toutes espèces de fruitage[9]. Et fut incontinent tout prêt, au moyen de la sollicitude et bonne diligence d'Hyménée, le dieu des noces, fils de Bacchus et de Vénus, ayant, pour ce jour, charge de maître d'hôtel avec le roi Pélée, époux.

Quand les précieuses tables d'ivoire et de cèdre, étoffées[10] d'or et de pierreries, furent couvertes et disposées parmi la prairie, les Tritons, qui sont ménétriers et trompettes du dieu Neptune, cornèrent l'eau; alors, après que Jupiter, le roi des hommes et des dieux, eût lavé, il s'assit à table, et auprès de lui la reine Junon, sa sœur et compagne. Et conséquemment, au bout de la table, la belle nymphe Thétis, jeune épousée. Les autres dieux et déesses, demi-dieux et demi-déesses, furent assis aux autres tables, chacun selon son degré et vocation[11], et les héros et les princes servirent en lieu de jeunes gentilhommes. Les gentils Satyres, fort légers et soudains avec[12] leurs pieds de chèvres, coururent à la viande comme si ce fussent pages, laquelle Chiron, le Centaure, leur délivra, parce qu'il servoit d'écuyer de cuisine.

Il[13] ne faut pas attendre la description des mets ambroi-

---

1. transformés en astres. — 2. *redigez*. — 3. *attrempa*. — 4. *eust*. — 5. *eurent*. — 6. « vin de la bouche », celui qui est destiné à la table du prince. — 7. *eurent*. — 8. don. — 9. *fruiterie*. — 10. garnies. — 11. sa convocation, son appel. — 12. *à tout*. — 13. *Si*.

siens, confits en manne céleste, dont les dieux furent
servis alors, ni aussi l'apprêt d'iceux ou l'ordre du service,
car le raconter exéderoit pouvoir humain. Mais il suffit
d'imaginer que ceux qui ont en gouverne les cieux, la mer,
la terre, les enfers et tous les éléments, n'eurent faute
d'aucune chose qui soit désirable en ce monde.

Or, firent les dieux si grande chère que jamais ne fut
vue la pareille. Dont Cybèle, la grande mère des dieux,
reçut au cœur une joie inestimable, voyant tant de sublimes
esprits de sa noble génération tous assemblés en tel
triomphe. Et le noble Bacchus, appelé Liberpater, tout
libéral et tout joyeux, les tenoit en plus grande liesse, et
les invitoit à boire ses vins délicieux, et en tâter, puis de
l'un, puis de l'autre, tenant en sa main un pesant hanap
que souvent il faisoit remplir pour pleiger[1] d'autant.
Aucuns des demi-dieux qui le crurent[2] suivre ne le
purent pas bien supporter, mais[3] en furent pris par
le nez.

Après que le métier[4] fut servi, les quatre Sirènes, fines
ouvrières, filles du fleuve Acheloüs et de Calliope la muse,
compagnes de Proserpine, fille de Cérès, déesse de fertilité, se présentèrent sur le beau bout, ayant visages de
pucelle, ailes aux bras pour facilement voler d'un lieu à
l'autre, le corps féminin jusques au nombril, auquel est
situé toute leur libidinosité, les queues de poissons comme
bêtes lubriques et légèrement coulant, et les pieds de coq,
avec[5] lesquels elles grattent partout pour trouver pâture.
Ces quatre courtisanes[6] et monstres marins se prirent à
chanter et accorder leurs instruments, auxquels chacun se
rendit attentif. La première, nommée Parthenope, qui
depuis fut enterrée à Naples, chanta un clair dessus, de sa
voix cliquetante[7] et sonore[8]. Leucosia, la seconde, joua la
partie du ténor[9] avec[10] sa harpe d'ivoire, et Lygia, la troisième[11], fit la contre-basse des flûtes doubles, et la qua-

---

1. boire à la santé. — 2. *cuidèrent.* — 3. *ainçois.* — 4. le service
de la table. — 5. *à tout.* — 6. *meretrices.* — 7. *cliquante.* — 8. *sonoreuse.* — 9. *teneur.* — 10. *à tout.* — 11. *tierce.*

trième[1], nommée Iligi, régla[2] toute l'harmonie par le son bondissant de son tympanon[3]. Elles quatre prononçoient si doux accords et prolation de diapason, triple, diatessaron et autres figures de musique que, à la mélodie non accoutumée, plusieurs s'oublièrent et s'endormirent à table. Dont le roi Jupiter se donna garde, et, de peur qu'il ne sommeillât, se leva aussitôt[4] de table; ainsi[5] firent les autres dieux et déesses.

Les tables abattues, et la place délivrée, Pan se mit en avant. Pan est le dieu des pastoureaux d'Arcadie, qui signifie le tout universel, fils de l'ancien père des dieux, Démogorgon, et de Chaos, c'est-à-dire, la confusion des choses, ayant le front cornu comme le croissant de la lune, la face rouge et enflammée comme le soleil, la barbe longue jusqu'au sein[6], signifiant la vertu active des quatre éléments descendant en terre; les épaules couvertes et ornées d'une peau de diverses couleurs appelée nébride, représentant le ciel stellifère et la variété des corps célestes; les cuisses et les jambes lourdes et velues, dénotant la superficialité de la terre. Et tenoit en sa main une houlette pastorale servant à la direction[7] et soutien[8] de nature naturée. Lors souffla Pan en son chalumeau[9] de sept tuyaux[10] accordés suivant l'harmonie des sept planètes, et fit danser Églé, Galathée, les belles Nayades, avec les plaisants Satyres, Pans, Ægypans et Tityres, qui faisoient merveilles de sauter[11], de trépigner[12] et de se démener. Et[13] renforça la douce noise par retentissement des prochaines vallées, auxquelles la nymphe Écho, jadis amoureuse de Narcisse, répondoit toujours au dernier verbe, selon sa nature.

Aussitôt[14] après survint le clair dieu Apollon, touchant de sa harpe dorée par grande maîtrise, ayant le chef couronné de laurier. Et menoit en un branle les neufs Muses, filles de Jupiter et de Mémoire, auxquelles il préside tou-

---

1. *quarte.* — 2. *attrempa.* — 3. *tympane.* — 4. *tantôt.* — 5. *Si.* — 6. *pis.* — 7. *au régime.* — 8. *substentacle.* — 9. *sa chalemelle.* — 10. *buseaux.* — 11. *saillir.* — 12. *trepper.* — 13. *Si.* — 14. *Tantost.*

jours, à cause que des neufs sphères des cieux celle du soleil est la plus parfaite en harmonie. Icelles neuf Muses, selon les dites neuf sphères des cieux, chantèrent diverses chansons toutes concordantes en raison de musique, en remémorant, chacune en sa cantilène, ce dont elle avoit été inventeresse. Clio, pour la première, récita en son chant les nobles histoires et faits chevaleresques[1] des preux de jadis; Melpomène, la seconde, prononça en grave accent ses authentiques tragédies; Thalie, la troisième[2], conta[3] ses plaisantes comédies très élégantes; Euterpe, la quatrième[4], fit noble modulation de ses flûtes, dont elle trouva premièrement l'usage; Terpsichore, la cinquième, diminua[5] maint bon passage de son mélodieux psaltérion; Érato, la sixième, se dégoisa et dansa doucement selon les mesures de géométrie; Calliope, la septième, très sage clergesse et bien lettrée[6], de sa voix claire et résonante chanta maint poème[7] scientifique; Uranie, la huitième, fonda toute son harmonie sur le noble mouvement des cieux, et Polymnie, la neuvième et la dernière, mêlée de plusieurs sciences, accentua maints chants royaux, balades, serventois[8], lais et virelais, ornés de couleurs rhétoricales. Lesquelles choses plurent singulièrement au roi Jupiter et aux autres dieux; ainsi[9] en prisèrent beaucoup l'affaire.

V[10].

Tandis que le doux bruit et la noise accordée du chant et des instruments étoient si grands que à peine y pût-on ouïr Dieu tonner, et que la noble compagnie ne pensoit à autre chose, fors à jouir de toute plaisance délicieuse pour rendre le banquet[11] nuptial plus illustre et plus honoré,

---

1. *chevalereux.* — 2. *tierce.* — 3. *décliqua.* — 4. *quarte.* —
5. terme musical ancien. — 6. *literée.* — 7. *dittier.*
8. Voir p. 111, n° 1.
9. *si.*
10. Chapitre xxx.
11. *convive.*

Discorde, la noire déesse — dont dessus est fait mention —
non contente d'avoir été écartée[1], avoit tant fait d'exploit[2]
avec[3] ses brunes ailes de dragon[4], qu'en peu de temps[5]
elle étoit volée jusques au riche jardin des belles Hespérides, filles du géant Atlas, qui est en Afrique, duquel
jardin le fort Hercule fut jadis hardi dépouilleur. Et tant
travailla[6] la criminelle serpente à force de prières importunes et requêtes adulatoires, que des dites pucelles elle
impétra une noble pomme de métal doré[7] qui croissent
(*sic*) sur les entes de leur verger et sont dédiées à Vénus.
De laquelle pomme quand elle se vit saisie, elle, joyeuse,
retourna légèrement au pied du mont Pélion pour mettre
à effet sa malice excogitée. Elle[8] entailla promptement ces
mots autour du noble fruit :

> *La pomme d'or enluminée*
> *A la plus belle soit donnée.*

Puis la charma et empoisonna de tensons, riotes, noises
et inimitiés; et la baigna au jus de soucis, mélancolies et
d'autres plantes plus nuisantes et plus dangereuses que
n'est le jus d'une herbe appelée aconit. Et quand elle eut
ce fait, elle monta cauteleusement, sans être aperçue, au
plus haut du mont Pélion, là où les dieux s'amusoient[9],
et se tapit tout silencieusement[10] en l'ombre d'un arbre appelé en latin taxus, et en françois if, duquel l'ombre est
mauvaise et mortifère; et, là, se fit invisible.

Là[11] attendit Discorde, la fausse et décevable, son op-
portunité, jusques à ce qu'elle vit ensemble trois puissantes déesses, les plus nobles et plus apparentées de
toute la fête, c'est à savoir Junon, Pallas et Vénus, qui
s'étoient écartées un peu[12] loin de la grande compagnie,
en un beau lieu plaisant et ombrageux, et, là-même[13] se
plaisoient[14] à cueillir fleurettes. Lors elle jugea qu'il étoit

---

1. *de sa repulse.* — 2. s'était si bien empressée. — 3. *à tout.* —
4. *draconiques.* — 5. *d'heure.* — 6. *laboura.* — 7. *aurein.* — 8. *Si.* —
9. *se déduisoient.* — 10. *coyement.* — 11. *Illec.* — 12. *petit* — 13. *là
endroit.* — 14. *soulassoient.*

heure de besogner ou jamais. Elle[1] jeta occultement, au milieu d'elles trois, la malheureuse pomme resplendissante de noble couleur, et, quand elle eut ce fait, de peur d'être atteinte[2], elle s'enfuit plus vite qu'un carreau d'arbalète, et s'alla plonger au fin fond d'Enfer, là où est son domicile. Mais le grain de sa malheureuse semence demeura et fructifia si fertilement que le goût en dure encore par tous les siècles !

Car, incontinent que les déesses virent très luire la pomme au milieu d'elles, par convoitise et hâte[3] féminine, furent émues à la lever[4]. Toutefois Junon, de qui elle étoit plus prochaine, l'eut premièrement en sa main[5] ; dont, après l'écriture lue, se sourdit grande dissension entre elles à qui elle devoit appartenir, car chacune mettoit en avant sa grande beauté. Et tant s'augmenta la question, que le bruit et la rumeur en parvinrent jusques aux oreilles du roi Jupiter, lequel, parce qu'il est juste juge, droit[6] et souverain, fut établi, par commun consentement, arbitre arbitrateur et amiable compositeur d'entre elles pour en connaître et discuter jusques en définitive ; mais point n'en voulut accepter la charge, mais[7] s'en excusa, disant qu'il ne vouloit encourir la mauvaise[8] grâce de l'une partie ni de l'autre, car toutes étoient belles outre mesure et toutes de son sang. Et par ainsi lui sembla difficile d'en pouvoir discerner, tant étoient peu différentes[9] en beauté[10], mais leur conseilla qu'elles-mêmes se trouvassent d'accord, ou, autrement, élussent quelque juge subalterne d'aucun de ceux qui étoient en présence, et si, par appel, le jugement lui étoit dévolu, lors il confirmeroit ou infirmeroit la sentence, selon les mérites de la cause et selon ce qu'il trouveroit par son conseil. A laquelle chose ne se purent encore accorder les trois déesses, car en tous et chacun des assistants trouvèrent matière de suspicion[11]. Et, ce voyant, le beau Ganymède, Troyen, mignon du roi Jupi-

---

1. *Si.* — 2. *ratainte.* — 3. *hâstiveté.* — 4. poussées à la ramasser. — 5. *manutenence.* — 6. *droiturier.* — 7. *ains.* — 8. *male.* — 9. *indifférentes.* — 10. *formosité.* — 11. *suspection.*

ter, échanson des dieux, et l'un des douze signes du Zodiaque, froid et humide, surnommé Aquarius, s'aventura
de parler et dit en cette manière :

« Très hautes et très redoutées dames et déesses, puisque
votre plaisir n'est de se condescendre à l'élection d'aucun
des dieux immortels qui sont ici présents, il s'ensuit donc,
si de vous-même ne vous appointez en transaction pacifique — parlant toutefois sous votre grâce et correction —
que vous en réservez le jugement à aucun de ceux qui sont
mortels. Dont, si mieux (ne) trouvez, j'en sais un de mon
parentage — descendu toutefois de la lignée des dieux —
qui bien y satisfera, comme celui qui entre les vivants est
aujourd'hui le plus renommé de savoir mettre fin à semblables querelles. C'est le très beau Pâris Alexandre, fils
de mon neveu le roi Priam de Troie, nourri inconnuement
entre les pasteurs des montagnes Ida qui sont dédiées à la
très sacrée majesté du roi qui ci est. »

Au parler du noble Ganymède les trois déesses écou-
tant[1] et non concluant encore, Mercure, le dieu d'éloquence et d'invention, reprit la parole, disant ainsi :

« Certes, mes dames et mes déesses, la vérité est telle
comme l'enfant Ganymède l'a récitée — au moins selon la
voix commune et plus fameuse — car Pâris, de royal parentage, — toutefois sans royal appareil — met en parité pareille et accord pariforme maintes paires de pers et de parties, et n'est point accepteur[2] de personne, ni souteneur de
querelles iniques, mais droit rétributeur de récompenses[3].
Et que ceci soit véritable, moi-même puis faire foi de lui
avoir vu faire un tour de vrai juge juste, duquel la brève
récitation ne vous sera point fâcheuse ni désagréable. Il
advint d'aventure, n'a pas longtemps, que pour fournir
certaine ambassade — dont le roi mon père m'avoit donné
charge — je passois légèrement par-dessus les montagnes
Ida. Ainsi[4] j'aperçus au fond d'une grande vallée l'enfant
Pâris, appuyé sur sa houlette, qui regardoit ses brebis et

1. *prestans escout.* — 2. partial. — 3. *guerdons.* — 4. *Si.*

ses taureaux paissant selon la lisière[1] d'un bois. Et cependant survint d'aventure un taureau[2] étrange, de contenance fière et hardie, lequel, en mugissant d'une voix ténébreuse, vint assaillir de pleine course l'un des plus puissants taureaux qui fût entre tous ceux du gentil Pâris. Et tant le pressa, quelque défense que l'autre fît, que finalement fut contraint de se mettre en fuite, et demeura le camp et la victoire au taureau assaillant. Dont Pâris, non seulement non courroucé[3], mais très joyeux, blâma la lâcheté du sien et vanta[4] la force et l'entreprise[5] du vainqueur étranger. Et pour démontrer la rectitude de son jugement, cueillit incontinent fleurs de lys, roses et violettes odoriférantes, dont, après avoir tissu un grand floquart[6] et guirlande[7], il en orna les cornes du dit taureau victorieux et lui en fit une couronne pour témoignage de sa vertu. De laquelle œuvre ceux qui le virent louèrent beaucoup Pàris Alexandre et dirent que mieux étoit digne de régner que d'excercer pastourerie[8]. Par quoi, si ainsi est que vous, mes dames, vous soumettiez à sa judicature, il est à conjecturer que vous n'en pourrez avoir sinon bonne issue, et je m'offre vous y conduire. »

De ce conte rirent assez les dieux et les déesses, et mêmement les trois principales, lesquelles le trouvèrent bon, et toutes, d'un vouloir unanime, s'accordèrent de faire le pasteur Pàris Alexandre leur juge-arbitre[9] en cette matière, moyennant que le roi Jupiter y interposàt son décret; ce qu'il fit, d'assez mauvaise grâce[10] toutefois, car bien connut alors que cet ouvrage et pratique avoit été trafiqué par le moyen de Discorde, la maudite déesse; ainsi[11] se douta que ce ne fût une source de nouvelle contention entre les dieux et présage de dissension future. Toutefois, il ordonna que la pomme d'or fût séquestrée aux mains de son fils Mercure, leur guide et conducteur, jusques à la chose adjugée par nouveau juge champêtre.

1. *lorière.* — 2. *torel.* — 3. *coursé.* — 4. *extolla.* — 5. *emprise.* — — 6. voile flottant. — 7. *chapeau.* — 8. métier de pasteur. — 9. *arbitraire.* — 10. *assez envis.* — 11. *si.*

Alors la reine Junon commanda à la messagère Iris, de
trois couleurs, fille de Thaumas, qu'elle attelât promptement son chariot et ses paons à grandes queues peintes,
auxquelles sont les yeux d'Argus. Et Iris obéit par grande
attention, et leur mit au col les beaux colliers dorés au
moyen desquels ils portent en l'air leur maîtresse. Et
quand tout fut prêt, madame Junon se mit dedans le chariot avec sa fille Hébé, déesse de jeunesse, et ses quatorze
nymphes, et la belle Iris se mit devant pour gouverner les
freins des paons. Pareillement les trois Grâces, qui sont
demoiselles et suivantes[1] de Vénus, accoutrèrent celui de
leur maîtresse, lequel est mené par six cygnes et douze
colombes[2] plus blancs que neige. Et la belle déesse monta
dessus, avec sa nièce Volupté, fille de son fils, Cupidon et
de la belle Psyché. Son fils aussi, le beau Cupidon, dieu
d'amours, se mit sur le timon avec son dard et ses ailettes,
et se montroit curieux[3] à faire service à la déesse, sa mère,
en régentant joyeusement les cygnes et les colombes[4]
de son chariot. Mais Pallas, la prudente déesse, qui
n'avoit cure de char ni de chariot — encore qu'elle en eût
jadis trouvé l'usage — appela ses pucelles et par elles se
fit armer, sur ses précieuses robes, de ses armes accoutu-
mées ; et se fit mettre aux pieds ses riches talonnières féées
à pinnettes[5] crêtées et à belles plumettes, et à ses bras fit
adapter ses nobles ailes, richement empennées, qui par
tout le monde la portent.

Quand donc toutes les trois déesses furent prêtes et pré-
parées[6], chacune s'éleva de terre, et se mirent en la voie[7],
parmi l'air spacieux et clair, suivant le noble dieu Mercure qui les précédoit et tranchoit devant elles la région
azurée plus vite que nul aigle royal ne fait quand il voit
sa proie. Le roi Jupiter et tous les autres dieux et déesses
les convoyèrent des yeux tant qu'ils les purent choisir[8] ; et
quand ils les eurent perdus de vue, divers propos s'éle-

---

1. *pedissèques.* — 2. *coulons.* — 3. soigneux. — 4. *coulons.* —
5. petites pommes. — 6. *attintées.* — 7. en chemin. — 8. aper-
cevoir.

vèrent entre eux, à savoir, certainement[1], laquelle des trois
gagneroit, car les uns et les autres étoient diversement af-
fectionnés; et ne fut plus mention de faire si bonne chère
qu'auparavant[2] depuis que Discorde y avoit mis la main.

Et, cependant, les dites trois déesses et leur guide et
séquelle gagnoient pays, tellement qu'en peu de temps[3]
elles eurent passé les confins de Thessalie, de Macédoine
et de Thrace, et parvinrent sur la mer hellespontiaque[4],
en laquelle elles voyoient les îles de Ténédos, Mettelin,
Nègrepont, Rhodes, Candie, et plusieurs autres Cyclades,
tant qu'ils furent à l'endroit de la région de Troade, et
laissèrent la grande cité d'Ilion à gauche. Lors Mercure,
prochain des nues, jetant les yeux en bas, choisit[5] de
prime face le beau pasteur Pàris Alexandre au fond de la
vallée de Mésaulon, adossé contre un grand rocher creux
et concave, bien tapissé par dedans d'herbes et de mousse,
et par dehors bien revêtu de divers arbrisseaux, et, tout
alentour du berger, ses chèvres broutant les branchettes
des arbres, ses brebisettes et ses taureaux paissant l'herbe
menue épaisse et drue, et, auprès de lui, les gardes de son
troupeau[6], c'est à savoir ses bons chiens mâtins.

Ansi[7] s'étoit Pàris naguère déjeuné d'un peu de pain
avec des dattes et des franches mûres qu'il avoit cueillies
sous les arbres prochains, et séoit oiseux, à la fraîcheur
du roc, duquel sourdoit la belle fontaine nommée Créusa.
Et après qu'il eût assez joué de ses musettes[8] et flageolets[9],
il touchoit une chanson de sa harpe mélodieuse, pensant
bien attentivement à la grandeur[10] de la maison paternelle
en laquelle la nymphe Pégasis Ænone l'avoit promis de
remettre.

Mais, pour éviter le scrupule d'aucuns qui pourroient
dire qu'il n'est pas vraisemblable que Pâris sût jouer de
la lyre ou viole, nous rappelerons[11] ici, par manière d'incident, qu'il leur doit souvenir que le roi David, encore

1. *asavoir mon.* — 2. *que paravant.* — 3. *d'heure.* — 4. *Hellesponte.* — 5. aperçut. — 6. *troupel.* — 7. *Si.* — 8. *muses.* — 9. *flageolz.*
— 10. *grandesse.* — 11. *ramenterons.*

exerçant état de bergerie, manioit très bien le dit instrument. Et, qui plus est, Homère, en son Iliade, introduit Hector reprochant à son frère Pâris l'usage de sa harpe[1]. Par quoi il suffit qu'il appère que non feintement nous lui avons attribué la science du jeu de la harpe. Qu'il sût aussi jouer des flûtes et musettes pastorales et qu'il gardât les bœufs à la pâture, nous appelerons pour témoin Euripide, en sa tragédie nommée Iphigénie[2]. Mais retournons à notre propos.

Ainsi marchoit la pompe des trois déesses parmi l'air clair et serein, semblable à un vol de grues qui observent leur ordre. Mais, incontinent que le héraut des dieux eût aperçu le berger qui s'ombrageoit[3] dedans la roche creuse, il le montra aux nobles déesses, lesquelles eurent grand plaisir de le voir en telle contenance. Puis Mercure se jeta en terre plus impétueusement que ne fait la foudre dardée de la forte main de Jupiter, et se planta tout court devant Pâris, lequel fut bien étonné de telle soudaine vision. Lors le dieu d'éloquence parla ainsi :

« Gentil Alexandre, le plus heureux des humains, laisse le profond[4] pensement où tu es d'être rétabli au palais du roi Priam, ton père, car les dieux s'en soucient assez pour toi. Et sache que le grand Jupiter te salue et, de par moi, te mande que, pour le bon rapport de ta renommée, tu es élu à trancher[5] ce à quoi lui-même n'a osé toucher : c'est à faire le jugement de la beauté nompareille de ces trois excellentes et divines princesses, lesquelles tu verras tantôt s'adresser vers toi, car entre elles s'est mue question sur cette matière. Or, t'en acquitte en façon que rapporter en puisses honneur et grâce perpétuelle de tout le noble consistoire des dieux et des déesses. »

Tandis que le dieu Mercure informoit Pâris Alexandre de son affaire, Pallas avoit déjà pris terre ; Vénus aussi et Junon étoient descendues de leurs chars[6] triomphants, ou

---

1. Voir *Iliade,* chap. III.
2. Voir *Iphigénie à Aulis.*
3. *se ombroyoit.* — 4. *parfond.* — 5. *déffinir.* — 6. *curres.*

chariots, et marchoient de leurs divins pieds sur l'herbette jolie, et se dirigeoient[1] vers le jouvenceau Pâris. Et lui, ce voyant, étoit tout transporté et tout ravi en contemplation comme un homme qui songe, et ne savoit sa contenance.

Néanmoins il s'avança et, de tout le corps prosterné en terre, les adora dévotement; mais elles le firent lever. Et quand elles l'eurent vu si beau et de si bonne et royale physionomie, prisèrent beaucoup son être, et prirent confiance[2] de leur affaire[3]. Et, parce que de force d'ébahissement il étoit devenu muet et ne savoit prononcer une seule parole — car ce n'est pas peu de chose d'être surpris de la présence de tels personnages — le dieu Mercure lui bailla audace et l'admonesta de ne s'ébahir en rien. Puis les trois déesses s'assirent d'un rang sur le tronc d'un grand chêne abattu, et firent asseoir devant elles, sur un siège de la vive roche même, leur juge pastoral, lequel, selon la mode des juges antiques, avoit les jambes croisées l'une sur l'autre, et, pour sa contenance, s'appuyoit sur sa harpe. Alors, après certain gracieux débat[4] mû entre elles, parce que toutes faisoient honneur l'une à l'autre et n'en y avoit nulle qui voulût parler la première, finalement madame Junon se condescendit à entamer le propos; ainsi[5] se prépara pour faire la harangue primitive[6].

Mais, avant, je veux un peu décrire les riches habillements dont elle étoit parée.

VI[7].

La haute déesse Junon, ayant sa fille Hébé, princesse de jeunesse, auprès d'elle, et ses nymphes derrière qui lui portoient la queue, s'appuyoit délicatement sur l'épaule de l'une d'icelles et étoit ornée de merveilleux trésors ines-

1. *tiroient.* — 2. *fiance.* — 3. *besogne.* — 4. *estrif.* — 5. *si.* — 6. *première.*
7. Chapitre XXXI.

timables. Car, en son chef orné[1] d'un très riche atour
déifique, elle avoit sa couronne de si grande excellence
qu'il est impossible de la spécifier; son précieux collier
étoit garni de mille espèces de pierreries; tant de boulettes[2]
pendantes à chaînes d'or, tant de carcans, tant d'affiquets,
tant de bracelets, tant de bagues aux doigts, que c'est une
chose infinie, et, toutes, faites en chef-d'œuvre, par les
mains de Mulciber, le forgeron[3] des dieux. Sa robe étoit
de pourpre sanguine, battue en or et garnie par grande
prodigalité de grosses perles orientales. Et son manteau
de couleur azurine, tout ourlé de bordure à l'aiguille et fi-
guré[4] de divers oiselets volant en l'air, bien représentés[5]
au vif, et de nues distillant pluies et grêles qui s'agglo-
mèrent[6] en l'air, dont Junon est maîtresse. Sa ceinture
étoit tissue de fin or étiré[7], étoffée de gros clous et bouil-
lons d'or émaillé, et enrichie de plusieurs escarboucles, topazes, chrysolithes, diamants, rubis balais, saphirs, émeraudes et autres pierres précieuses. En sa main tenoit un
sceptre fait d'un bois nommé aloès qui vient du paradis
terrestre, tout bandé de lames d'or, et bien entaillé, lequel
démontre sa puissance royale[8] sur tous les humains. Bref,
tout son accoutrement étoit riche et pompeux outre mesure pour dénoter qu'elle est déesse de toute richesse et
opulence. Son port étoit humain et son maintien magni-
fique, qui bien montroit sa princesse. Les paons étoient
attribués à son service, parce que la puissance des nobles
recherche[9] toujours ornements exquis pour convertir[10] le
regard du populaire à elle, et aussi parce que ce sont oiseaux royaux, orgueilleux, hautains et de grande clamo-
sité[11]. Et le chariot ou char[12] lui étoit assigné en signification[13] de la volubilité de la fortune. Iris aussi — c'est-à-
dire l'arc-en-ciel — étoit ordonnée pour sa suivante[14] et
messagère, à démontrer que, comme la dite Iris est peinte

---

1. *achesmé.* — 2. *bullettes.* — 3. *fevre.* — 4. portant des dessins.
— 5. *pourtraits.* — 6. *se congrègent.* — 7. *traict.* — 8. *régale.* —
9. *quiert.* — 10. attirer. — 11. faisant grand bruit. — 12. *curre.* —
13. *signifiance.* — 14. *pedisseque.*

et enrichie de diverses couleurs et, en un moment, s'évanouit, ainsi la fortune mondaine, encore[1] qu'elle soit ornée pour un temps de grande splendeur[2] et spéciosité, néanmoins elle est légèrement fugitive et tôt anihilée.

Hébé, sa fille, déesse de jeunesse, l'accompagnoit, en signification[3] que les hauts princes et princesses ont en leurs cours la fleur de toute gentille jeunesse; et quatorze nymphes la suivoient pour dénoter le grand train des nobles damoiselles qui sont en leur famille...

... La noble vierge Pallas, déesse de prudence et de force[4], étoit habillée de trois riches vêtements de diverses couleurs, tels qu'elle-même avoit teints et tissus de ses propres mains sacrées, car elle fut la première qui trouva l'usage de l'aiguille et du tissage[5]. En icelles trois robes, étoient peints et subtilement tirés[6] d'ouvrage de broderie les sept arts libéraux et les sept vertus, tant morales que cardinales, et plusieurs autres images de force belliqueuse[7] et humaine prudence. La triplicité d'iceux trois accoutrements, étranges et entrechangeant leurs couleurs inusitées, dénotoit que sapience est fort celée et couverte aux ignorants et que peu de gens peuvent discerner sa variété merveilleuse et sa beauté intérieure. Elle étoit, outre plus, armée, parce qu'elle trouva premièrement[8] l'ordre des batailles, et pour désigner que prudence est toujours bien garnie de défense contre les malveillants. La première pièce de son harnois étoit une riche salade, crêtée[9] et découpée richement, timbrée d'une chouette et couronnée d'une branche d'olive, en signification[10] que l'entendement d'une sage personne doit être noblement muni et orné de plusieurs et diverses choses. Et en sa cuirasse, que les poètes appellent égide — qui est l'armure[11] des corps célestes seulement — étoit imprimée l'horrible tête Gorgone, pour donner crainte et frayeur à ses ennemis. Elle avoit un écu cristallin[12] qui est ferme, clair et transparent, en si-

1. *combien.* — 2. *resplendeur.* — 3. *signifiance.* — 4. *fortitude.* — 5. *de lanifice.* — 6. représentés. — 7. *bellique.* — 8. la première. — 9. *lambrequinée.* — 10. *signifiance.* — 11. *armature.* — 12. de cristal.

gnification[1] que le prudent homme peut faire deux choses ensemble, c'est à savoir, se défendre et regarder aussi par quel moyen il pourra mieux accabler[2] son adversaire en l'assaillant. Elle portoit, outre plus, une lance bannerée[3] et armoyée, dont le bois étoit de grande longueur, pour dénoter que la parole d'une sage personne frappe[4] de loin. Elle avoit ailes emplumées aux bras et aux talons, en signe que prudence est diligente à toute œuvre vertueuse, tant en allant comme en exploitant[5]. Sa vue étoit fière et regardant de travers, parce qu'on ne connoît jamais l'intention d'une personne prudente à son visage[6]. Ses pucelles et compagnes étoient parées d'habits correspondants à leur maîtresse et se nommoient Crainte, Terrification, Diligence et Sagacité, qui sont toutes choses appartenant aux sages princes, lesquels, par leur prudence, sont craints des rebelles, causent terreur à leurs ennemis et sont diligents, sages et industrieux en tous leurs négoces et de leurs sujets[7]. L'olive est consacrée à la dite Pallas, à cause que paix est entendue par l'olive, obtenue[8] par armes, et la chouette est mise en sa tutelle, parce que l'homme prudent voit aussi clair de nuit que de jour en la difficulté de ses affaires...

La très belle déesse Vénus avoit ses précieux habillements tissus de la main de ses nymphes, appelées Grâces ou Charites. Sa cotte intérieure étoit d'un vert gai comme l'herbette du temps vernal; la houppelande de dessus étoit de couleur jaune et dorée, brochée à étincelles d'argent entrechangée[9] d'une fleur céleste par si agréable représentation que ce sembloit une nuée vespérale[10], enflammée[11] de la splendeur[12] du soleil occidental. Et étoient tous ses ornements de si délicate[13] filure que quand le doux vent Subsolanus[14] ventillant[15] pressoit iceux habits contre ses

---

1. *signifiance*. — 2. *grever*. — 3. portant bannière. — 4. *fiert*. — 5. travaillant. — 6. *sa chere*. — 7. en toutes leurs affaires et celles de leurs sujets. — 8. *quise*. — 9. mêlée. — 10. *vespertine*. — 11. *enflambée*. — 12. *resplendeur*. — 13. *deliée*. — 14. le vent d'est. — 15. passant en soufflant.

précieux membres, il faisoit foi entière de la rotondité
d'iceux et de la solidité de sa noble corpulence. Et étoient
aussi les bords et les orfrois d'iceux subtilement ouvrés de
diverses espèces d'animaux de l'un et l'autre sexe et de petits enfants tout nus, élevés bien vivement. Tout au long
de la fente de sa robe, depuis le haut jusques au bas, y
avoit tout fleuri de camaïeux, agates, onix, cornéoles,
hyacynthes, améthystes, pierres d'azur, corail et autres
gemmes, gravées et entaillées de diverses histoires amoureuses par le noble imagier Pygmalion de Chypre. Sa précieuse ceinture dont elle étoit ceinte s'appelle ceston par
les nobles poètes, et la lui donna et forgea jadis dame
Nature même, afin que la trop vagabonde lasciveté de Vénus fût contenue[1] et restreinte par propre vergogne, et
aussi par l'autorité des lois conjugales. Et en icelle avoit
divinement émaillé la dite déesse Nature les figures
d'amitié, désir, faconde, blandices, plusieurs signes
d'amours et secrètes collocutions. Laquelle ceinture icelle
déesse Vénus ne porte jamais sinon aux noces chastes,
honnêtes et légitimes. Et, à cette cause, toute autre con-
vention qui se fait de femme à homme est appelée inceste
quand Vénus n'y a point sa ceinture ceston. En son beau
front, elle avoit une riche escarboucle, liée d'un petit ru-
ban de soie noire, taillé à manière d'étoile, qui rendoit
grande splendeur de nuit pour dénoter la belle reluisance[2]
de sa planète. Ses blonds cheveux épais étoient richement
tressés à petits lacs d'or étiré[3] à manière de rets, distin-
gués[4] de fines perles, saphirs, topazes et fines émeraudes,
à grandes houppes de soie purpurine pendantes derrière le dos. Et par-dessus le tout, un petit chapelet[5] d'un
arbrisseau toujours verdoyant, lequel est nommé myrte,
et est consacré à la dite déesse. Aussi tenoit-elle en sa
main un bouquet[6] de roses blanches et vermeilles rendant
suave odeur, lesquelles lui sont dédiées, tant pour leur
beauté singulière comme parce qu'elles poignent en cueil-

---

1. *cohibée.* — 2. *relucence.* — 3. *trait.* — 4. séparés. — 5. une
petite couronne. — 6. *houppeau.*

lant. Son fils Cupidon, avec[1] son arc d'ivoire et ses sagettes dorées, et Volupté, sa fille, étoient avec elle, car jamais Vénus n'est sans amours et sans plaisance. Et derrière elle, à sa queue, étoient ses trois Grâces, appelées Charites, toutes nues, c'est à savoir Pasithée, Egyole et Euphrosyne, la première attrayant, la seconde entretenant et la troisième retenant fermement les amants en amours; et sont filles de Jupiter et de la nymphe Antonoé, ou, selon aucuns, de Vénus même. Elles étoient ainsi nues, pour dénoter qu'en captant la grâce et bienveillance[2] d'aucune personne on ne doit point être feint ni couvert. Après les Grâces, pouvoit-on voir conséquemment les deux femmes de chambre et suivantes[3] de Vénus, dont l'une se nommoit Accoutumence et l'autre Tristesse, comme met Apulée (*De Asino aureo*). Le curre, ou charriot, de la déesse étoit auprès d'elle pour désigner le cours et la vélocité de sa sphère et planète, et les cygnes étoient dédiés à son service en signification[4] de la blancheur et netteté des dames, et aussi parce que c'est un oiseau doucement chantant, et les colombes[5] aussi étoient sous sa tutelle et sauvegarde parce qu'elles sont luxurieuses et fécondes à procréer leurs pigeons.....

VII[6].

Quand le noble adolescent Pâris Alexandre eut regardé aucun espace de temps la pomme d'or enrichie de sa tige et des feuillettes de même, et lu l'écriture qui étoit à l'environ, il dressa[7] sa parole au dieu Mercure, disant ainsi :

« Très saint et très éloquent dieu, qui seroit aujourd'hui la créature vivant sur terre, tant douée de profonde[8] doctrine ou de perspicacité d'entendement, qui ne refusât une charge si pesante et si dangereuse que celle[9]-ci, vu que les

---

1. *à tout.* — 2. *bénivolence.* — 3. *pedisseques.* — 4. *signifiance.* —
5. *coulons.*
6. Chapitre XXXIII.
7. adressa. — 8. *parfonde.* — 9. *ceste.*

dieux mêmes ne l'ont voulu démêler, voyant que sans acquérir la mauvaise[1] grâce des dieux ne se peut adjuger la
chose contentieuse à la troisième[2] ? Donc, si je suis si téméraire que de la croire[3] mettre à fin, ce n'est pas merveille
si la crainte[4] que j'ai de méprendre me fait très suer d'angoisse et de lourde[5] détresse, en m'ébahissant comme le
plaisir de mes très hautes et très redoutées déesses s'est
condescendu à vouloir accepter le jugement de si basse
personne comme moi, qui ne suis qu'un simple bergeret,
le moindre des hommes mortels, encore tout obombré de
juvénile ignorance, peu usité en telles affaires, et qui à peine
s'ose aventurer de s'entremettre de menus débats de ses
compagnons, pareils et égaux. Ainsi[6] ne sais conjecturer
autre chose, sinon que par confidence d'un trop ample
rapport qui fait leur a été de ma petitesse, elles se sont
accordées à mettre en hasard la comparaison[7] de leurs
divines sources et spéciosités. Voyant donc n'y pouvoir
alléguer résistance, mais[8] faut que je fléchisse sous le joug
du leur et du tien très sacré et très redouté[9] commande-
ment, je délibère de m'en acquitter rapidement[10] sans ac-
ception de personnes et sans que les choses promises me
meuvent en rien. Ainsi[11] te supplie humblement[12] m'y vouloir prêter confort et aide pour mener à chef[13] cette présente affaire à mon honneur et profit[14]. Car, en tant qu'il
me touche, je ne vois moyen aucun d'y pouvoir sauver ma
bonne volonté[15] envers chacune partie, ni aussi d'y savoir
rien discerner, au moins à la pure vérité, tandis que leurs
benoites[16] corpulences seront couvertes et voilées de ces
précieux ornements. »

Alors[17] Mercure va dire :

« Contrairement, mes très honnêtes dames, sa raison
est légitimement[18] bonne et bien fondée, car, si la pierre
précieuse étant exposée en estimation de sa propre bonté

---

1. *male.* — 2. *tierce.* — 3. *cuider.* — 4. *doute.* — 5. *grieve.* —
6. *Si.* — 7. *comparation.* — 8. *ains.* — 9. *cremu.* — 10. *en brief.*
— 11. *Si.* — 12. *en humblesse.* — 13. *au bout.* — 14. *preu.* — 15. *benivolence.* — 16. bénies. — 17. *Adonc.* — 18. *droiturierement.*

et valeur[1] n'est vue à découvert sans ombrage et sans feuille, il n'est au monde si bon lapidaire ni si sage connaisseur qui sût au vrai juger de sa nobilité. Vos précieux habillements pourroient décevoir son œil, car ils occupent[2] la perfection de votre belle facture et mussent l'intégrité de vos perfections. Si votre différent gisoit, sans plus, en l'estimation de la splendeur[3] des bagues et joyaux dont vous vous parez ou en la louange des façons de vos riches habits et parures[4], armes, joyaux et autres accoutrements, je dirois que ne prissiez pas la peine de mettre bas[5] vos nobles vêtements; mais non, mais[6] tend à plus haute chose; c'est à savoir en la comparaison[7] de la beauté[8] de vos propres divines corpulences et en discerner prudemment[9] le choix et l'équivalence[10] de vos membres illustres. »

Les autres, non répondant mot, comme surprises de honte et vouloir de non faire, Vénus, la plus hardie, va dire en cette manière :

« Quelle timidité vous est survenue maintenant, ô mes dames et déesses? Ici ne vois-je point occasion de refus. Car, puisque si avant les choses sont allées, il n'est point temps de reculer; mais[11] vous vais montrer le chemin, moi-même, pour la première! »

En ce disant, elle commence à desceindre sa noble ceinture, nommée ceston, que dame Nature lui forgea jadis, pour la restreindre de sa trop grande licence et volonté[12], et la bailla à garder à ses nobles Grâces et demoiselles. Alors[13] Junon, ce voyant, dit ainsi :

« Certes, dame Vénus, de fuir n'avions-nous nulle envie pour crainte de rebut[14], mais j'imagine qu'il est malséant à déesses immortelles et chastes, principalement[15] à Pallas la pucelle et à moi, qui suis femme de roi et d'empereur, de se montrer nues à aucun homme mortel, en-

1. *value.* — 2. tiennent, emprisonnent. — 3. *resplendeur.* — 4. *achesmes.* — 5. *jus.* — 6. *ains.* — 7. *l'équiparation.* — 8. *formosité.* — 9. *prudentement.* — 10. *l'équipolence.* — 11. *ainçois.* — 12. *volontaireté.* — 13. *Adonc.* — 14. *reboutement.* — 15. *mesmement.*

core[1] que peu d'estime tu me fasses comme toute coutumière de diverses compagnies viriles. Mais, toutefois, puisque c'est un faire le faut, nous ne serons point des dernières ? »

Alors toutes, d'un commun accord, elles se retirèrent sous divers ombrages, en lieu de garde-robes, et se firent déshabiller une chacune à part, par leurs nymphes et demoiselles. Ainsi[2] mirent bas[3] leurs riches habillements, tissus de main ouvrière, et Pallas ses nobles armes. Et quand elles eurent enlevé[4] coiffes, guimpes, atours, couronne, chapeau, salade et autres accoutrements de tête, mis bas[5] fermaillets, chaînes, anneaux, boulettes[6], carcans, ceintures et tissus, et dévêtu robes, cottes, manteau, cuirasse et tous habits, sentants[7] de diverses odeurs exquises, semblables à baume naturel mêlé avec toutes les fleurs de violettes qu'on sauroit excogiter, jusques aux galoches dorées et diaprées d'ouvrage supernaturel, lesquelles elles retinrent en leurs pieds de peur que l'herbette poignante n'offensât leurs plantes tendres et doucettes, lors, elles se présentèrent toutes trois sur le beau bout, telles que l'aube du jour blanche et claire, colorée de splendeur vermeille, se montre à l'œil du pèlerin qui beaucoup l'a désirée.

A ce divin spectacle, le clair soleil, faisant son cours naturel parmi son cercle, s'arrêta tout court, pour avoir plus longue jouissance[8] de leur regard[9]. Le noble fleuve Xanthe leva hors de ses ondes son beau chef verdissant de joncs et de roseaux. Les nymphes des fontaines, revêtues de mousse et cresson, jetèrent leurs tresses mouillées hors du profond[10] de leurs sources. Les Dryades gentilles, parmi les crevasses des écorces de leurs arbres florissants, mirent hors leurs belles faces. Les chèvres et brebisettes du berger Pàris en laissèrent le pâturer, et ses chiens se tinrent tous cois sans bouger, et les taureaux en levèrent leurs têtes. Les oiseaux de dessus les branches allongèrent leurs cols pour mieux choisir[11]. Les daims et les chamois,

---

1. *combien.* — 2. *Si.* — 3. *jus.* — 4. *deffublé* (décoiffé). — 5. *jus.* — 6. *bulettes.* — 7. *flairants.* — 8. *fruition.* — 9. vue. — 10. *parfond.* — 11. regarder.

reposant en l'ombre des pins de la montagne, dressèrent leurs cornes. Les demi-dieux agrestes, sans s'oser approcher, épioient du haut des rochers. Les vents retirèrent leurs haleines et n'osoient à peine soupirer de peur de les gêner[1]. Les feuillettes épaisses et drues qui faisoient ombrage aux déesses ne se remuoient tant soit peu, afin de ne faire bruit. Les ruisselets argentins, courant[2] au long des herbages, continrent leurs douces noises, et, bref, toute chose terrestre fit silence et se tint en grande paix et admiration pendant l'ostentation des corps divins, lesquels avoient déjà tout embaumé l'air circonvoisin de leur odorante[3] senteur[4] divine et ambroisienne.

Alors[5] le pasteur Alexandre, ravi en extase, ébloui de si irradiante lumière, offusqué de la clarté procédant des corps célestes, projetoit[6] ses beaux yeux assez faibles du long et du large de leurs venustes corpulences, et regardoit[7] tout ce qui faisoit à noter en leurs formes, par grande sagacité.

La reine Junon, pleine de gravité matronale et honnêteté pudique, d'entre tous ses accoutrements ne réserva rien, fors qu'elle avoit[8] pris un fin couvre-chef de crêpe, long et large et bien délicat[9], tout ourlé de franges de fil d'or et de soie, dont l'une de ses nymphes étoit coiffée[10], et l'avoit[11] mis sur son épaule senestre, pendant en écharpe et noué sur le côté dextre. Dont, parce que les bouts voletants en l'air par leur légèreté s'élevoient aucunes fois contre son gré au mouvement de sa marche, elle tenoit l'une des mains sur son sein[12] et l'autre plus bas. D'autre côté Pallas, la prudente pucelle, pleine de vergogne[13] virginale, ne voulut point mettre bas[14] sa riche chemise, tissue, froncée et ouvrée de sa très industrieuse main et brodée d'or effilé[15] et de semences de perles[16] selon[17] les lisières. La raison pourquoi elle ne la dépouilla fut parce qu'elle étoit d'une soie bysine[18], blanche comme lys, si claire et si sub-

---

1. *grever.* — 2. *décourant.* — 3. *flairante.* — 4. *redolence.* — 5. *Adonc.* — 6. *pourjettoit.* — 7. *remiroit.* — 8. *eust.* — 9. *delie.* — 10. *toquée.* — 11. *eust.* — 12. *pis.* — 13. *verecunde.* — 14. *jus.* — 15. *traict.* — 16. toutes petites perles. — 17. le long. — 18. de byssus, espèce de soie.

tile qu'on pouvoit bien choisir[1] parmi sa transparence
toute l'intégrité de sa belle facture.

Mais Vénus, la très mondaine déesse, non tant pour se
montrer honteuse et modeste comme pour donner par
quelque gracieux artifice augmentation à sa spéciosité
naturelle, avoit fait tisser en un moment par ses trois
Grâces et sa nièce Volupté un grand floquart[2] de roses
blanches et vermeilles, bien garni de joncs palustres par
dedans afin que les branchettes épineuses ne violassent sa
chair tendrette; et le s'étoit fait mettre et adapter en sorte
qu'il environnoit ses larges reins et reposoit sur ses grosses
hanches, donnant gracieuse obombration à son noble sexe.
Et, certes, ce simple ornement faisoit obtenir à la déesse une
grâce singulière et une faveur spéciale[3], car les roses vé-
nériennes, assorties de joyeuse mesure, avoient été cueillies et triées sur le rivage du fleuve Scamandre par les
propres mains de son fils Cupidon, dieu d'amours. Ainsi[4]
advint qu'au moyen de sa contenance libérale, de sa présentation moins difficile, de sa propre gaîté et face[5] plus
ouverte, elle contraignit l'adolescent Pâris, jeune d'ans
et de sens, à séjourner[6] son regard sur elle plus que sur
les autres.

Vénus, donc, s'étoit plantée sur le pied droit et avançoit
le gauche, la main dextre pliée sur la hanche et l'autre
étendue au long de la cuisse senestre. Or, nota Pâris tout
à loisir, la splendeur[7] de ses tresses dorées, longues et
épaisses, dont les flocons épars sans ordre, çà et là, don-
noient merveilleuse décoration au chef[8] et aux épaules
éburnines; considéra l'amplitude et spaciosité de son clair
front bien arrondi, l'arqûre de ses sourcils noirs, la splendeur admirable et l'attrait amoureux et pénétratif de ses
yeux vairs, la forme de son nez joli[9], la fraîche couleur et
le beau teint de sa face, la rondeur de ses joues purpurines, la petitesse de la bouche riante, avec l'élévation de

---

1. distinguer. — 2. voile flottant. — 3. *espéciale*. — 4. *Si.* — 5. *chere.*
— 6. reposer. — 7. *resplendeur.* — 8. front. — 9. *traitiz.*

ses lèvres coralines et bien jointes[1], qui d'elles-mêmes sembloient semondre[2] un baiser, et aussi la grâce de son fosselu[3] menton et la blancheur délicieuse de son gosier cristallin. Puis, après, le jeune berger, par grande attention, se prit à regarder[4] la gente tournure[5] des deux mamelles de la déesse et le grand intervalle qui étoit entre elles, la jolie[6] gracilité des fauts[7] de son corps, la solidité de ses bras massifs et la spéciosité de ses mains délicates, la polissure unie de son ventre marmoréen[8], la grosse tournure de ses blanches cuisses, la plaine charnure de ses mols genoux, l'évidure[9] élégante de ses belles jambes, la façon mignotte de ses petits pieds et la perfection totale du demeurant de sa noble facture et corpulence, qui tant lui plut que mieux valut que jamais ne l'eût vue! Car il n'eut pas le sens de la réduire en comparaison à l'extrême beauté[10] et souveraine excellence spirituelle des deux autres déesses, mais[11] s'arrêta du tout à contempler la beauté corporelle de Vénus.

Alors Junon et Pallas commencèrent à avoir peur de leur cause perdue et craindre la stolidité de leur juge indiscret, là où Vénus, au contraire, montroit semblant très assuré par ses gestes pleins de lasciveté féminine. Toutefois, elles se continrent[12] un peu, attendant douteusement[13] l'opinion du berger, duquel les yeux étincelants et les prunelles errantes et vagabondes à l'entour de l'image vénérienne[14] dénotoient un peu son appétit sensuel être chatouillé[15] d'un désir non chaste et tout enflammé[16] de luxure excessive.

Il[17] prononça finalement l'arrêt et la sentence de son jugement, et d'une voix tremblante[18] et éteinte[19] et pleine de crainte, ayant le visage honteux, dit en cette manière :

« Très hautes et très puissantes déesses, puisque ainsi

---

1. *jointisses.* — 2. appeler. — 3. *à fossettes.* — 4. *remirer.* — 5. *trossure.* — 6. *faitisse.* — 7. la taille, le défaut des côtes (?). — 8. *marbrin.* — 9. *la vuidure.* — 10. *formosité.* — 11. *ainçois.* — 12. *souffrirent.* — 13. inquiètement. — 14. *vénérique.* — 15. *cateillé.* — 16. *enflambé.* — 17. *Si.* — 18. *tremulante.* — 19. *casse.*

est qu'il a plu à vos majestés souveraines de soumettre le
choix de vos formes non pareilles à la loi de mon simple
jugement, j'en dirai maintenant[1], selon la rudesse et petitesse de mon esprit[2], ce que j'en trouve, par la nudité de
vos beautés découvertes : c'est que, après mûre délibération, bien débattue et consultée entre mes yeux et ma pensée, lesquels n'ont sinon droit, raison et vérité devant leur
imagination, sans faveur, fraude ou corruption quel-
conques, je dis et prononce par sentence définitive que,
encore[3] que toutes soyez remplies de beauté[4] souveraine
et splendeur[5] émerveillable comme très illustres[6] princesses déifiques que vous êtes, néanmoins, ainsi qu'il me
semble — sous la bénigne grâce et supportation de vos
Hautesses — madame Vénus surpasse, en ligne[7] et droitesse
de corsage vous autres deux, mes très redoutées dames et
déesses. Pourquoi la pomme d'or, selon l'inscription qui
est en elle entaillée, lui doit être délivrée paisiblement.
Ainsi[8] vous supplie prendre en gré ce que ma rude sen-
sualité en a su dicter, et, au surplus, me pardonner si à
toutes n'ai pu complaire. »

Dès que Pâris eut fini la prononciation de sa sentence,
Mercure délivra promptement la pomme litigieuse aux
mains de la déesse Vénus, sa sœur, laquelle la reçut à
grande joie et exultation. Mais Junon et Pallas, qui se
furent déjà fait revêtir en grande hâte, ne pouvoient couvrir ou dissimuler le semblant[9] de leur douleur, car il
n'est point de plus pénible[10] dédain à une noble femme
que de se voir vaincue et surmontée en question de beauté
corporelle. Toutefois, la pucelle Pallas supportoit assez
modestement la passion de son cœur et digéroit tacitur-
nement, à part elle, sa lourde[11] indignation. Mais Junon
saturnienne, embrasée de grande ire et impatience, ne se
put onques abstenir de dégorger la fumée de son dépit;
mais[12] d'un visage pâlissant et d'uns yeux allumés par grande
fureur, d'une voix aigre, sonore[13] et abrupte, et d'une orai-

---

1. *ores.* — 2. *engin.* — 3. *combien.* — 4. *formosité.* — 5. *resplendeur.* — 6. *inclytes.* — 7. *linéature.* — 8. *Si.* — 9. la vue, l'apparence. — 10. *grief.* — 11. *grieve.* — 12. *ainçois.* — 13. *sonoreuse.*

son satirique et pleine de mordacité, incrépa son juge Pâris en cette manière :

« O homme brutal, bête transformée, créature destinée à toute infélicité, idole fantastique qui sembles ce que tu n'es pas, vaisseau corrompu de lubricité vilaine et sac à fiente[1] et pourriture, mal est employée beauté corporelle en si lâche courage[2], mal sont assignés les biens de Dieu et de Nature en chose si dénaturée! N'as-tu eu honte de préférer la vie voluptueuse et inutile à la vie active et contemplative? N'as-tu eu vergogne de postposer l'éternelle[3] à la transitoire? De laisser le grain pour la paille, la sève pour l'écorce, le fruit pour les feuilles et le gain pour la perte? De mépriser la vraie vivacité des images célestes pour le fard coloré et teint sophistique d'une statue plate et vide? Et, finalement, de changer les trésors du souverain sommet[4] et l'amas de douceur scientifique aux fanges de toute basse souillure et au mépris de toute infamie[5]? Juge ridicule et sylvestre, plus léger que n'est la plume au vent, prodigue de ton honneur, courage[6] de courtisane[7], corrompu par une légère promesse[8], tout vermoulu d'inconstance, malsainement délibérant, aveugle choisisseur, as-tu osé vomir de ton puant estomac sentence si dégoûtante[9], si unique et si sanguinolente qui te coûtera la vie, et de cent mille meilleurs que toi? Et crois[10]-tu demeurer impuni? Crains-tu point ma puissance immense[11] quand elle est adonnée à vindication? Ignores-tu comment je punis jadis ta folle tante Antigone, fille de Laomédon et sœur de ton père Priam? Sais-tu point que le malheureux visage dont elle se glorifioit, en osant sa beauté présomptueuse[12] comparer à la mienne, lui fut par moi transformé en un bec de cigogne duquel, jusques à maintenant, elle pêche et pêchera toujours les crapeaux et les grenouilles[13] parmi les marécages pour son vivre et sustentation? Je connois maintenant[14] que ceux de ta maison ne sont nés

1. *fiens.* — 2. *cœur.* — 3. *la pardurable.* — 4. *fastige.* — 5. *infameté.* — 6. *cœur.* — 7. *méretrice.* — 8. *pollu d'un léger promettre.* — 9. *orde.* — 10. *cuides.* — 11. *immensible.* — 12. *outrecuidée.* — 13. *raynes.* — 14. *ores.*

fors pour me faire injure! Il me souvient du ravissement de Ganymède, ton grand-père[1], qui fut fait et perpétré au désavantage de moi et de ma fille Hébé, et n'ai pas oublié la rudesse que ton ayeul Laomédon fit à mon frère Neptune en édifiant les murs de la cité de Troie. Mais maintenant[2] est venu le jour que j'ai trouvé occasion de rétribuer paiement selon le mérite et de m'adonner du tout[3] à haine et vengeance immortelle, de laquelle je ne serai assouvie jusques à ce que la malheureuse maison où tu as pris origine soit exterminée par ton moyen, et le pays circonvoisin dépeuplé[4], et la nation éparse parmi le monde ainsi que la paille d'orge que les laboureurs vannent[5] au vent! »

Ainsi que Junon disoit ces paroles et frémissoit encore entre ses dents, elle monta sur son chariot, redoublant mille menaces. Pallas aussi, non contente de sa vilipendance[6], ne dit autre chose de clair en ses murmurations, fors qu'elle le laissoit abêti en sa propre ignorance, de laquelle il n'auroit jamais counaissance jusques au temps de sa finale destruction[7] et mort irrémédiable, car quand la puissance divine veut démontrer grand signe de courroux et vengeance sur l'homme, c'est de lui enlever[8] son propre sens.

Ainsi partirent les deux déesses, concevant une haine non apaisable encontre les Troyens. Mais elles prirent divers chemins, sans retourner à l'assemblée des dieux, parce qu'elles étoient éprises de honte et de courroux. Pallas s'en alla à Athènes et Junon en l'île de Samos.

Pâris, tout troublé de la dure invective de Junon et des menaces de toutes deux, se préparoit à plusieurs excuses, mais leur soudain départ[9] ne lui donna lieu de parler. Lors Vénus, qui s'étoit revêtue tout à loisir, le consola doucement, disant qu'il ne s'en falloit que rire et qu'il ne s'en souciàt ni ébahît, car leur manière est ainsi hautaine

---

1. *proayeul.* — 2. *ores.* — 3. tout à fait. — 4. *dépopulé.* — 5. *ventillent.* — 6. d'avoir été méprisée. — 7. *detruisement.* — 8. *tollir.* — 9. *département.*

et superbe, et leur parler plein de menaces et vantardises ;
mais, contre tous et toutes, elle, et son ami le dieu Mars, lui
seront bons garants, en lui faisant ratification itérative de
la promesse précédente et le remerciant de son bon jugement.

Puis elle monta sur son chariot richement houssé[1] et
enharnaché, et prit sa nièce Volupté avec elle ; l'enfant
Cupidon tourna la bride des oiseaux vers le mont Pélion,
tenant la pomme d'or en sa main, et les trois Grâces suivirent leur maîtresse avec les deux chambrières, Accoutu-
mance et Tristesse. Mercure aussi alloit devant par grande
vélocité.

Pâris, qui demeura tout seul, se rassura de léger[2] et se
donna confiance de l'avenir, pensant déjà à son rétablis-
sement en la maison paternelle, et au mariage et grande
beauté de la reine Hélène, à lui promise par la déesse Vénus, vers laquelle il commençoit déjà d'aspirer de toute
sa puissance, et s'élevoit en courage[3] de hautes choses
perpétrer.

Pape Pie[4], en la description d'Asie, met que la montagne où fut fait le dit jugement des trois déesses par Pàris Alexandre fut toujours, depuis, appelée Alexandria.

1. arrangé. — 2. inconsidérément. — 3. disposition.
4. Œneas Sylvius Piccolomini, pape sous le nom de Pie II († 1464).

RONDEAUX[1]

Fleur fleurissant, nymphe claire et jolie,
Fleurant Flora, belle Aurora polie,
Blanche Hermionne aux yeux riants et vairs,
On ne sauroit réciter par nuls vers
La grand beauté qui en vous se rallie.

L'ardent Phébus envers vous s'humilie,
Car votre amour trop plus le serre et lie
Que de Daphné[2] dont sortent lauriers verts,
  Fleur fleurissant!

Amour aussi vous requiert et supplie
Qu'à son désir votre gent cœur se plie
Sans avoir peur de ses dards si divers[3],
Et Jupiter ses hauts cieux tient ouverts
Pour mieux choisir[4] votre forme accomplie,
  Fleur fleurissant!

Grande concorde et petite avarice,
Cœurs adonnés à louable exercice,
Audace en guerre et en paix équité,
Haussèrent Rome en telle autorité
Que tout le monde étoit pour son service.

1. Voir ci-dessus, p. 136.
2. Le serre et lie plus que celui de Daphné. — 3. hostiles. — 4. regarder.

Là fut assis le trône de Justice
Faisant si bien envers tous son office
Qu'on n'estimoit autre félicité
      Grande.

Mais quand Vertu céda son bien à Vice,
Qu'Ambition et Pécune, nourrice
De tous maux, eut crédit en la cité,
En peu de jours sa ruine a été,
Et le rabat de son los et police
      Grande.

LA PREMIÈRE ÉPITRE DE L'AMANT VERT
A MADAME MARGUERITE AUGUSTE[1]

S'il est ainsi, fille au haut Empereur,
Fille à César, ce puissant conquéreur,
S'il est ainsi qu'autrefois, par semblant[2],
Aies aimé ce pauvre corps tremblant,
Qui de tes mains ne prendra plus substance,
Las, souffre un peu ta hautesse et prestance,
Ses beaux yeux clairs, pour un haut bénéfice,
Prêter lecture à ce dernier[3] office !
Dernier[4], dis-je, quant à moi qui t'écris,
Car, mettant fin à mes chants et mes cris,
Je délibère et, sans feinte, propose
A mes brefs jours mettre certaine pause[5].
Car[6] et comment pourroit un cœur si gros,
En corps si faible et si petit enclos,
Passer le jour que de moi te dépars[7],
Sans se crever et pourfendre en deux parts ?
O demi-dieux, ô satyres agrestes,
Nymphes des bois et fontaines proprettes,
Écoutez-moi ma plainte démener !
Et toi[8], Écho, qui fais l'air résonner,
Et les rochers de voix répercussives,
Veuilles doubler mes douleurs excessives !
Vous savez bien que les dieux qui tout voient,
Tel bien mondain, tel heur donné m'avoient,
Que de plus grands ne jouit onques âme !
Vous connaissez que, pour maîtresse et dame,

---

1. Voir ci-dessus, p. 51-53.
2. visiblement. — 3, 4. *derain*. — 5. mettre une fin certaine. —
— 6. En effet. — 7. où tu te sépares de moi. — 8. *tu.*

J'avois acquis, par-dessus mes mérites,
La fleur des fleurs, le choix des Marguerites.
Las! Double las! Pourquoi doncques la perds-je?
Pourquoi peut tant Infortune et sa verge
Qui maintes fois cette dame greva[1]?
Elle s'en va, hélas! Elle s'en va,
Et je demeure ici sans compagnie.
Elle va voir la noble Germanie;
Elle va voir le roi romain, son père,
Et l'autre roi, son seul frère prospère,
Et tout sans moi! Hélas, qu'ai-je méfait?
T'ai-je déplu, ô chef-d'œuvre parfait?
Ai-je nonçé[2] chose qui fût[3] à taire?
A rien méfait ton humble secrétaire
Qui plus a su de ton privé secret
Qu'autre vivant, tant soit sage ou discret?
Hélas, nenny! Mais Fortune ennemie
Me grève ainsi[4] ma maîtresse et ma mie,
Et faux espoir que j'avoie d'user
Mes jours o[5] toi, m'a voulu abuser!
Or, dois-je bien haïr ma triste vie,
Vu que tant t'ai, par terre et mer, suivie
Par bois, par champs, par montagne et vallée,
Et que je t'ai maintes fois consolée
En tes dangers, naufrages et périls,
Auxquels sans moi n'avois joie ni ris!
Et maintenant tu laisses ton amant!
O, cœur plus dur qu'acier ou diamant,
Jusques à or[6] je ne t'ai fait offense,
Mais plus ne puis mettre obstacle ou défense
Que de rigeur je n'use en mon épitre,
Là où ma langue oncques mal ne sut tistre[7]!
Certes, tu es — dirois-je ce dur mot?
Mais pourquoi non, quand nul que toi ne m'ot[8]? —
Tu es cruelle ou, au moins, trop sévère,

1. accabla, attrista. — 2. fait savoir. — 3. *face*. — 4. ainsi que.
5. avec. — 6. maintenant. — 7. tisser. — 8. entend.

Vu que ton œil, qui en deuil persévère,
N'aime couleur sinon noire et obscure,
Et n'a de vert ni de gayeté[1] cure[2].
Or, plût aux dieux que mon corps assez beau
Fût transformé, pour cette heure, en corbeau,
Et mon collier vermeil et purpurin
Fût aussi brun qu'un More ou Barbarin!
Lors te plairois-je et ma triste laideur
Me vaudroit mieux que ma belle verdeur!
Lors me seroit mon dommage et ma perte
Tournée en gain et recouvrance[3] aperte[4].
Vienne quelqu'un qui de noir atrament[5]
Teigne[6] mon corps et mon accoutrement!
Mais s'impossible étoit que ma vesture[7]
Pût recevoir nulle noire teinture,
Las, vienne aucun, au moins, qui à ton œil
Fasse apparoir[8] de vert que ce soit deuil!
Mon cœur se deult[9], combien[10] que d'un vert gai
Soit mon habit, comme d'un papegai[11];
Et faut-il donc, si ne m'est délivrée
De par Nature une noire livrée,
Que haï sois, et que frustré me voie
De ton regard qui prend or[12] autre voie?
O dur regret qui me vient courir sus!
Serai-je donc un autre Narcissus,
Ou Hippolyte auxquels leur beauté propre
Par grand meschef[13] causa mort et opprobre?
Je vois qu'oui, et que mon propre chant
M'est un couteau mortellement tranchant.
Las, si je parle et siffle et me dégoise,

1. gaité. — 2. souci. — 3. réparation. — 4. évidente. — 5. couleur noire. — 6. *Tainde.* — 7. vêtement. — 8. apparaître. — 9. se plaint. — 10. encore.

11. On lit dans les comptes de Marguerite d'Autriche : « Pour iij aulnes de drap vert pour couvrir les caiges du papegay et aultres oyselets estant en la chambre de madite dame. » Cité par Henne, *Histoire du règne de Charles-Quint en Belgique*, t. IV, p. 359.

12. maintenant. — 13. malheur.

Et qu'en chantant je mène douce noise[1],
Ce n'est pour moi, mais pour toi réjouir.
Je me tairai s'on ne me veut ouïr !
Mais[2] qu'on me laisse en ce lieu solitaire
A moi moleste[3] et à nul salutaire !
Las, je vois bien que trop me nuit mon plaid[4],
Vu que plaisir et joie te déplaît !
Si[5] serai dit — quand trop je m'évertue —
Le pélican qui de son bec se tue.
Bien peu s'en faut que celui ne maudie[6]
Qui me donna tel grâce et mélodie
Par trop m'apprendre et dittiers[7] et chansons
Dont autrefois tu aimois les doux sons !
Et me baisois et disois : « Mon ami. »
Si[8] croyois-je[9] être un dieu plus qu'à demi,
Et, bien souvent, de ta bouche gentille
M'étoit donné repas noble et fertile[10].
Que dirois-je d'autres grands privautés
Par quoi j'ai vu tes parfaites beautés,
Et ton gent[11] corps plus poli que fine ambre,
Trop[12] plus que nul autre valet de chambre ?
Nu, demi-nu, sans atour et sans guimple[13],
Demi-vêtu, en belle cotte simple,
Tresser ton chef[14] tant clair et tant doré,
Par tout le monde aimé et honoré.
Quel autre amant, quel autre serviteur,
Surpassa onc ce haut bien et cet heur ?
Quel autre aussi eut onc en fantaisie
Plus grand raison d'entrer en jalousie,
Quand, maintes fois, pour mon cœur affoler,
Tes deux maris je t'ai vu accoler ?
(Car tu sais bien qu'un amant gracieux,
De sa dame est jaloux et soucieux !)

1. bruit. — 2. *Ains*. — 3. nuisible. — 4. discours. — 5. Ainsi. —
6. que je ne maudisse celui. — 7. morceau poétique. — 8. Aussi.
— 9. *cuidoye*. — 10. abondant. — 11. gracieux. — 12. beaucoup. —
13. voile. — 14. ta tête.

Et, nonobstant, aucun mot n'en sonnoie[1],
Mais[2] à part moi, quand joie démenoie,
En devisant et faisant noise et bruit,
Pour n'empêcher de ton plaisir le fruit.
Bien me plaisoit te voir tans être aimée
De deux seigneurs de haute renommée,
L'infant d'Espagne et l'autre de Savoie,
Que plus bel homme au monde ne savoie[3].
Bien me plaisoit te voir chanter et rire,
Danser, jouer, tant bien lire et écrire,
Peindre et pourtraire, accorder monocordes
Dont bien tu sais faire bruire les cordes.
Mais maintenant tout cela tu reboutes[4],
Et ne fais fors épandre pleurs et gouttes
De tes beaux yeux qui jamais n'en sont las,
Sans plus quérir ni plaisir ni soulas[5];
Par quoi je suis de toi mis en oubli.
O, mon las cœur, d'amour trop ennobli,
Pourras-tu bien endurer en toi-mêmes
De perdre ainsi la princesse des femmes?
D'être privé désormais de la vue
De celle qui d'honneur est tant pourvue?
Vivras-tu bien, tout seul, en cette tour,
En attendant son désiré retour?
Non, pas tout seul, car aussi, du pays
Duquel je suis, demeurent ébahis
Avecques moi le quin[6] et la marmotte[7]
Dont le chagrin[8] déjà leur mort dénote.
Prisonniers sont, leur liesse est perdue,
Et sont liés par grand rigueur non due.
Ja[9] ne vivront, absents de leur maîtresse;

1. je n'en disais mot. — 2. si ne n'est. — 3. savais. — 4. re-
pousses. — 5. consolations. — 6. Singe, mâle de la guenon.

7. Voir comptes de Marguerite d'Autriche : « A un homme françois la somme de x livres pour l'achat d'une petite marmotte que
Madame a achetée de lui et icelle retenue en sa chambre. » Henne,
op. cit., t. IV, p. 36o.

8. *la tristeur.* — 9. Jamais.

Plutôt[1] mourront de langueur et tristesse !
Ainsi fera Broutique[2], leur compagne,
Fille à Brutus, dont parle encore Espagne,
Elle de deuil ; ses enfants nouveaux-nés,
Après sa mort seront bientôt[3] finés[4].
O pauvres nous ! O trestous[5] misérables !
Jugés à mort ! Non jamais secourables !
Mourons soudain[6], puisque notre princesse
De nous s'éloigne et de nous aimer cesse !
Bien vont o[7] elle un tas d'oiseaux rapteurs[8],
Et chiens mordants, pervers et latrateurs[9].
Et nous, hélas, innocent, et qui sommes
Fort approchant la nature des hommes,
Elle nous laisse en pays étranger,
Qui de sa main soulions[10] prendre à manger,
De sa main propre et blanche et délicate !
Ah, Marguerite — à peu dirois-je ingrate ! —
Je te puis bien faire ores[11] mes reproches,
Puisque de mort je sens jà les approches !
Longtemps ton serf, longtemps ton ami cher,
A ton lever, à ton noble coucher,
Depuis Zélande, en Grenade et partout,
Suis-je venu de mon service à bout,
En ce lieu-ci, mortifère et funeste,
Où va volant un ange deshoneste
De punaisie et de vermine immonde,
Où j'ai perdu la fleur de tout le monde,
Le duc, mon maître, et la duchesse après,
Dont le remors[12] me touche de trop près !

1. *Ainçois.*

2. Une levrette (voir ci-dessous, p. 241, n. 2). Voir également les comptes de Marguerite d'Autriche : « Pour une aulne demie de drap blanc dont a été faict une paillasse sur laquelle se couchent les petits chiens de icelle dame, à xiiij sols l'aulne, xxj sols. » Henne, *op. cit.*, t. IV, p. 360.

3. *tantost.* — 4. finis (perdus). — 5. tout à fait. — 6. *acoup.* — 7. avec. — 8. voleurs. — 9. brigands. — 10. avions coutume de. — 11. maintenant. — 12. souvenir.

Est-ce desserte[1]? Ai-je ceci méri[2]?
Ah, le Pont-d'Ain[3], que fusses-tu péri!
Lieu exécrable, anathématisé,
Mal[4] feu puisse être en tes tours attisé!
Au moins, princesse, en extrême guerdon[5],
Je te requiers et te supplie un don :
C'est que mon corps n'y soit enseveli,
Mais[6] le me mets en quelque lieu joli,
Bien tapissé de diverses fleurettes,
Où pastoureaux devisent d'amourettes,
Où les oiseaux jargonnent et flageolent[7],
Et papillons bien colorés y volent;
Près d'un ruisseau ayant l'onde argentine,
Autour duquel les arbres font courtine
De feuille[8] vert, de jolis églantiers,
Et d'aubépins fleurant par les sentiers!
Bien me peux faire honneur de scépulture,
Vu qu'un corbeau de moins noble nature
Fut honoré et eut obsèque humain,
Au temps jadis par le peuple romain.
Mon tombeau[9] donc, ainsi mis en grand pompe,
Pourvu qu'espoir ne me déçoive et trompe,
S'il advient, lors, que pèlerins, passants
Cherchant ombrage et les lieux verdissants,
Près de ma tombe, en été, se reposent,
Et que dessus la pierre marcher n'osent,
— Vu que sacrée à Vénus sera elle —
Vers eux viendra quelque gente pucelle,
Gardant brebis par les préaux herbus,
Qui, pour fuyr l'ardeur du clair Phébus,
Par aventure, auprès de la fontaine
Se voudra seoir; et, pour chose certaine,

1. récompense. — 2. payé (mérité).
3. C'est au château de Pont-d'Ain que mourut le mari de Marguerite d'Autriche, le duc Philibert de Savoie.
4. Mauvais. — 5. récompense. — 6. *Ains*. — 7. jouent de la flûte.
— 8. feuillage. — 9. *tumbel*.

Après avoir étanché sa soif sèche,
En devisant dessus l'herbette fraîche,
Leur contera tout le cours de ma vie
Et de ma mort, dont je prends or[1] envie,
Et leur dira : « Seigneurs, si Dieu vous gard[2],
« Sur ce noir marbre où vous jetez regard
« Gît l'amant vert, de pensée loyale,
« Lequel servit une dame royale,
« Sans que jamais il lui fit quelque faute.
« Natif étoit d'Éthiope la haute[3] ;
« Passa la mer tant fière[4] et tant diverse,
« Où il souffrit mainte grand controverse[5],
« Abandonnant son pays et ses gens
« Pour venir ci par exploits diligents.
« Laissa Égypte et le fleuve du Nil,
« Épris d'amour en un cœur juvénil,
« Quand le renom de sa très claire dame
« Lui eût ému tout le courage[6] et l'âme.
« Si vint[7] chercher cette région froide
« Où court la bise impétueuse et roide,
« Pour voir la face illustre, claire et belle
« Qu'il perdit puis[8], par fortune rebelle,
« Et pour avoir l'accointance amoureuse
« De son désir. Sa langue malheureuse
« Travailla[9] tant à son futur dommage,
« Qu'elle oublia son langage ramage[10]
« Pour savoir faire sermon ou harangue
« Tant en françois comme en langue flamengue[11],
« En castillan et en latin aussi,
« Dont à l'apprendre il souffrit maint souci.
« Or étoit-il un parfait truchement,
« Et ne restoit fors savoir l'allemand,
« En quoi gisoit son espérance sûre
« Si lourd[12] refus[13] ne lui eût couru seure[14].

1. maintenant. — 2. garde. — 3. de la Haute-Éthiopie. — 4. terrible. — 5. contrariété. — 6. cœur. — 7. Ainsi vint-il. — 8. ensuite. — 9. *Laboura.* — 10. sauvage. — 11. flamande. — 12. *grief.* — 13. *rebout.* — 14. dessus.

« Mais laissé fut en un trop dur séjour,
« Dont il mourut de deuil ce propre jour,
« Et lui fut fait ce monument et tombe
« Dessus lequel pluie et rosée tombe.
« Si[1] aura-t-il, par faveur supernelle[2],
« Louange et bruit[3] en mémoire éternelle. »
Ainsi dira la bergère au corps gent[4],
Aux pèlerins et à maint autre gent[5]
Qui, volontiers, la mienne histoire orront[6],
Et de pitié, peut-être, pleureront,
Et sèmeront des branches verdelettes
Sur mon tombeau, et fleurs, et violettes,
Puis s'en iront, contant par mainte terre,
Comment amours m'ont fait cruelle guerre;
Par quoi sera mon bruit trop plus ouvert[7]
Que du vert Comte ou du Chevalier vert,
Et sera dit l'Amant vert, noble et preux,
Quand il mourut, vrai martyr amoureux.
Et, oultre plus, à ma tombe, la[8] nuit,
Quand tout repose et que la lune luit,
Viendront Sylvains, Pan et les demi-dieux
Des bois prochains et circonvoisins lieux,
Et avec eux les fées et les nymphettes,
Tout à l'entour faisant joyeuses fêtes,
Menant déduit[9] en danses et caroles[10],
Et en chansons d'amoureuses paroles.
Ce seul soulas[11] aurai-je après ma mort
Dont le désir déja me point et mord!
N'as-tu pas vu, ò dame spécieuse[12],
Que quand ta bouche amie et gracieuse
A dit adieu à moi, pauvre éperdu,
Un tout seul mot je ne t'ai répondu?
— Aussi comment eût-il été possible

1. Aussi. — 2. supérieure. — 3. renommée. — 4. gracieux. —
5. gens. — 6. entendront. — 7. ma renommée beaucoup plus répandue. — 8. *de.* — 9. divertissement. — 10. danses accompagnées de
chant. — 11. consolation. — 12. belle.

Que je parlasse en ce deuil indicible? —
Mais seulement tout morne, triste et sombre,
Comme déjà cherchant mortel encombre[1],
Ta noble main doucement ai baisée,
Congé prenant de ta hauteur prisée.
Et maintenant à la mort me prépare,
Puisque je vois l'heure qui nous sépare.
Hélas! Comment me pourrai-je donner
La mort, soudain[2], sans guère séjourner[3]?
Je n'ai poison, je n'ai dague, n'épée
Dont être peut ma poitrine frappée.
Mais quoi? Cela ne m'en doit retarder!
Qui mourir veut, nul ne l'en peut garder!
Quand Portia, pleine de grands vertus,
Voulut mourir pour son mari Brutus,
Nonobstant ce que ses gens eussent soin
Qu'avoir ne pût venin ni fer au poing,
Elle, néanmoins, pour fournir son devis[4],
Se fit mourir, mangeant des charbons vifs.
Par ainsi donc, à un cœur haut et fier,
On ne sauroit son propos empêcher,
Car moins lourde[5] est la mort tôt finissant,
Que n'est la vie amère et languissant.
Ah, dieux hautains, de bon cœur vous mercie,
Car de mourir bien bref ne me soucie!
J'ai jà trouvé, sans aller loin dix pas,
Le seul moyen de mon hâtif trépas.
Je vois un chien, je vois un vieux[6] mâtin,
Qui ne mangea depuis hier au matin,
A qui on peut nombrer toutes les côtes
Tant est haï des bouchers et des hôtes.
Il a grand faim et jà ses dents aiguise
Pour m'engloutir et manger à sa guise.
Il me souhaite et désire pour proie,
Par quoi à lui je me donne et octroie!

---

1. danger. — 2. *acoup*. — 3. tarder. — 4. réaliser son souhait. —
5. *grieve*. — 6. *vieil*.

Si[1] serai dit un Actéon naïf
Qui par ses chiens fut étranglé tout vif!
Attends un peu, vilaine créature,
Tu jouiras d'une noble pâture!
Attends un peu que cette épître seule
J'ai achevée, ains[2] me mettre en ta gueule!
Si[3] saoulerai ton gosier maigre et glout[4],
Et tu donras[5] à mon deuil pose et bout.
Mais si tu mets triste fin à mes plaints[6],
D'autres assez en fera de deuil pleins
Et en la fin seras triste et dolent
D'avoir commis un cas si violent,
Car point n'auras si tôt ma mort forgée,
Q'encor plus tôt elle ne soit vengée!
Dont je te prie, ô ma princesse et dame,
Que quand mon corps verras n'avoir plus d'âme.
Et qu'à tes yeux, pour nouvelle dolente,
On montrera, toute sanguinolente,
De ton ami la dépouille piteuse,
Et que ma mort si laide et si honteuse
Te causera deuil et compassion,
N'en prends, pourtant, ire ni passion!
N'en veuille point ta personne empirer
Par larmoyer et par trop soupirer,
Car assez a d'autres maux plus patents
Dont maintes gens se trouvent mal contents.
Mais suffira, sans plus, que tu maudie[7]
La ville bête outrageuse et hardie,
Qui mon gent[8] corps, du tien enamouré,
Aura ainsi défait et déchiré[9];
Lequel, néanmoins, sans autre désespoir,
Veut, de son gré, telle mort recevoir
Pour le pas clore[10] à tous tes infortunes
De tant de morts cruelles, importunes.

---

1. Ainsi. — 2. avant que. — 3. Ainsi. — 4. avide. — 5. donneras.
— 6. plaintes. — 7. maudisses. — 8. gracieux. — 9. *dessiré*. —
10. mettre fin.

Quant à l'esprit, sache que, sans mensonge,
Il t'apperra[1] assez de fois en songe,
Et te suivra par haies et buissons,
Sollicitant que les tant joyeux sons
Des oiselets en tous lieux te convoient,
Et par les bois doucement te resjoyent[2],
Ainsi que celle à qui doivent hommage
Tous beaux oiseaux de quelconque plumage!
Aussi dirai-je au gracieux Zéphire
Que, désormais, lui seul vente et soupire
Bien doucement[3], à tout sa douce haleine,
Et que Flora, qui de tous biens est pleine,
Voist[4] tapissant de fleurettes mêlées
Les champs, les prés, les monts et les vallées,
Tant que sembler il puisse que tout rie
Par où ira ta noble Seigneurie.
Or, adieu donc, reine de toutes femmes,
La fleur des fleurs, le parangon des gemmes!
Adieu ma dame et ma maîtresse chère,
Pour qui la mort me vient montrer sa chère[5];
Mais ne m'en chaut, mais[6] que sauve tu soie,
Et que jamais n'ayes rien fors que joie!
Fais-moi graver sur ma lame[7] marbrine[8]
Ces quatre vers, au moins si j'en suis digne :
« Sous ce tombeau[9] qui est un dur conclave[10],
« Gît l'amant vert et le très noble esclave
« Dont le haut cœur, de vraie amour pure ivre,
« Ne put souffrir perdre sa dame et vivre! »

1. apparaîtra. — 2. réjouissent. — 3. *souefment.* — 4. aille. —
5. visage. — 6. pourvu que. — 7. dalle. — 8. de marbre. — 9. *tumbel.*
— 10. lieu fermé à clé, prison.

LA SECONDE ÉPITRE DE L'AMANT VERT

A MADAME MARGUERITE AUGUSTE[1]

Puisque tu es de retour, sauve et saine,
Après avoir vu le Rhin, Meuse et Seine,
Princesse illustre et de haute value[2],
Très humblement, en ce temps[3], te salue
Ton serviteur, jadis de mort couvert,
Et maintenant immortel, l'amant vert !
Si[4] fais savoir à ta claire noblesse
Que plus ne crains rien qui me nuise ou blesse,
Mais[5] m'entretiens en soulas[6] et en joie,
Lorsque[7] de toi bien souvent parler j'oie[8].
Car quand j'entends le nom de ta personne
Dont le record[9] si doux cymbale[10] et sonne,
Je tressaux[11] tout de l'amoureux désir
Qui mon gent[12] corps fit en terre gésir.
Lequel, néanmoins, tu as fait honorer
De scépulture, et graver, et dorer
Mon épitaphe en marbre de porphyre,
Tant qu'il me doit bien hautement suffire.
Car tant l'on lu de rois, princes et ducs
Que mes beaux faits jamais ne sont perdus,
Et tant l'a vu mainte princesse noble
Que mon bruit[13] va jusque Constantinople !
Si[14] m'est ma mort plus belle et spécieuse[15]
Que ne fut onc[16] la vie gracieuse,

1. Voir ci-dessus, p. 51-53.

2. mérite. — 3. *orendroit*. — 4. Ainsi. — 5. *Ains*. — 6. contentement. — 7. *Mais que*. — 8. entends. — 9. souvenir. — 10. tinte. — 11. tressaute. — 12. gracieux. — 13. renommée. — 14. Ainsi. — 15. brillante. — 16. jamais.

Vu que mon nom, mes armes et mon titre
Sont ennoblis par cette triste épître
Que j'écrivis quand la mort me pressoit
Et le plaisir de vivre décroissoit.
Dont maintenant maintes dames la lisent,
Et entredeux[1] les piteux mots élisent[2]
Pour en avoir quelque compassion.
Cela leur est noble occupation
Dont de bon cœur te loue et remercie,
Et, à toute heure, à part moi me soucie
Par quel moyen, si loin de toi absent,
Te pourrai faire aucun soulas[3] décent[4]
Pour me montrer avoir plus grande envie
De te servir qu'onques[5] je n'eus en vie.
Si[6] ne te puis autre service faire
Que t'avertir de tout le mien affaire
Depuis ma mort et mon séparément
Que d'avec toi je fis amèrement.
Mais je te pry[7] que s'en[8] mon autre lettre
Deuil m'a contraint des mots rigoureux mettre,
Ta grand clémence, un peu, veuille excuser
Force d'amours qui me fit abuser[9].
Suppliant outre, autant que tu m'as cher,
Que cet écrit ne te veuille fâcher
S'il est prolixe, et si je te raconte
Des régions dont peu de gens font conte.
C'est des enfers desquels premier[10] dirons,
Et puis après en meilleurs lieux irons.
    Or est-il vrai, princesse Marguerite,
Fille à César, de céleste mérite,
Que quand mon âme eut, en tristes records[11]
Et grands douleurs, pris issue du corps,

1. en elle (dans l'épître). — 2. choisissent. — 3. contentement. —
4. convenable. — 5. jamais. — 6. Ainsi. — 7. prie. — 8. si en.
    9. On se souvient que dans l'épître précédente l'amant vert s'est
plaint de la cruauté de sa maîtresse.
    10. d'abord. — 11. souvenirs.

Tantôt[1] fut prêt le noble dieu Mercure
Qui les esprits des défunts prend en cure[2].
Lequel, tenant son caducée ou verge,
Prit mon esprit tout innocent et vierge,
Puis, en volant plus léger que le vent,
Me mena voir le ténébreux couvent[3]
Des infernaux, où sied[4] Rhadamantus,
Rétributeur des vices et vertus.
Un rocher brun se trouve en la Morée,
Dont sault[5] vapeur horrible et sulfurée.
Ce roc se dit en latin : Tenarus,
Dont Hercules entraîna Cerberus.
Droit là[6] voit-on un grand trou tartarique
Si très[7] hideux que nulle rhétorique
Ne sauroit bien sa laideur exprimer,
Au fond duquel allâmes abîmer,
Mercure et moi. Si[8] trouvons l'huis de fer
Par où on entre au grand pourpris d'enfer.
Lors Cerberus, le portier laid et noir,
En aboyant nous ouvrit son manoir.
Sa voix, tonnant, si fort retentisssoit[9],
Que la vallée obscure en gémissoit.
Si[10] ne faut pas demander si j'eus peur
Quand j'aperçus un si fier agripeur[11].
Nous tirons outre et allons jusqu'au fleuve
Le plus profond[12] que nulle part on treuve[13].
Styx il a nom, c'est-à-dire tristesse,
Tout plein d'horreur, d'angoisse et de détresse.
Or nous passa le vieillard nautonier
Qu'on dit Caron, très vilain pautonier[14].
Sa barque étoit débiffée[15] et vieillette;
Si[16] n'eut de moi ni denier ni maillette[17].

1. Aussitôt. — 2. souci. — 3. assemblée. — 4. siège. — 5. jaillit.
— 6. Précisément là. — 7. Tellement. — 8. Ainsi. — 9. *retom-
bissoit*. — 10. Aussi. — 11. avide de prendre. — 12. *despit*. —
13. trouve. — 14. misérable, coquin. — 15. détraquée. — 16. Aussi.
— 17. petite monnaie.

Quand on est outre, alors la clarté fault[1],
Et ne voit-on goutte ni bas ni haut,
Mais bien oit-on[2] des cris épouvantables,
Fiers[3] hurlements de bêtes redoutables.
Lors j'eus frayeur de tels mugissements,
Bruits de marteaux, chaînes et ferrements,
Grands tombements de montagne en ruine,
Et grands soufflis[4] de vents avec bruine.
J'avois aussi, bien près de mes oreilles,
Oiseaux bruyants de strideurs[5] sans pareilles,
Battant de l'aile et faisant grands murmures,
Claquant du bec comme un vrai[6] son d'armures.
Si[7] me tapis au plus près de mon guide,
Car de chaleur ma poitrine étoit vide,
Tant peur avois! Et, lors, il va me dire :

MERCURE.

Ce lieu ombreux, tout plein de deuil et d'ire,
Est le royaume et séjour plutonique,
Et le repaire à tout esprit inique.
Tu dois savoir que les fiers[8] animaux
Qui en leur vie ont fait cas anormaux,
Et perpétré outrages criminels,
Après leur mort sont ici condamnés
En griefs[9] tourments, en ordure et pueur[10].

L'AMANT VERT.

En ce disant, je vis une lueur
Étrange et bleue avec noire fumée
Noyant la flamme, et rouge et allumée.
Plus approchons, plus oyons[11] de tumulte,
Qui du profond[12] d'un grand gouffre résulte.
Et quand ce vint que fûmes assez près,

---

1. manque. — 2. entend-on. — 3. terribles. — 4. souffles. — 5. cris
perçants. — 6. *droit.* — 7. Aussi. — 8. sauvages, cruels. —
9. lourds. — 10. puanteur. — 11. entendons. — 12. *parfond.*

Mon conducteur s'arrêta tout exprès,
Et dit ainsi :

MERCURE.

Ci demeure Pluton.
Voici le fleuve horrible Phlégeton,
Ardent et chaud; vois ce que je te montre.
Sur son rivage et dedans a maint monstre,
Maint gros serpent et maintes laides bêtes.
Regarde Hydra, le serpent à sept têtes,
Qui fut jadis occis par Hercules.
Ces grands taureaux, qui tant sont noirs et laids,
Ce sont ceux-là que le noble Jason
Défit jadis, conquérant la Toison.
Voilà aussi le taureau de Pasiphe[1];
Et ce dragon qui mord sa lourde griffe,
Est celui propre[2] auquel[3] jouta saint George;
L'autre qui bée et ouvre ainsi la gorge,
C'est celui-là[4] qui Marguerite sainte
Voult[5] engloutir, toute vêtue et ceinte[6].
Ce noir oiseau, de tous désavoué,
Est le corbeau de l'arche de Noé;
Encore sied-il sur sa charogne vile.
Ce monstre-là de façon peu civile,
Demi-taureau et demi-homme infâme,
Mangea jadis maint homme et mainte femme;
Et ce serpent venineux et rebelle
Mordit jadis Eurydice la belle,
Dont son ami, Orphéus bien chantant,
Vint en ce lieu pleurant et lamentant,
Avec[7] sa harpe, et dit chansons piteuses[8]
Pour endormir[9] les ombres dépiteuses[10];
Mais tout cela lui servit de bien peu!
De l'autre part tu vois, dedans ce feu,

1. Pasiphaé. — 2. celui-là même. — 3. contre lequel. — 4. *mesme cil.* — 5. voulut. — 6. ceinturée. — 7. *A tout.* — 8. attendrissantes. — 9. *Si endormit.* — 10. haineuses.

Plusieurs chevaux cruels et mal domptés
Dont les uns sont ceux qui, de deux côtés,
Le saint martyr Hippolyte tirèrent;
Les autres sont ceux-là qui déchirèrent[1]
Hippolytus, fils de Théséus, roi.
Mais l'autre, à part, plein d'extrême desroy[2],
Tua jadis, par un saut inégal,
Son maître, haut prince de Portugal.
Ces autres-là apprirent de se paître
De chair humaine et mangèrent leur maître;
Et ce hobin[3], malheureux et maudit,
Est le dolent par lequel on perdit
Jadis, hélas trop tôt, ta noble mère,
Dame Marie, amie non amère!
Cette grand mule, horrible, abominable,
Servit jadis au venin très damnable
Duquel mourut le grand roi Alexandre,
Car le poison qui fit un tel esclandre
Ne se pouvoit garder en façon nulle
Fors seulement en l'ongle d'une mule.
Or, maintenant, voyons l'autre rivage.
Ce sanglier rude, étrange et fort sauvage,
Est celui-là qui meurtrit Adonis,
Pour qui Vénus jeta pleurs infinis;
Et ce porc vil, qui trop s'évertua
Près de Pâris, le fils du roi tua.
Là sont les chiens qui tant se déréglèrent
Que leur seigneur Actéon étranglèrent;
Et auprès d'eux[4], tu vois l'infâme chien
Maigre et rogneux, qui onques ne fit bien,
Lequel osa ton noble corps toucher
Par lourd[5] forfait qui bien[6] lui coûta cher :
Il porte encor les plaies de sa mort
Dont tous les jours la douleur le remord[7].

1. *dessirèrent.* — 2. trouble. — 3. Cheval d'Écosse dont l'allure
est douce. — 4. *d'emprès eux.* — 5. *grief.* — 6. *trop.* — 7. Que tous
les jours la douleur lui rappelle.

Mais au fin fond de ce grand fleuve ardent
Qui les rochers va brûlant et fendant,
Et jette un flair[1] puant et sulfurin,
Tu vois nager un grand monstre marin
Qui jadis voult[2] manger Androméda,
Dont Perséus, très vaillant, la garda,
Volant en l'air de[3] ses ailes prospères[4].
Là sont aussi couleuvres et vipères,
Aspics mortels, serpents tors et obliques,
Escorpions[5], lézards et basiliques
Très venineux et mainte autre vermine
Auxquels poison mortifère domine,
Et qui ont fait, vivant là-haut[6], en terre,
A maintes gens grave et mortelle guerre,
Par quoi ils sont en peine et en tourment.
Une autre espèce encor de damnement
Trouve-on céans : c'est de glace et froideur,
Au[7] lieu qu'ici[8] n'a que flamme et ardeur.
Un fleuve y court qui se nomme Achéron,
Dedans lequel, et tout à l'environ,
Tremblent de froid et cliquettent des dents,
Pour leurs forfaits et crimes évidents,
Maints animaux étranges et divers,
Comme lions orgueilleux et pervers,
Ours très cruels, tigres, loups ravissant,
Chiens envieux, par rage finissant,
Boucs très puants, chèvres luxurieuses,
Corbeaux vilains, pies injurieuses,
Cailles, perdrix pervertissant nature,
Rats et souris mangeant notre pâture,
Mouches, tahons[9], mulots, guêpes piquant,
Gens et chevaux à courroux provoquant,
Gros limaçons, yraignes[10] très horribles,
Puces et poux et punaises terribles,

---

1. odeur. — 2. voulut. — 3. o (avec). — 4. propices. — 5. scorpions. — 6 *lassus*. — 7. *En.* — 8. *que cy.* — 9. taons. — 10. araignées.

Renards très[1] fins, chouettes larronnesses,
Pourceaux gourmands et grives grand ivresses,
Vautours très laids[2] et huppes sépulcrales,
Laids chats-huants, portant nouvelles males[3],
Oiseaux voleurs qui aux bons sont espies[4],
Singes, lutins, crocodiles, harpies,
Griffons hideux qui mangent gens barbares,
Fiers loups-garous et vieilles cauquemares!
Bref, tant y a de bétail qui hulule,
Qui mord l'un l'autre, et regimbe, et recule,
Et frappe l'un et puis écorne l'autre,
Puis tel survient qui le froisse et espautre[5],
Happe la queue, ou la patte, ou la hure,
Tout est si plein de si mortelle injure,
Que tu aurois frayeur bien[6] merveilleuse
De voir tel' tourbe, horrible et batailleuse,
Qui n'a jamais n'amour ni paix ensemble!
Or, passons outre, et verrons si bon semble
Au roi Minos, le grand juge infernal,
Que je te mène en ton repos final.
Je le vois là qui se sied en son trône,
Et Mégéra, furieuse matrone,
— O ces cheveux couleuvrins qui lui pendent,
Et grands venins lui distillent et rendent! —
Lui fait lumière avec[7] une grand' torche
Dont bien souvent les ombres bat et torche[8].
Clotho y est et sa sœur Atropos,
Et Lachésis qui file sans repos.

L'Amant vert.

Ainsi disoit Mercure, le bon dieu.
Alors Minos se leva de son lieu

---

1. *trop.* — 2. *ords.* — 3. mauvaises. — 4. espions. — 5. meurtrir,
éventrer. — 6. *trop.* — 7. *à tout.* — 8. Dont elle bat et frappe souvent les ombres.

Pour accueillir[1] Mercure en grand honneur,
Lequel lui dit :

MERCURE.

Roi, juste guerdonneur[2],
Voici l'esprit d'un gracieux amant,
Plus net, plus fin que perle ou diamant,
Lequel j'ai pris, tout frais et nouvelet,
Là-haut[3] laissant son joli corselet,
Prenant la mort pour l'amour d'une dame,
Que de plus noble au monde ne se clame[4].
Vois tous ses faits, et sa vie calcule ;
Il n'a sur lui ni tache ni macule ;
Sur lui n'y a un seul brin de laideur,
Mais entier est en sa propre verdeur.

L'AMANT VERT.

Alors Minos de tous lez[5] me regarde,
Et, enfin, dit que j'ai fait bonne garde
De netteté et de pure innocence,
Car vierge suis. Puis il donna licence
Que mené fusse aux beaux Champs-Élysées
Où nul ne va que les âmes prisées.
Lors mon guideur me mena par les ombres
Où n'eûmes plus guère de grands encombres,
Jusques au lac qui Léthé est nommé.
Là donc[6], fus-je par Mercure sommé
De boire un trait de l'eau oblivieuse[7]
Qui perdre fait toute amour envieuse
De vouloir r'être au monde temporel
Pour le plaisir et déduit[8] corporel.
Si[9] j'en bus tant que presque je fus ivre,
Et depuis lors[10] n'eus vouloir de revivre.
Cela fut fait ; puis[11] marchâmes avant,

1. *bienveigner.* — 2. qui récompense. — 3. *Lassus.* — 4. proclame. — 5. côtés. — 6. *Illec.* — 7. qui fait oublier. — 8. contentement. — 9. Aussi. — 10. *desadonc.* — 11. *si.*

Et toujours fus mon Mercure suivant,
Qui me mena par une voie étroite,
Forte à monter, très difficile et droite;
Mais, peu à peu, l'air s'y éclaircissoit,
Dont mon esprit beaucoup s'esjouyssoit,
Vu que laissions ces bas lieux souterrains
Pour aller voir les hauts lieux souverains
Qu'assez à temps jamais voir ne cuydoye[1].
Il[2] me sembloit que le bruit entendoye[3]
De grande ondée et de flots murmurants
Comme de mer ou de fleuves courants.
Finalement survint belle lumière
Sans embarras[4] de brume[5] ou de fumière[6],
Et, peu après, nous trouvàmes l'issue
Pleine de mousse et d'herbette houssue[7].
La porte étoit de corne transparente,
Qui fut ouverte, et l'entrée apparente.
Tout regardé, nous étions en une île
Belle, plaisant, amoureuse et fertile,
Pleine d'oiseaux très doucement chantant,
Et d'animaux parmi l'herbe trottant,
Sans grief[8] tumulte et sans noise ou discorde.
Ceci voyant, des enfers me recorde[9];
Si[10] fus bien aise, et point ne me dolus[11]
D'avoir laissé les infernaux palus[12].
Lors dit Mercure :

MERCURE.

Ami, tes destinées
T'ont fait venir aux Iles fortunées
Que les humains disent et pensent[13] estre
Presques ainsi qu'un paradis terrestre,
Ou, autrement, les Champs-Élyséens.
Ici ne croît que fruits ambrosiens,

---

1. croyais. — 2. *Si.* — 3. j'entendais. — 4. *encombrier.* — 5. *nielle.*
— 6. fumée. — 7. épaisse. — 8. fâcheux. — 9. je me souviens. —
10. Aussi. — 11. je ne me plaignis pas. — 12. marais. — 13. *cuident.*

Et n'y boit-on que liqueurs nectarées.
C'est le séjour des âmes bienheurées[1]
Des animaux qui oncques[2] ne méfirent,
Mais de tous biens leurs œuvres assouffirent[3].
On y demeure en repos éternel,
Car bien le veut le grand Roi supernel[4]!

L'Amant vert.

Ainsi dit-il, et je lui rendis grâces.
Puis il s'envole, et ne marquent[5] ses traces
Par le chemin de l'air qu'il tranche et fend,
Dont nulle rien[6] ne l'empêche ou défend.
Le temps étoit tout clair et saphirin,
Le soleil haut, et le vent zéphyrin
Occidental, doucement soupiroit,
Vraiment[7] si doux que plus ne le pourroit.
Alors, content de ma riche fortune,
Je vais choisir une place opportune
Pour contempler[8] tout le noble pourpris
Où vont volant tant de joyeux esprits.
Je[9] me branchai sur un oranger vert,
De fleurs, de fruits, de feuilles bien couvert,
Et regardai la grand' mer spacieuse
Qui circuit l'île délicieuse.
Tranquille étoit et calme la marine[10],
Claire et luisant comme belle verrine[11],
L'île élevée, au milieu grande et lée[12],
Ayant maint tertre et ombreuse vallée.
Mais le soleil, encor qu'il y fut haut,
N'y étoit point excessif ni trop chaud,
Mais[13] y fut tout riant en flouriture[14],
Doux[15], odorant[16], de diverse peinture.
Et, comme ainsi je contemplasse tout,

1. bienheureuses. — 2. jamais. — 3. remplir, donner à suffisance.
— 4. de là-haut. — 5. *n'apparent.* — 6. chose. — 7. *Voire.* — 8. **spé-
culer.** — 9. *Si.* — 10. mer. — 11. verrière. — 12. large. — 13. **Ains.**
— 14. Horaison. — 15. *Souef.* — 16. *flairant.*

Asseoir se vint près de moi, à un bout,
Un clair esprit, portant plume naïve[1]
De cramoisi, très vermeille et très vive.
Et après lui sur ce grand oranger,
Vinrent aussi mille oiseaux se ranger,
Si beaux, si joints[2], et de tant de couleurs,
Qu'on ne sauroit exprimer leurs valeurs.
Crois-moi, princesse, et prête ton entente[3] :
Cet arbre beau, de feuillure patente[4],
Fut enrichi, presques en un moment,
De tous oiseaux de divers parement[5],
Qui, entour moi, voletant, se jouèrent,
Et de leurs chants courtois me saluèrent.
Mais, dessus tout, je notai la faconde
Du clair esprit pourprin et rubiconde,
Duquel la plume — ainsi affirmer l'ose —
Certes passoit la beauté de la rose.
Il[6] dit ainsi, les autres se taisants :

L'ESPRIT VERMEIL.

Mon frère cher, en ces beaux lieux plaisants,
Tu soies bien, et mieux que bien venu!
Longtemps y a qu'il ne m'est advenu
Plaisir si grand que de voir arriver
Ton noble esprit que mort n'a pu grever[7];
Mais[8] vit ton nom en mémoire et en bruit[9].
Mais encor plus, cueillé-je ci de fruit
Quand je te sais venant du lieu fleuri
Où j'ai longtemps en joie été nourri :
C'est du palais illustre, clair et riche
Qui tient Bourgogne unie avec Autriche.
Si[10] te dirai, puisqu' amour m'y semond[11],
Comment, jadis, l'archiduc Sigismond,

---

1. naturelle. — 2. gracieux. — 3. attention. — 4. étendue. — 5. parure. — 6. *Si.* — 7. accabler. — 8. *Ains.* — 9. renommée. — 10. Aussi. — 11. exhorte.

Oncle à César Maximilianus,
Me tint bien cher en ses plaisirs menus,
Et tant prisa ma gentillesse[1] gaie,
Que pour don riche, ému d'amitié vraie,
Il m'envoya à très haute princesse
Pour lors vivant, de Bourgogne duchesse,
Ta dame et mère, amiable Marie,
Dont le trépas fit mainte âme marrie.
Laquelle aima d'amour très singulière[2]
Mon caquet doux, ma couleur nouvelière,
Puis, en la fin, pleura la mort dolente
Que je reçus par l'œuvre violente
Des cruels dents d'une fière[3] genette,
Comme tu as d'un lévrier déshonnête.
Si[4] sommes-nous, quand bien j'y ai pensé,
Tous deux égaux, et mêmement en ce
Que j'ai servi la mère noble et juste,
Et toi[5] la fille illustre, claire, auguste.
Par quoi vivrons ensemble en joie éterne[6],
Sans plus passer l'infernale citerne.
Nous[7] aimerons ces chastes tourterelles,
Et tournoirons bien souvent entour elles;
Et nous jouerons sur fleurs et sur herbettes,
Doucettement avec les colombettes.
Ne voici pas bien belle compagnie
Pour s'éjouir en plaisance infinie?
Premièrement tu vois le phénix noble,
Vêtu d'azur, d'or, de pourpre et cynoble[8],
Faisans bien peints, pélicans solitaires,
Simples coloms[9], arondes[10] salutaires[11],
Rossignolets doux et mélodieux,
Et chardonnets[12], d'apprendre studieux,
Coqs libéraux[13], hardis et diligents,

---

1. *mignotise.* — 2. unique. — 3. cruelle. — 4. Ainsi. — 5. *tu.* — 6. éternelle. — 7. *Si.* — 8. sinople. — 9. colombes. — 10. hirondelles. — 11. utiles. — 12. chardonerets. — 13. libres.

Serins, tarins, qui sont plaisants et gents[1],
Merles jolis[2], gelinotes utiles,
Cygnes tout blancs, alouettes gentilles,
Grues veillant à leurs tours ordinaires,
Aigles royaux, cigognes débonnaires,
Et autres cent espèces d'oiselets,
Tous vertueux, jolis et gentelets[3],
Qui sont joyeux de la venue tienne.
Lors je lui dis :

L'Amant vert.

    Seigneur, Dieu te maintienne,
Et eux aussi, en joie et en liesse !
Je[4] les requiers, au nom de ma déesse,
De ma princesse et dame redoutée,
Qu'une chanson noblement soit chantée.
A peine eus-je ce mot hors de mes lèvres,
Que les marteaux de vingt ou trente fèvres[5]
N'eût-on ouï, battant sur leurs enclumes,
Car les oiseaux de tant diverses plumes,
Diversement un motet entonnèrent,
Et si très doux[6] flageolants[7] jargonnèrent
Qu'impossible est noter leurs chansonnettes
Et leurs motets tant beaux et tant honnêtes.
L'une partie en bas barytonna[8],
Et l'autre, après, un haut-contre[9] entonna ;
Les claires voix fort bien diminuèrent[10],
Et les ténors[11] leur train continuèrent.
Bref, tant y eut de grâce et mélodie,
Qu'à peine est nul qui bien l'exprime ou die,
Tant que les vaux fleuris en résonnoient,
Et les rochers le doux son redonnoient.
Puis, quand cessa le tant amoureux bruit,

1. gracieux. — 2. *faitis.* — 3. diminutif de gent : gracieux. —
4. *Si.* — 5. forgerons. — 6. si doucement. — 7. jouant de la flûte.
— 8, 9, 10. termes de musique. — 11. *teneurs.*

On banqueta de maint précieux fruit,
Dont tu n'as pas de pareil en ce monde
Auquel tu es princesse pure et munde[1],
Et si[2] but-on en la claire fontaine
Dont la liqueur excellente et hautaine
Se rend ici, par argentines buses[3],
Du vrai surgeon[4] de celle des neuf Muses.
Tout ceci fait, le noble papegay,
Vêtu de pourpre, illustre, gent[5] et gai,
Me fit connaître et me montra de vue,
De tous côtés, la campagne pourvue
De mille oiseaux et d'animaux gentils
Par leurs vertus, paissant en ce pàtis.
Entre lesquels, dedans[6], trotte et ambule
Le passereau de l'amie Catulle,
Lequel, quand Mort s'en fut à tort saisie,
Fut déploré par noble poésie;
Aussi y est l'oie du Capitole,
Et le corbeau que Pline tant extolle[7],
Car parler sut comme font les humains;
Le gerfaut blanc du haut roi des Romains,
Tant estimé qu'à peine est qui le croie,
Vraiment bien[8] plus que nul oiseau de proie
Qui onc[9] entra en ce noble repaire[10].
Aussi y est de tourtres[11] une paire
Qu'on présenta, par juste occasion,
Quand Jésus prit sa circoncision;
Et le bon coq que saint Pierre avisa
De son mépris[12], dont grand los et prix a;
Et le pigeon[13] de prudence naïve
Qui rapporta la branchette d'olive;
De Charlemagne, un aigle fort insigne,
Bien haut volant, et de Clèves le cygne[14];
Le porc-épic[15], de gloire orléanique,
Et la très riche hermine[16] britannique.

1. innocente. — 2. aussi. — 3. tuyaux. — 4. source. — 5. grâcieux.
— 6. léans. — 7. vante. — 8. *Voire et trop.* — 9. jamais. — 10. domicile. — 11. tourterelles. — 12. faute. — 13. *coulon.* — 14, 15, 16. Animaux héraldiques des maisons de Clèves, d'Orléans et de Bretagne.

Et, oultreplus, dessus les fleurs doucettes,
Vont, voletant, les eps[1] et les mouchettes
Qui à Platon, en son berceau dormant,
Allèrent miel en la bouche formant;
Aussi y est l'autre mouche honorée,
Tant noblement par Virgile pleurée.
Et[2] vont, sautant et faisant virevoustes[3],
Parmi ces prés, les très dignes langoustes[4]
Dont le bon saint qui Jésus baptisa,
Seul au désert toute sa vie usa;
Et, oultreplus, est ci, vivant en gloire,
Le bon chameau, digne de grand mémoire,
Duquel la peau ce même saint vêtoit;
L'ânesse aussi qui la Vierge portoit,
Avec le bœuf qui, son céleste enfant,
Fut en la crèche à minuit réchauffant;
L'agneau pascal; le mouton dont Jason
Fut conquérir[5] la très riche toison;
L'ours de saint Vaast; le pourceau saint Antoine,
Le sage chien, propice et fort idoine,
Qui apportoit à manger à saint Roc;
Et l'ourse aussi qui nourrit, en un roc,
Le preux Ourson[6]; et la louve bénigne
Qui remplaça[7] nourrice féminine
Au fondateur de la cité de Rome.
Encore y est le lion saint Jérôme,
Et de saint George aussi le bon cheval;
Le fort Montaigue et le fier Bucifal[8];
Savoie aussi, le coursier du roi Charles,
Que meilleur n'eût de Rome jusqu'en Arles,
(Aussi, parce[9] qu'il étoit noble et bon,
L'a honoré Madame de Bourbon!);
Et roux Bayart qui n'est plus en Ardenne.

1. abeilles. — 2. *Si.* — 3. virevoltes. — 4. sauterelles. — 5. Conquerre alla.
6. Héros du roman en prose *Valentin et Ourson,* publié chez Maillet, à Lyon, en 1489.
7. *excusa.* — 8. Bucéphale. — 9. *pource.*

Princesse illustre, et si je ne te tenne[1]
En dénombrant les autres bêtelettes
Qui sont céans, vivant des herbelettes
Qui sentent bon[2], douces, aromatiques,
Savoir te fais, par raisons authentiques,
Que droit ci sont par leur bien et mérite,
Les agnelets de sainte Marguerite,
Et les brebis qu'elle gardoit aux champs ;
Aussi y sont, sur fleurettes couchants,
Les deux beaux cerfs, chassés, comme il appert,
Par saint Eustache et Monsieur saint Hubert ;
La noble biche aussi les accompagne,
Laquelle étoit à Sertore[3], en Espagne,
Et un lévrier, plein de toutes vertus,
Bien connu l'as : il s'appeloit Brutus[4].
Encore y est, sans qu'elle s'en repente,
De Lusignan la très noble serpente,
Mère jadis de princes et de rois[5].
Et l'on n'entend[6] ni noises ni desrois[7],
Bruit orageux[8] ni tumultes difformes
Entre animaux de tant diverses formes.
Que dis-je, tant? Même[9] encor plus sans nombre,
Que je ne compte et que je ne dénombre,
Mais[10] vivent tous en paix comme je dis.
Or, ai-je été dedans ce paradis
Assez longtemps, princesse de haut prix,
Sans que Mercure amena nuls esprits
Par qui[11], de toi, quelque nouvelle susse ;
Et comme donc de ce plaisir je n'eusse,
Un jour advint qu'en étant sur la rive
Que la mer bat, tranquille, claire et vive,

---

1. tourmente. — 2. *Souef flairans.* — 3. Sertorius.
4. Le père de la levrette Broutique ; voir ci-dessus, p. 214.
5. Mélusine, mi-femme, mi-serpent, « de laquelle sont descendus ces braves Seigneurs, Princes, Rois et Capitaines portant le nom de Luzignan ». Brantôme, *Éloge de Louis de Bourbon.*
6. *Si n'ot on point.* — 7. désordres. — 8. *tempestis.* — 9. *Voire.* —
10. *Ains.* — 11. *Parquoy.*

Et regardant le dauphin tant privé[1]
Par qui, jadis, Arion fut sauvé,
Je vis venir — ainsi Dieu me conserve ! —
Tout le beau pas, un cerf et une cerve,
Jeunes, joyeux, plaisants et éveillés,
Portant aux cols beaux colliers émaillés
De ton blason, dame de haut parage.
Lors, tout ému de cœur et de courage,
Du souvenir qui[2] de toi me venoit,
Je saluai celui qui les menoit.
C'étoit Mercure, amoureux et prospère,
Lequel me dit que Dieu, qui tout tempère,
Dieu qui tout voit, qui t'aime et te chérit,
A inspiré ton très noble esperit[3],
Et donné grâce à ton clair et vif sens
De mettre accord, par moyens bien décents,
Entre tous rois chrétiens, ducs et princes[4].
Par quoi tu es, en toutes leurs provinces,
Dite, à bon droit, la princesse de paix,
Aimant les bons et chassant les mauvais,
Fleur de conseil[5], odeur aromatique,
Gemme de prix, perle marguaritique,
Trésor d'amour, précieux union[6],
Mettant partout[7] concorde et union,
Et, pour tout dire, il n'y a nul au monde
Qui n'aime ouïr ta renommée munde[8] !
Témoin en est, afin qu'autres je passe,
La noble hermine[9], en richesse oultrepasse[10],
La dame illustre et portant sceptre en France,
Laquelle eût deuil de ma lourde[11] souffrance.

1. familier. — 2. *que.* — 3. esprit.

4. Allusion à la ligue de Cambrai (1508), conclue à l'intervention de Marguerite d'Autriche. Cette ligue tendait à réaliser une « bonne paix ou longue abstinence de guerre entre les princes d'Autriche, le roi de France et le duc de Gueldre ». Le Glay, *Négociations diplomatiques.*

5. *consaulde.* — 6. grosse perle. — 7. *par tous.* — 8. pure. — 9. Anne de Bretagne, femme de Louis XII. — 10. éminente. — 11. *grieve.*

Anne est son nom, des Bretons grand' duchesse,
Anne, aux François bienheureuse princesse.
Certes mon cœur à son honneur se tire,
Vu qu'elle eût deuil de mon dolent martyre,
Et sait encor — ne s'en faut d'un paraphe —
Comme par cœur, ma dolente épitaphe[1]!
Non que pour moi, ni que pour ma value[2],
— Ce sais-je bien! — la mienne épître ait lue;
Mais en faveur de toi, en ton amour,
Pitié l'a meu[3] d'écouter[4] ma clamour[5].
Or vous doint[6] Dieu, toutes deux, longs séjours
En heur prospère, et, en fin de vos jours,
Monter là-haut[7], au Paradis céleste,
Comme au terrestre, ici, suis sans moleste[8].
    Ici prend fin le mien joyeux écrire,
Dont on verra plusieurs gens assez rire.

1. J. Lemaire fait allusion à la première *Épître de l'Amant vert.*
Dans la dédicace des deux poèmes adressés à son ami Perréal, il
rappelle que cette première épître avait « trouvé grâce devant les
yeux de la Royne » (III, 1).

2. mérite. — 3. mue. — 4. *d'estimer.* — 5. plainte. — 6. donne. —
7. *lassus.* — 8. ennui.

LE TRAITÉ INTITULÉ
LA CONCORDE DES DEUX LANGAGES[1]

Prologue.

Depuis[2] peu de jours en çà est de nouveau advenu que
deux personnes ayant bienveillance[3] l'une envers[4] l'autre,
et toutes deux de noble et gaillarde nature — c'est à savoir quant à l'art et étude mercurial et palladien — se
trouvèrent ensemble en lieu domestique et privé, et eurent,
entre autres choses, conversations[5] entremêlées de la comparaison de la langue françoise et de sa franchise et bonté
naturelle[6] avec[7] le langage toscan et florentin, lesquels
sont dérivés et descendus d'un même tronc et racine, c'est
à savoir de la langue latine, mère de toute éloquence.

Tout ainsi comme les ruisseaux procèdent de la fontaine
et doivent vivre et persévérer ensemble en amoureuse concordance, néanmoins commençoit entre lesdits deux personnages, qui, de toute prime jeunesse, s'étoient entr'ai-
més par admiration de vertu, à sourdre quelque débat et
altercation de leur prééminence quant à la fidélité[8]. Et ce
procédoit de gracieuse jalousie, car l'une des parties sou-
tenoit que la langue françoise étoit assez gente et propice,
suffisante assez, et tout à fait[9] élégante pour exprimer en
bonne foi et mettre en effet tout ce que le langage toscan
ou florentin (quoiqu'il[10] soit le plus florissant d'Italie) sauroit composer[11] ou inventer[12] soit en amours, soit autrement.

1. Voir ci-dessus, p. 101-109.
2. *Puis*. — 3. *benivolence*. — 4. *à*. — 5. *devises*. — 6. *naïve*. —
7. *envers*. — 8. exactitude. — 9. *du tout*. — 10. *jasoit*. — 11. *éditer*.
— 12. *excogiter*.

Et, en ce, alléguoit pour ses garants ou défenseurs aucuns poètes, orateurs et historiens de la langue françoise,
tant antiques comme modernes, si comme Jean de Meun,
Froissart, maître Alain, Meschinot, les deux Greban, Millet, Molinet, Georges Chastellain et autres, dont la mémoire est et sera longuement en la bouche des hommes,
sans ceux qui encore vivent et fleurissent, desquels maître
Guillaume Crétin est le prince.

L'autre personnage défendoit et préféroit le langage italique comme celui qui plus et mieux convient[1], et, par
plus grande affection, sait exprimer son intention en pratique amoureuse et autres matières. Et, pour ce prouver,
mettoit en avant plusieurs auteurs renommés et autorisés,
si comme Dante, Pétrarque et Boccace, tous trois floren-
tins, Philelphe, Séraphin et assez d'autres italiens.

Pour lequel différend accorder l'une desdites parties s'ef-
forçoit d'exhausser, autoriser et honorer notre langue françoise et gallicane, et, de fait, lui séyoit bien à merveille,
comme celle qui, d'un haut cœur viril et masculin, pro-
nonçoit maints nobles termes amoureux et prudents, par
élégance féminine. Si[2] me requit de vouloir mettre main
à la plume pour décrire le tumulte amoureux de leur débat et l'accord prochain qui s'en pourroit ensuivre, ou,
au moins, en donner quelque bon espoir et apparence par
mon écriture. Laquelle charge j'ai volontiers entreprise à
sa bénigne requête, comme celui qui aime et honore à
mon pouvoir la langue gallicane, amie et voisine du langage italien, joint à ce qu'aucunes autres raisons concur-
rentes et non discordantes[3] m'y ont incité. C'est, à savoir,
parce qu'au temps moderne plusieurs nobles hommes de
France, fréquentant l'Italie[4], se délectent et s'exercent[5] au-
dit langage toscan à cause de sa magnificence, élégance et
douceur, et, d'autre part, les bons esprits italiques prisent

---

1. *apoinct.* — 2. *Si* est employé fréquemment par Lemaire comme
particule de liaison, dans un sens explétif. Il faut comprendre ici,
Elle me requit... — 3. *discrépantes.* — 4. *les Itales.* — 5. *exercitent.*

et honorent la langue françoise, et s'y appliquent[1] mieux qu'en la leur propre, à cause de la résonnance de sa gentillesse et courtoisie humaine.

Une autre raison encore m'a à ce stimulé : c'est de persuader, autant qu'en moi peut-être, la paix et union perpétuelle entre lesdites deux nations et langues, lesquelles sont, en partie, amies et concordantes l'une à l'autre, mais, pour la plus grande part, ennemies, ainsi comme si dame Nature, tout à son escient, les eût disjointes et séparées par obstacle des Alpes et des montagnes interposées[2], et par la différence du ciel, des mœurs et des coutumes quant au fait, et des accents, contenances et prononciation quant à la parole. Lesquelles choses apparaissent[3] assez clairement au temps présent : c'est à savoir, d'un côté par aucunes alliances et communications qui se trouvent et s'entretiennent entre lesdites deux nations, mêmement entre le peuple de Florence et la noblesse françoise, et le contraire se montre par la guerre, factions, bandes et inimitiés violentes des Vénitiens avec leurs confédérés contre ceux de notre langue.

Donc il m'a semblé bon, pour chose morale et convenant[4] à la chose publique, et aussi délectable aux lisants, de mettre peine à les persuader et exhorter, tant en général qu'en particulier, d'être désormais d'un même accord et volonté, sans plus avoir de controverse entre eux, car trop en coûte la façon. Laquelle amitié ni féauté ne se pourra trouver au temple de Vénus, qui signifie lâcheté et oisiveté, attendu qu'elle est trop amoureuse et accointe de Mars, le grand dieu des batailles, mais bien la pourrat-on recouvrer au temple de la déesse Minerve, c'est-à-dire de parfaite opération, de prudence, paix et concorde, comme on verra par la déduction de ce présent traité qui sera divisé en deux parties. La première contiendra la description du temple de Vénus selon le mode poétique, et sera rythmée de vers tiercets à la façon italique, ou tos-

1. se y déduisent. — 2. interposites. — 3. appèrent. — 4. duisant.

cane et florentine, ce que nul autre de notre langue gallicane n'a encore tenté d'ensuivre, au moins que je sache;
l'autre, qui fera mention du temple de Minerve, sera mêlée de prose et de rythme françoise qu'on dit alexandrine,
et, parce que de la fin procède la dénomination, il sera intitulé : *Le Chemin du Temple de Minerve.*

Or, commencerai-je ce labeur comme si autrefois
j'eusse été curieux de fréquenter le temple de Vénus et
que, maintenant, je cherche le chemin de celui de Minerve, la belle et vertueuse déesse à qui ce présent est consacré, désirant qu'elle le reçoive pour agréable.

L'AUTEUR DÉCRIT, EN LA PREMIÈRE PARTIE, LE TEMPLE DE VÉ-
NUS, AUQUEL IL NE FUT PAS DU TOUT BIEN ACCUEILLI[1]. POURQUOI
IL S'ADRESSA DEPUIS AU CHEMIN DU TEMPLE DE MINERVE.

En la verdeur du mien fleurissant âge,
D'amour servir me voulus entremettre,
Mais je n'y eus ni profit n'avantage.

Je fis maint vers, maint couplet et maint mètre,
Croyant[2] suivre[3], par noble poésie,
Le bon Pétrarque, en amours le vrai maître.

Tant me fourrai dedans tel' fantaisie
Que bien pensois-je en avoir apparence,
Comme celui qui à gré l'eus choisie.

De lui à moi se trouvoit conférence[4],
Vu qu'il élut sa dame Avignonnoise,
Jà nonobstant qu'il fût né de Florence,

Et je, qui fus, en temps de guerre et noise,
Né de Hainaut, pays enclin aux armes,
Vins de bien loin querre[5] amour lyonnoise.

Or, quittai-je tumultes et alarmes;
Je[6] changeai Mars au noble dieu d'amours,
Et chant bellique aux amoureuses larmes.

1. *recueilly.* — 2. *Cuydant.* — 3. *suivir.* — 4. comparaison, ressemblance. — 5. querir. — 6. *Si.*

Bien me sembloit que plus loin qu'à Nemours
On m'eût ouï pleurer, gémir et plaindre,
Tant furent grands mes cris et mes clamours[1].

Par ainsi donc, pour ma douleur éteindre,
Au grand saint temple à Vénus me vouai,
Croyant[2] mon deuil à meilleur couleur teindre.

Ce temple n'est à Cambrai n'à Douai;
Il[3] me fallut le chercher où il est,
Dont, à le querre[4], en maints lieux très suai[5].

Au chemin fus, sur le temps nouvellet,
Non sans souvent soupirer et frémir,
Pour accomplir[6] mon vœu, fut bel ou laid.

Lassé de plaindre, ennuyé de gémir,
Je quis[7] sommeil, croyant[8] prendre repos,
Mais le songer infesta mon dormir.

Car tous les pleints[9], les pleurs et les propos
Dont en veillant esservellé[10] m'estoye[11],
Renouvelai sans aucun interpos[12].

Et dis aussi : Trop me suit et côtoie
Fortune dure, et le doux mal d'aimer
Duquel Vénus durement me festoie!

En ce disant, avec maint pleur amer,
Je vis en l'air clair et resplendissant
Celle qui fait mes plaintes[13] entamer[14].

C'est la déesse outrageuse[15] et puissant,
Mère d'Amour, le fier et orgueilleux,
Par qui je suis en douleurs languissant.

Fort[16] bel étoit son arroi merveilleux,
Bien[17] y avoit de grands beautés insignes,
Bien[18] y fut tout plaisant et périlleux.

---

1. clameurs, plaintes. — 2. *Cuydant.* — 3. *Si.* — 4. querir. —
5. *tressuai.* — 6. *parfournir.* — 7. cherchai. — 8. *cuydant.* —
9. plaintes. — 10. rempli la cervelle. — 11. m'étais. — 12. sans in-
terruption. — 13. *plaintifs.* — 14. commencer. — 15. audacieuse. —
16, 17, 18. trop.

Son chariot mènent coulombs[1] et cygnes,
Blancs comme neige à colliers argentés ;
Alentour sont ris et amoureux signes.

Pensers joyeux, richement charpentés,
Tout en[2] émail le timon enrichissent,
Et doux attraits bien faits de tous côtés ;

Plaisants regards à l'environ marchissent
Des roues d'or[3], richement étoffées,
Qui de perles et diamants blanchissent.

Quand Boréas vit Vénus et ses fées
Marcher par l'air tant clair et saphirin,
Il rengorgea ses terribles bouffées.

Si[4] fit Auster qui, du gouffre marin
Non élevant ses nuées obscures,
Veut faire place au doux vent zéphirin.

Lors Apollon, passant par les arcures[5]
Du zodiaque, entra au mouton d'or[6],
Et à chauffer la terre mit ses cures[7].

La terre rit, et se mit à l'essor,
Quand elle vit Hiver, glace et bruine
Plat confondus, et beaucoup pis encor ;

Héla[8] Printemps, lui montra la ruine
D'Hiver fuyant les monts hyperborées,
Qui craint Phébus à la côme auréine[9].

Printemps joyeux fit venir cent charrées[10]
De feuille verte et d'herbette jolie,
Dont Zéphirus a les landes parées.

Puis vint Flora qui son trésor délie,
Parestendant[11] ses beaux tapis semés
De mainte rose et de mainte ancolie.

---

1. colombes. — 2. *à*. — 3. marchent autour des **roues d'or**. —
4. Ainsi. — 5. arcades. — 6. le bélier (correspondant au mois de
mars). — 7. soins. — 8. *Hucha*. — 9. à la chevelure d'or. — 10. contenu d'une charrette. — 11. étendant.

Mars, avril, mai, de fleurettes armés,
Tinrent leurs rangs par champs et par prairies,
Sous pavillons de beaux arbres ramés[1].

Les pastoureaux des vallées fleuries
Font résonner les hauts monts verdoyants
De leurs flageols[2] et musettes series[3].

Pan et Eglé, à chanter s'employants,
Tous, d'un accord, fournissent douce noise[4],
Réjouissant les esprits des oyants[5].

Mais plus que nuls s'éjouit et dégoise
Le franc Tityre, en doux et joyeux sons,
Par quoi le prix lui demeure où qu'il voise[6].

Car à Vénus tant ont plu ses chansons
Qu'elle arrêta son chariot doré
Dessus un tertre, à l'endroit des buissons.

A son venir Faunes l'ont adoré,
Satyres, Pans, Ægipans, dieux agrestes,
Et Sylvanus, par les bois honoré;

Nymphes aussi, diligentes et prestes,
A la déesse ont offert leur service,
Tout à l'entour faisant danses et festes.

Les Napées, exerçant leur office,
Font bouillonner fontaines argentines,
Créant un bruit à sommeil très propice;

Puis à dresser les tentes célestines
Ont mis leur soin les mignonnes Dryades,
Faisant de bois ombrageuses courtines.

Les Hymnides[7] et les Amadryades
Prirent prés, fleurs et tous arbres en cure[8]
Pour revêtir les monts des Oréades;

1. rameux. — 2. petites flûtes. — 3. sereines. — 4. bruit. — 5. écouteurs. — 6. aille. — 7. Hyades(?) — 8. soin.

Si n'est la gloire aux Naïades obscure,
Qui vont gardant par les rives herbues
Que fleuve aucun d'échapper ne procure[1].

Quand Vénus vit les régions imbues
De flair[2] plus doux qu'odeur ambrosiane[3],
Partant du clos des fleurettes barbues,

Elle appela la fille de Diane,
Rosée douce, et de rafraîchir plantes
Lui enchargea cure cotidiane[4].

Et celle[5] à qui tels œuvres sont plaisantes,
Fit un millier de perles rondelettes
Plus que cristal claires, resplendissantes,

Puis les pendit autour des entelettes[6],
Sur les rinceaux des épineux rosiers,
Et au sommet des flairants[7] violettes.

Pendant ce temps[8] les fins joyeux gosiers
Des oiselets Aurora saluèrent,
Qui coloroit déjà fleurs et fraisiers.

Tous éléments de joie transmuèrent,
En admirant sa blancheur rubiconde,
Et les clairs cieux leurs beautés desnuèrent[9].

Ci[10], ô Clio, élargis-moi faconde
Pour expliquer des hauts faits de Vénus
Ce que j'en vis, en matière féconde !

Un temple y a, plus beau ne vit onc[11] nuls,
Assis sur roc, en lieu fort authentique[12],
Aux confluents d'Arar[13] et Rhodanus[14] ;

Là est le chef de la Gaule celtique[15],

---

1. recherche. Il faut comprendre : Le renom des Naïades n'est pas moindre, lesquelles veillent à ce que les fleuves ne cherchent à s'échapper d'entre leurs rives herbues. — 2. senteur. — 3. d'ambroisie. — 4. lui donna la mission quotidienne. — 5. Rosée, la fille de Diane. — 6. petits rejetons. — 7. odorantes. — 8. *Ce temps pendant.* — 9. dévoilèrent. — 10. Ici. — 11. jamais. — 12. notable. — 13. la Saône. — 14. le Rhône. — 15. Lyon.

Refleurissant comme un autre Ilion,
Et surcroissant en sa valeur antique.

Peuple royal, portant cœur de lion,
Y fait séjour, dont France est décorée,
Et y voit-on nymphes un million.

Nymphes d'honneur, de beauté naturée[1],
Beaux esperits[2], visages angéliques,
Plus qu'onques[3] n'eût en Chypre et Cythérée.

Là a Vénus son temple et ses reliques,
Où maints amants par grande ardeur se vouent,
Et y font vœux, tant privés que publiques.

De temples maints que les poètes louent
Ce n'est plus rien, ils sont tous abolis ;
Mais cestuy[4] seul les dieux font et avouent.

Les piliers sont de diamants polis,
Le fondement est d'argent bien duisant[5],
L'avant-portail tout de saphirs jolis.

L'ordre du comble, ordonnée en croissant,
Fait enlacer les beaux piliers ensemble,
Qui sont d'ivoire et de fin or luisant.

Tout le dehors un paradis ressemble ;
Le dedans n'est ni trop clair ni trop brun,
Mais délectable à voir comme il me semble.

Jadis Vénus, en deux temples, dont l'un
Fut corinthois et l'autre de Sicile,
Mainte fille eût, dédiée en commun ;

Mais ceux[6], détruits par guerre difficile[7],
La grand' déesse a, depuis, mieux assis
En Occident son temple et domicile.

Car là voit-on simulacres[8] massifs,

1. naturelle. — 2. esprits. — 3. jamais. — 4. celui-ci. — 5. qui
convient, qui plaît. — 6. ceux-ci. — 7. pénible, périlleuse. — 8. statues.

Idoles peints et vives imagettes,
Sans embarras[1] de verre ou de chassis,

Qui de lourds[2] maux ou[3] personnes sujettes
Sont maintes fois, ainsi que par miracle
Donnent respons[4], de leurs douces gorgettes.

De ce haut temple et merveilleux oracle
Les autels sont des lits très bien parés,
Encourtinés, pour éviter spectacle[5];

Les chapes sont de draps bien figurés[6],
Le propre encens est d'odeur naturelle,
Les bénitiers des vaisseaux corporels,

Et là dedans jamaie eaue[7] ne gèle
Si l'aspergès n'est d'étoffe amortie,
Ou qu'un froid vent dé crainte ne s'y mêle[8].

Les gonfanons, de couleur assortie,
Sont les atours d'accoutrements gorriers[9],
Branlants au vent d'une et d'autre partie,

Lesquels on porte aux fêtes volontiers;
Danses et jeux où se font fictions,
Là, mieux qu'ailleurs, les déploie-on d'un tiers.

Là, les templiers font leurs processions;
Mainte statue est droit là transportée;
Et se font là grands intercessions.

Là est Vénus par musique enchantée,

1. *encombrier.* — 2. *griefs.* — 3. auxquels. — 4. réponses, explications.

5. Clément Marot, dans *Le Temple de Cupido*, a imité tout ceci. Il parle notamment des

> « ... autels couverts de parements
> Qui sont beaux lits, à la mode ordinaire,
> Là où se font d'amour les sacrements,
> De jour et nuit, sans aucun luminaire. »

6. ornés de figures. — 7. eau.

8. Le sens nettement érotique de ces six vers est d'autant plus curieux que ce genre est exceptionnel chez Lemaire.

9. élégants, à la mode.

Et tout le chant prend d'amours accordance,
Où volupté, sans nulle autre, est hantée.

Là est l'usage et coutumière danse
De l'ordre humain, et le droit naturel
Du diocèse où tant a d'abondance.

C'est au lieu dit « Paradis corporel »
Dont Génius[1] est métropolitain,
Qui tire plus que bœuf ou que torel[2].

Génius donc, premier primat hautain[3]
De toute Gaule, a cités suffragantes
Tant en pays prochain comme lointain.

Villes, cités mignonnes et fringantes,
En qui les biens du monde se comprennent,
Comme on connaît par œuvres élégantes,

Et d'autres tant qui tous les jours apprennent,
Que Génius, prélat vénérien,
Est ébahi dont tant de gens lui viennent.

Or fait-il bruire en maint lieu terrien
Son tintinable[4] et mener grand tintin;
Qui ne le peut sonner, il n'aura rien!

Les cloches sont de métal argentin,
Et qui ne tire, ainsi qu'à l'abandon,
Il aura beau cliqueter le patin.

Car il[5] n'aura ni grâce ni pardon,
Tant est le prêtre étrange de nature,
Qui tout devroit présenter en pur don.

Ainsi Vénus, parmi la flouriture[6],
Au jour poignant, quand[7] matines sonnèrent,
Fit de son temple ouvrir la grand' clôture,

Et là, séant, les oiseaux entonnèrent

1. Chapelain de Nature, dans la seconde partie du *Roman de la Rose*.
2. taureau. — 3. de haut rang. — 4. clochette. — 5. *jà.* — 6. floraison. — 7. que.

Un doux cantique entrebrisé d'accords,
Dont les parois du temple résonnèrent.

Philoméla moduloit ses records[1],
Contre-tenant[2] à Progné l'hirondelle,
Par un doux bruit accordant sons discords.

Merles, mauvis, de plus belle en plus belle,
Serins, tarins, faisant proportions[3],
Y murmuroient par tençon[4] non rebelle[5];

Chardonnerets, en diminutions[6],
Linottes, geais, trestous[7] à qui mieux mieux,
Firent ouïr leurs jubilations.

Leurs points d'orgue volèrent aux hauts cieux;
Leurs versets, dits alternativement,
Délectèrent les oreilles des dieux;

Et quand leur hymne eut pris définement[8],
Il vint avant maint nouvel Arion,
Maint Orphéus jubilant doucement.

D'un vieux[9] Terpandre ou d'un vieil Amphion,
D'un Apollon harpant en sa coquille,
On n'a plus cure[10], et si[11] les défie-on;

Pour un Linus chantant de voix tranquille,
Un Thamyras, Tubal ou Pythagore,
Il en est cent, et pour cent en est mille!

Au nouveau chant, à la nouvelle gorre[12],
Vénus s'endort mieux qu'au chant des sirènes,
Ou qu'à manger pavots et mandragore.

Tous vieux flageots[13], guitarres[14] primeraines[15],
Psalterions et anciens décacordes
Sont assourdis par harpes souveraines;

---

1. souvenirs. — 2, 3. Termes de musique. — 4. Une des nombreuses formes de la poésie lyrique médiévale : débat entre deux interlocuteurs. — 5. non désagréable. — 6. Terme de musique. — 7. tous. — 8. fin. — 9. vieil. — 10. souci. — 11. aussi. — 12. mode. — 13. petites flûtes. — 14. *guisternes.* — 15. primitives, anciennes.

Par le doux son des nouveaux monocordes,
Ont mis sous banc les gens du roi Clovis,
Leurs vielles, leurs vieux plectres et cordes,

Et maintenant fréquentent, à devis[1],
Les chœurs divins, les pupitres dorés,
Anges nouveaux dont les cieux sont servis.

Au fin milieu du chœur ouïr pourrez
Entrebriser musique alexandrine[2],
Et de Josquin[3] les verbes colorés;

Puis d'Okeghem[4] l'harmonie très fine,
Les termes doux de Loyset Compère[5],
Font mélodie aux cieux même confine[6].

Les neuf beaux cieux que Dieu tourne et tempère,
Rendent tel bruit en leurs sphères diffuses[7]
Que le son vient jusqu'en notre hémisphère,

Et de là sont toutes grâces infuses
Aux clairs esprits[8], et le don célestin
De la liqueur et fontaine des Muses.

Tant en françois que toscan et latin
L'air y résonne entre les murs du temple,
Et plus au soir qu'il ne fait au matin.

Or quand le nombre et l'ardeur je contemple
De tant de gens qui devant Vénus chantent,
Je n'ai veine qui de stupeur ne s'emple[9].

Poètes maints en ce grand temple hantent,
En décrivant les joyeux esbanois[10],
Et leurs écrits y dédient et plantent[11],

Non pâlissant devant ces doux minois

---

1. à souhait. — 2. Peut-être J. Lemaire fait-il allusion ici à la musique d'Alexandre Agricola, musicien néerlandais renommé, mort en 1506, et souvent appelé Alexander. — 3. Josquin Després (1450(?) † 1521), musicien belge. — 4. Jean d'Okeghem (1430(?) † 1495), musicien belge. — 5. Musicien belge († 1518). — 6. voisine. — 7. mêlées. — 8. *engins.* — 9. s'emplisse. — 10. divertissements. — 11. dressent.

De peur de mort ou de honte importable[1],
Comme jadis aux autels lugdunois[2] ;

Mais de cœur gai, de vouloir délectable
Leurs concevoirs hautement pindarisent[3]
En figurant mainte couleur notable.

Musiciens, de leurs voix symphonisent,
Et leurs buseaux[4] unanimes concordent,
Soufflent, harpent, tympannent[5], citharisent.

Facteurs[6], rimeurs, maints beaux dictiers[7] recordent[8]
A la louange et bruit[9] de la déesse,
Et de beaux mots leur dits ornent et bordent.

Là n'ot[10]-on rien que plaisance et liesse ;
Du bruit hautain[11] le haut ciel en résonne ;
Tout à soulas[12] s'y déduit[13] et acquiesce.

Là ne voit-on que gloire qui foisonne ;
Là se produit lascivité comique ;
Lyriques vers dont amours on blasonne[14].

Là récite-on, d'invention saphique,
Maint noble dit[15], cantilènes et odes,
Dont le style est subtil et mirifique.

Tout ce qui est en livres ou en codes
Se met avant, hymnes et élégies,
Chansons, motets, de cent tailles[16] et modes.

Là se déduit, par généalogies,
Le tronc d'amours, son los qui resplendit,
Et le nombre des grâces élargies[17].

1. insupportable. — 2. lyonnais. Allusion à deux vers de Juvénal
(sat. I, v. 43) parlant de la pâleur d'un rhéteur qui monte à la tribune
de Lyon.
3. Voir ci-dessus, p. 106, n. 3.
4. Instruments de musique. — 5. jouent du tympanon. — 6. Auteurs. — 7. Morceaux poétiques. — 8. rappellent. — 9. renommée.
— 10. entend. — 11. élevé. — 12. plaisir. — 13. passe. — 14. décrit.
— 15. Morceau poétique. — 16. coupes prosodiques. — 17. abon-
dantes.

Là maint gosier barytonnant bondit [1],
Qui lai [2] prononce ou ballade accentue,
Virelai [3] vire ou rondel arrondit.

Maint serventois [4] là endroit [5] se ponctue,
Chant royal [6] maint s'y [7] chante et psalmodie;
Bref un chacun s'y peine et évertue.

D'amours servir un chacun s'étudie,
Par quoi, céans [8], j'ouis si doux tumulte
Qu'au monde n'est semblable mélodie.

Du bruit souef [9] qui au temple résulte
Incessemment, sans silence ni poses,
Dame Vénus s'éjouit et exulte.

Et cependant qu'on chantoit tant de proses [10],
Le grand prélat de ce temple notoire
Sacrifioit d'encens pur et de roses,

Dont le doux flair [11] épars par l'oratoire
Réconfortoit [12] les cœurs des amoureux;
Puis, tôt après, on sonna l'offertoire.

Lors Génius, lequel prioit pour eux,
Laissa l'autel, s'alla mettre en son trône,
Et devant lui deux bassins grands et creux.

Maint pauvre amant, de grand'frayeur s'étonne,
Quand il perçoit ses grands vaisseaux d'argent
Esquels [13] il faut que chacun mette et donne.

Aussi maint chantre [14] et maint poète gent [15],
Par grand dédain laissa livre et pupitre,
Et s'en va hors, de secours indigent.

Et Génius, triomphant sous sa mitre,
Bien accoutré d'habits pontificaux,
Héla [16] Danger, son diacre et son ministre,

1. retentir. — 2, 3. Petits poèmes. — 4. Poème d'un caractère sérieux. Des poèmes composés en l'honneur de la Vierge ont porté ce nom. — 5. de ce côté. — 6. Poème à refrain, comme la ballade. — 7. *si.* — 8. *léans.* — 9. agréable. — 10. Hymnes liturgiques. — 11. parfum. — 12. *Rafocilloit.* — 13. Dans lesquels. — 14. chanteur. — 15. gracieux. — 16. *Hucha.*

Et lui dit bas : « Montre combien tu vaux !
Garde que nul n'approche l'autel sacre [1]
S'il n'a argent, tant soit-il fin ou faux ! »

Puis appela Bel-Accueil, sous-diacre,
Disant ainsi : « Garde bien sous ton œil
D'abandonner statue ou simulacre [2],

Ni de souffrir qu'homme en fasse son veuil [3],
Sans d'abord [4] mettre or ou joyaux [5] en gage ;
Mais bien les peux attraire [6], Bel-Accueil ! »

Et ceux [7] s'en vont, sans guère de langage [8],
Mettre [9] aux deux coins de l'autel grand et ample,
Pour recevoir, chacun selon l'usage.

Dame Vénus, la maîtresse du temple,
Voyant l'apprêt de l'offertoire grand,
Voulut montrer un grand signe et exemple,

Car elle dit, doucement souriant,
Au trois Grâces qui sont ses pédissèques [10],
Que chacune eut œil et maintien friand.

Lors Pasithée, en regards extrinsèques [11],
Attrait [12] maint homme, et sa sœur Égiale
Les entretient par maints plaisants obsèques [13].

Euphrosyna, gentille et curiale [14],
S'adonna toute à ce que séjourner
Longtemps les fasse en amour sociale [15].

Quand Génius vit son cas bien tourner,
Au gré Vénus et secours des Charites,
Il s'apprêta pour un peu sermonner,

Et déclarer de Vénus les mérites,
Afin que ceux qui d'offrir prêts se montrent
Ne fissent point leurs ententes [16] irrites [17].

---

1. sacré. — 2. image. — 3. sa volonté. — 4. *premier*. — 5. *bagues.*
— 6. attirer. — 7. ceux-ci. — 8. sans guère parler. — 9. se placer.
— 10. suivantes. — 11. promenés autour d'elle. — 12. attire. — 13. paroles aimables. — 14. ayant des manières de cour. — 15. sociable.
— 16. attentions. — 17. inutiles.

Chacun se tut; tous pour ouïr s'accontrent[1] (?).
Il[2] prit son thème : « AETATIS BREVIS VER :
Ces mots, ici, grand chose vous démontrent.

Peuple gentil, vieillesse est votre hiver
Et jeunesse est le printemps de votre âge,
Lequel n'est point si durable que fer.

Jeunesse est brève, et, partant[3], qui est sage,
Il sert les Dieux, il emploie son temps
Ains[4] que vieillesse usurpe en lui servage[5].

Voyez-vous point, selon que je prétends,
Qu'animaux tous, Dieu et Nature servent,
En leur jeune âge, en ce joli printemps?

Les cerfs, au bois, titre[6] d'amours observent;
Les oiselets maintenant s'apparient;
Et, par grand sens, leurs espèces conservent;

Les éléments les uns aux autres rient;
Célestes corps l'un à l'autre se jouent;
Toutes choses d'amours orres[7] se prient;

Tous sexes or[8] en concordent se vouent;
Mâle, femelle, ont accord réciproque,
Jusqu'aux poissons qui sous les ondes nouent[9].

Mutuel meuf[10], union univoque[11],
Font connexer[12] la machine du monde
Sous un moteur qui à paix les provoque.

Et de là vient que le ciel noble et monde[13]
Aspire en terre une amour affective
De procréer tout ce qui y abonde,

D'administrer vigueur végétative
A plante, à arbre, et, jusqu'à une fève,
Fournir à tout essence nutritive.

1. Le texte porte *s'accoustrent*. Cette rime est inadmissible chez
Jean Lemaire. — 2. *Si.* — 3. *pourtant.* — 4. Avant. — 5. ne le tienne
en servage. — 6. fonction, charge. — 7, 8. maintenant. — 9. nagent.
— 10. raison, motif. — 11. union du mâle et de la femelle engendrant
les animaux parfaits. — 12. maintiennent en un tout. — 13. pur.

Et cet amour qui ainsi tout achève,
Se dit Nature, étendant les branchettes
Des arbrisseaux quand ils sont en leur sève.

Nature donc, de ses mains tant doucettes,
Ne fait que tistre[1], et peindre, et labourer[2]
A faire fleurs, arbres, hommes et bêtes.

C'est pour le tout univers décorer ;
Et puis Vénus, par ardeur indicible,
Les fait trestous[3] ensemble enamourer.

Dame Vénus emploie son possible
A tout conjoindre en amour melliflue[4],
Leur propinant[5] vertu concupiscible.

A toute bête, utile ou superflue,
Elle consigne un aiguillon d'amours,
Et un désir sensuel leur influe.

Mais sa cure[6] est principale toujours
Sur les humains auxquels ses grâces donne
Au beau printemps et en leurs jeunes jours.

Si donques or[7] tout animal s'adonne
D'amours servir, de Vénus mercier[8],
Ainsi que Dieu et Nature l'ordonne,

Que ferez-vous, qui pour approprier
Bien vos hauts noms, êtes tous demi-dieux,
Et qui savez le bien du mal trier ?

Saints animaux, la semence des cieux,
Hommes prudents, esperits[9] raisonnables,
Et qu'entre tous Nature aime le mieux,

Serez-vous point aux hauts dieux serviables ?
Dame Vénus, l'honorerez-vous point
Comme ses serfs, dévots et amiables ?

---

1. tisser. — 2. travailler. — 3. tous. — 4. doux comme miel. —
5. communiquant. — 6. soin. — 7. maintenant. — 8. remercier. —
9. esprits.

Ainsi serez[1] ! Nature vous y poind[2] !
Et, mêmement, en ce doux temps vernal[3]
Auquel êtes, gais, frais, forts, en bon point,

N'attendez point le froid temps hivernal
Auquel serez destitués de forces,
Et de vigueur perdrez le gouvernal.

En ce temps-là vos ridées écorces
De grand vieillesse âpres seront et dures,
Et vos branches inclinées et torses.

Lors Vulturnus[4] et ses noires froidures,
Sifflant, bruyant, vous feront escroler[5],
Souffler[6], faner vos fleurs et vos verdures.

Lors verrez-vous vos feuillettes voler,
Vos bruns cheveux semés de neige blanche,
Et vos hauts troncs dénuder et peler.

Il[7] vous faudra appuyer tige et branche
De bâtonneaux et autres sustentacles[8],
Que[9] vent aucun ne vous tombe ou débranche.

Vos yeux rouillés trouveront pour obstacles[10]
Larmes sans vueil[11] avec mailles[12] et toiles[13],
Qui sont de mort assez prochains signacles[14].

Plus n'y aura d'humeur dedans vos moêles,
Fors distillant[15] cathares et roupies,
Le chef[16] baissé loin du cours des étoiles.

Vieillesse lourde[17] enverra ses espies[18],
Tremeur[19], langueur, infrigidation[20],
Dont vos vertus[21] seront fort assoupies.

Car par leur fort[22] et congélation,

---

1. *Si serez donc.* — 2. pique. — 3. printanier. — 4. Vent du sud-est chez les Romains (soufflant du Volturno d'Apulie). — 5. écrouler. — 6. *Flastir.* — 7. *Si.* — 8. soutiens. — 9. Afin que. — 10. seront gênés. — 11. Larmes involontaires. — 12. taies. — 13. membranes. — 14. signes. — 15. Ne distillant que. — 16. tête. — 17. griève. — 18. espions. — 19. Crainte. — 20. refroidissement. — 21. forces. — 22. manière.

Tout votre corps sera froid comme marbre,
Farci de goutte et d'autre infection.

Vos membres or[1], plus prêts[2] qu'un candélabre,
Seront alors non mouvants, non dressables,
Et pourrira le fin cœur de votre arbre !

Pour vous guinder il faudra bien cent cables ;
Plus ne voudrez sinon au feu croupir[3],
Tant serez-vous morfondus, misérables !

On vous verra, tout refroidis, tapir
Sous pelissons[4], sous chaudes vieilles nattes,
Toussant, crachant et jetant maint soupir.

Et[5] tiendrez lors vos vies pour ingrates,
Quand vous verrez vos forces dépéries,
Ayant regret aux juvéniles actes,

Ayant dépit qu'aux plaisances fleuries
D'adolescence et de jeunesse heureuse,
Recrus serez, et vos liqueurs taries.

Et maudirez l'obscurté[6] ténébreuse
De l'âge triste, odieux, mat[7] et sombre,
Vieillesse crue, offensant, querelleuse.

Et vous[8] ferez vœux et souhaits sans nombre,
Tendant à fin de vous rajovenir[9] ;
Mais c'est pour néant car trop grave[10] est l'encombre[11] !

Trop est lourd[12] faix que de vieux devenir,
D'avoir passé le joli temps d'été,
Le riche automne : on n'a nul revenir !

Plus ne serez ainsi qu'aurez été ;
Dont pleurerez, et bien[13] vous pèsera
Voir votre cours par vieillesse arrêté !

Chacun de vous alors s'accusera

---

1. à présent. — 2. fermes, immobiles. — 3. se pelotonner. — 4. pe-
lisses. — 5. *Si.* — 6. l'obscurité. — 7. abattu. — 8. *si.* — 9. ra-
jeunir. — 10. *grief.* — 11. l'obstacle, l'empêchement. — 12. *grief.*
— 13. *moult.*

De ses beaux jours perdus et oubliés,
Et ses genoux de pleurs arrosera,

En requerrant, à deux genoux pliés,
Merci aux dieux, et Vénus, la déesse
Par qui tous biens nous sont multipliés.

Mais tard sera! Car jamais en vieillesse
Vénus n'octroie à personne pardon,
Qui n'aura fait son devoir en jeunesse.

Et puis Amour, qui est notre guidon,
De l'autre part tiendra pour grave[1] offense
Un tel mépris de son dard et brandon.

Nature aussi, qui nous propine[2] essence,
Estimera le défaut trop énorme
D'acquitter mal si belle adolescence.

Et, outreplus, je vous dis et informe
Que je, qui suis votre chef souverain,
Condamnerai votre erreur si difforme.

Je, Génius, grand primat primerain[3]
De toute Gaule et de mainte autre gent,
Vous choisirai[4] du premier au derrain[5].

Et s'il s'en trouve aucun si négligent
Qu'en son temps n'ait servi Vénus, sa dame,
Il en mourra, de pardon indigent[6],

Et sera dit anathème et infâme,
Forclos d'aller aux beaux Champs-Élysées
Où le siège est de mainte benoîte âme!

Mais pas ne crois vos Hautesses prisées
Si regimbant encontre l'aiguillon,
Si peu savant ni si très abusées.

Car quant Amour, plus gai qu'un papillon,

1. *griève.* — 2. donne. — 3. souverain. — 4. examinerai. — 5. dernier. — 6. privé de pardon.

S'adresse à vous, bendant son arc d'ivoire,
Point ne devez éviter son raillon[1].

Son vulnérer[2] vous est triomphe et gloire,
Sa plaie inflicte[3] est pour vous honorer,
Et anoblir votre nom et mémoire.

Par ainsi donc devez-vous adorer
Dame Vénus et Cupidon, son fils,
Et à leur vueil[4] du tout[5] obtempérer.

En ce devoir devez être confits,
O hommes clercs, nobles adolescents,
De tout le bien de Nature assouffis[6] !

Levez vos cœurs, déployés ci vos sens,
Mes chers enfants que je veux[7] introduire,
Et m'adressez[8] vos beaux yeux reluisants !

Je suis celui que Dieu a fait reluire
En haute essence, au rang des demi-dieux,
Pour assister aux hommes sans les nuire.

Génius suis, vous suivant en tous lieux
Pour vous semondre[9] et vous persuader
Ce que je sais qui vous convient[10] le mieux !

Créé je fus pour vous duire[11] et guider,
Pour procurer la votre géniture,
Et, au surplus, vous défendre et garder ;

Ma substance est de haute intellecture[12],
Comme uniforme[13] à noblesse angélique,
Et mon titre est vrai ami de Nature !

Mon géniteur céleste et déifique
Se dit Mercure, éloquent, prompt et sade[14],
Le dieu d'esprit[15] et de toute traffique[16],

---

1. trait d'arbalète. — 2. blessure. — 3. reçue. — 4. vouloir. —
5. complètement. — 6. comblés (avoir à suffisance). — 7. *veuil.* —
8. dirigez vers moi. — 9. avertir, exhorter. — 10. *affiert.* — 11. conduire. — 12. intellectualité. — 13. conforme, semblable. — 14. **sage.**
— 15. *engin.* — 16. commerce.

Et ma mère est une nymphe naïade
Nommée Lare, à Vénus pédissèque[1],
Fort domestique, obséquente[2] et non fade[3].

Or suis-je donc le moteur extrinsèque
Qui vos plaisirs vous adresse et avance,
Et vos ennuis vous recule et resèque[4].

Vous[5] pouvez voir, sans nulle décevance,
Comment je suis votre vrai gardien,
Grand paranymphe et tout plein de savance[6].

Car mon labeur, mon train quotidien,
Est vous instruire, ainsi que le voyez,
Principament[7] en l'art vénérien.

Avecques vous, quelque part que soyez,
Toujours je suis, et ai prérogative
De vous instruire à ce que vous croyez.

Votre penser, votre imaginative,
Sont sous ma loi, car j'en sais les secrets,
Et aussi est la force génitive.

A Génius vos fronts sont consacrés ;
Vos beaux semblants[8], toutes vos bonnes chères[9]
Vos dits plaisants, vos mots doux et sucrés,

Vos yeux gentils et vos plaisants manières,
Vos ris, vos chants, vos faits ingénieux,
Sous Génius observent leurs banières[10].

Tous malplaisants, tous avaricieux,
Ne me sont rien, ni sots, ni coquibus[11],
Mais les friands, libéraux, gracieux !

Et ceux-là sont[12] qui me doivent tributs,
Comme gentils, bien complexionnés,
Sangains, joyeux, sans fraude et sans abus.

---

1. suivante. — 2. soumise. — 3. sotte. — 4. supprime. — 5. *Si.*
— 6. savoir. — 7. Principalement. — 8. apparences. — 9. visages.
— 10. se rangent sous les ordres. — 11. imbéciles. — 12. Ce sont
ceux-là.

La raison est pour ce qu'ils sont bien nés
Sous l'horoscope et regard vénérique,
Ou que d'eux-même ils s'y sont façonnés.

Leur oraison est pure rhétorique[1],
Leur liesse est propice et géniale,
Et leur attrait, amoureux et lubrique.

Leur façon est humaine, sociale,
Sachant[2] sa cour, très bien mondanisant,
Et leurs habits de mode[3] spéciale.

Tel êtes-vous, ô peuple reluisant,
Peuple de Gaule aussi blanc comme lait,
Gent tant courtoise, et tant propre et plaisant[4]!

François faitis[5], francs, forts, fermes, au fait,
Fins, frais, de fer, féroces, sans frayeur,
Tels sont vos noms, concordants à l'effet!

Peuple hardi, de périls essayeur,
Illustre sang, troyenne nation,
Non épargnant son sang ni sa sueur;

Neveux d'Hector, enfants de Francion,
Qui sur les bords du grand fleuve Dunoe[6].
Fonda Sicambre et y fit mansion[7]!

Votre haut los en profond honneur noue[8],
Votre nom clair vole jusques aux cieux,
Midi vous craint, septentrion vous loue;

Tout occident, tous orientaux lieux,
Indes, Persans, Scythes et Parthes scaivent[9]
Que vous êtes les bien voulus des dieux!

Vos clairs pennons en Asie se lèvent,
Les Turcs ont peur de votre bruit[10] et fame[11],
Et vos fiertés redoutent et eschièvent[12]!

---

1. poésie. — 2. *Savant.* — 3. *gorre.* — 4. *duisant.* — 5. élégants.
— 6. Danube. — 7. demeure. — 8. nage. — 9. savent. — 10, 11. renommée. — 12. evitent.

Grèce a fiance[1] en l'ardent oriflamme
Qui de ces[2] Turcs les yeux éblouira ;
C'est tout l'espoir qu'elle attend et réclame.

Votre hauteur[3] de ce l'esjouira[4]
Dedans bref temps, car j'en vois les apprêts,
Dont un chacun votre nom bénira !

Mais cependant, afin d'être plus frais,
Reposez-vous, reprenez vos haleines,
Et de labeur soyez un peu soustraits !

Réconfortez[5] vos membres et vos veines ;
Impossible est que toujours arc pût tendre,
Car ses forces en seroient trop vaines ! ·

Entre deux faut à Volupté entendre,
Et y vaquer à l'exemple de Mars
Qui s'accointoit de Vénus, blanche et tendre,

Et mettoit jus[6] écus et braquemarts ! »

COMMENT L'AUTEUR FUT REBOUTÉ DU TEMPLE DE VÉNUS.

Aux paroles de l'archiprêtre Génius, plusieurs personnages de jeunesse gallicane et françoise, émus et désireux[7] d'aller à l'offrande, sans attendre la fin du sermon, comme pleins de fureur amoureuse, contraignirent ledit prédicateur de syncoper sa harangue[8], car, par ardeur tumultueuse et farouche, tout ainsi que s'ils se dussent entrebattre, chacun s'avança qui mieux mieux, tentant[9] de baiser les reliques du temple vénérien, et s'entrepressoient de telle sorte que l'un donnoit empêchement[10] à l'autre.

Bel-Accueil, sous-diacre, faisoit résonner ses grands bassins d'argent, dedans lesquels, qui ne pouvoit advenir, il y ruoit[11] or, argent, drogues aromatiques et odoriférantes, riches bagues[12], ornements somptueux, et toutes

1. confiance. — 2. *d'iceux*. — 3. noblesse. — 4. réjouira. — 5. *Refocillez*. — 6. à l'écart. — 7. *entalentés*. — 8. *collation*. — 9. *tendant*. — 10. *empesche*. — 11. jettait. — 12. joyaux.

espèces de richesses mondaines. Les autres, par grande
dévotion, attachoient leurs cierges et leurs chandelles aux
treillis du grand autel et aux candélabres, tellement que
les clercs et ministres dudit Bel-Accueil ne suffisoient à
recueillir et éteindre les chandelles ni à épuiser les grands
vaisseaux d'argent. J'en vis aussi aucuns qui y mettoient
des tableaux peints de leurs naufrages et mésaventures,
pour rendre grâce à la déesse de ses miracles impétrés
tant par mer que par terre.

Le diacre nommé Danger, qui, d'autre part, tenoit pied
ferme, ayant une grande et longue verge en la main, de
dur néflier[1], poli et plein de nœuds, d'un visage rébarba-
tif et d'une voix tonnante et redoutable, menaçoit ceux qui
s'efforçoient d'approcher à main vide aux riches coussi-
nets sur lesquels reposoient les belles images et simulacres
féminins et vénériques, et, de fait, les reboutoit rudement.

Je, donc, tout délibéré d'accomplir mon vœu, dès longtemps[2] promis, à l'exemple des autres auxquels j'avois vu
faire le semblable, présentai un petit tableau de mon industrie, assez bien écrit et enluminé de vignettes et fleurettes, lequel j'estimois un chef-d'œuvre, pour le planter
et dédier devant l'image de ma demi-déesse. Et, de fait,
quand ce vint à offrir, j'eus quelque peu de faveur du sous-
diacre Bel-Accueil, car, en faisant mon offrande, il me
souffrit baiser les lèvres coralines de l'image, prétendant
encore la rebaiser par plusieurs fois pour saouler ma dévotion.

Mais quand Danger, le rude diacre plein d'avarice sa-
cerdotale, eut vu que je ne fis présent que d'un peu de
parchemin attaché en bois, sans qu'il regardât autrement[3]
que tout cela[4] servoit à l'honneur et exaltation de la déesse
Vénus et de son temple, il me châtia malgracieusement de
sa gaule et jeta mon tableau derrière le grand autel sans
en tenir compte, pour ce qu'il n'y avoit guère de métal,
d'or ou d'argent pesant ou massif, fors seulement de do-
rure ou enluminure superficielle.

---

1. *mesplier*. — 2. *ja pieça*. — 3. *sans ce que autrement il regardât.*
— 4. *ce.*

Voyant mon repoussement[1] et confusion, je me réputai malheureux et sortis du temple, plein de vergogne, tout pensif et sans contenance sinon piteuse et lamentable, fuyant et me détournant de la conversation de ceux de ma connaissance, lesquels, par grande foule, occupoient les chemins de toutes parts pour aller au sacrifice de Vénus.

Je[2] fis tant que j'échappai de la presse, et tant errai par mes journées sur mer et sur terre que je parvins à une merveilleuse solitude; c'est-à-dire désert stérile, pierreux, sabloneux[3] et tout émétitique, là où, néanmoins, je trouvai aucuns pas humains imprimés en la sablonnière sèche, non tant que ce put sembler grande route[4] ou chemin ferré, mais toutefois il donnoit consolation à ma tristesse[5], espérant que je parviendrois à trouver aucune chose étrange[6], merveilleuse et antique dont je suis curieux. Ce qui m'advint, comme vous orrez[7] ci-après.

Après lointains voyages et erreurs[8] plus que vagabondes, et après plusieurs périls et naufrages échappés, pour ce que je me détournois une fois deçà, autrefois de là, par l'ignorance des sentiers, comme celui qui mieux aimoit mourir en lieu étrange[9] et inconnu que vivre en dérision de ses[10] voisins, finalement j'aperçus un rocher très haut et très merveilleux à regarder pour sa diversité[11]. Car son chef[12] s'élevoit par-dessus les nues et, au pied d'icelui, comme on pouvoit conjecturer par semblance lointaine, pouvoit être imaginé aucun peu d'arbres et verdures.

Je tirai de ce côté[13] pensant que là[14], par aventure, je trouverois quelque rafraîchissement[15] d'eau ou de fruitage pour étancher ma grande soif qui causée m'étoit par le train laborieux de la terre sablonneuse et par évaporation de sueur alternative et expiration d'haleine.

En cet espoir et désir, oubliant mon travail par affectation de nouveauté, je ne me donnai garde que j'approchai le pied du roc, lequel étoit revêtu d'aucuns buissonnets,

---

1. *rebout.* — 2. *Si.* — 3. *areneux.* — 4. *grand trac.* — 5. *tristeur.* 6. étrangère. — 7. entendrez. — 8. marches errantes. — 9. étranger. — 10. *mes.* — 11. singularité. — 12. tête. — 13. *Si tirai celle part.* — 14. *illec.* — 15. *réfrigère.*

mais clairsemés et non pas du tout suffisants pour donner ombrage et encore moins fructueux. Ils[1] n'étoient peuplés fors de menus lézardeaux et d'autres bestioles nommées cigales, dont le chant enroué faisoit résonner l'air de toutes parts. Néanmoins, j'y cueillis aucunes mûres et framboises vertes dont l'aigreur étancha quelque peu l'altération de ma bouche.

Or, étoit la roche échauffée du soleil méridional, si droite, si scopuleuse[2] et si difficile à monter que je ne m'en osai oncques[3] entremettre, mais[4] allai, environnant son circuit, souhaitant, par grand soin, que je pusse recouvrer quelque source de fontaine. Laquelle chose, après grand travail, j'obtins heureusement, et parvins en un lieu solitaire et ombrageux qui étoit le creux du rocher large et ample, revêtu de mousse et autres herbes aquatiques, duquel sourdoit un petit ruisselet argentin environné d'un peu d'arbres de feuillage[5] avare[6]. Je[7] m'assis sur la rive pelée et non guère herbue, puis m'inclinai et puisai de l'eau dedans mes paumes creuses; je[8] bus de cette belle liqueur réfrigérante[9] et en lavai la sueur de ma face.

Et quand j'eus mes esprits recréés et remis sus, il me sembla bien, parce que le lieu étoit séparé de la noise du monde, que c'étoit un désert épouvantable, aventureux et d'anciennes merveilles, et comme un lieu hanté de nymphes et d'autres esprits incorporels. Je[10] dressai la vue pour regarder la région circonjacente, et si, par aventure, il y avoit là entour chose aucune digne de mémoire. Finalement ma curiosité ne me déçut point, car, du côté droit de la fontaine, je trouvai entaillé en la roche, de gravure antique, ce qui suit :

DESCRIPTION DU ROCHER
SUR LEQUEL EST ASSIS LE PALAIS D'HONNEUR
ET LE TEMPLE DE MINERVE.

Voici le noble roc qui les nues surpasse,
Des plus hauts monts qu'on sache au monde l'outrepasse,

---

1. *Si.* — 2. pleine de rochers. — 3. jamais. — 4. *ainçois.* — 5. *feuillure.* — 6. *escharse.* — 7. *Si.* — 8. *si.* — 9. *refrigereuse.* — 10. *Si.*

Dont le sommet atteint l'air du ciel très salubre.
Or est tout ce rocher divers, glissant et lubre[1],
Très dur, aigu, pointu, offensant pieds et palmes[2],
Et n'y croît alentour ni olives ni palmes,
Mais seulement estocs et arbres épineux,
Poignants, fiers[3] au toucher, tortus et pleins de nœuds.
Tous les sentiers y sont peu hantés, tôt perdables,
Dangereux au monter, promptement descendables,
Et n'y va jamais nul, tant soit-il grand et fort,
Qu'il ne lui soit besoin d'exercer maint effort,
Maint combat difficile et mainte lutte aherdre[4],
Le tout en grand danger de corps et d'âme y perdre
Ains[5] qu'il pût survenir au-dessus du rocher,
Vu que, pour le garder qu'on n'en pût approcher,
Monstres y a, vilains, plus hideux que lutons[6],
Horribles, laids et ords[7], tout garnis de bâtons,
Qui tant d'ennuis et peine aux entrepreneurs font
Que, pour le plus souvent, leur vertu ploie et fond.
   Mais si par fortitude et bien persévérer
Ils peuvent, d'aventure, en haleine durer,
Jusques au fin plus haut où est la riche plaine
Garnie de tous biens, de félicité pleine,
Lors ont-ils bel accueil, ils ont repos éterne[8],
Gentil bruit[9] triomphant et bienheurté[10] superne[11].
   Car sur le haut du mont spacieux et planier[12],
Est le palais heureux, de tous biens personnier[13],
Le grand verger d'honneur et le séjour royal,
Qui sans fin est ouvert à tout bon cœur loyal.
Là est à tout jamais l'air tranquille et serein,
Comme en un paradis terrestre, primerain[14].
Tout y flaire[15] et fleuronne et rend suave odeur;
Tout y est plein de joie et de riche verdeur.
L'air, illec[16], retentit de très douce harmonie,
Et paix est là endroit[17], richement espanie[18];

---

1. glissant. — 2. paumes. — 3. rudes. — 4. se livrer à mainte lutte.
— 5. Avant. — 6. lutins. — 7. sales. — 8. éternel. — 9. renommée. —
10. bonheur. — 11. céleste. — 12. plat. — 13. pourvu. — 14. printanier. — 15. sent bon. — 16. là. — 17. là même. — 18. épanouie.

Amour y règne et grâce, et concorde y fleurit;
Plaisant plaisir y dure et joie s'y nourrit.
Là verrez-vous souvent chevaliers tournoyer,
Et parmi les verts prés dames esbanoyer[1],
Qui les fleurs vont cueillant pour beaux chapelets[2] tistre[3],
Et d'icelles on sent un flair[4] merveilleux ystre[5].
Là les voit-on dansant par bandes et caroles[6],
Chantant lais[7] pleins d'amour et de douces paroles;
Et lors les oiselets répondent à leurs chants,
Qui, tout doux et privés, se laissent prendre aux champs,
Et vont partout semant leurs plumettes dorées,
D'azur, de vert, de jaune et pourpre colorées.
Entour des arbrisseaux et des rives herbues,
Et dessus l'ouverture aux fleurettes barbues,
Les mouchettes ot[8]-on par douce noise bruire,
Qui cueillent la saveur pour cire et miel construire.
Le bon printemps, léans[9], sans cesser toujours dure,
Sans aucun embarras[10] d'hivernale froidure.
Là s'endort-on au bruit des claires fontainettes,
Auxquelles on ne voit serpenteaux ni rainettes
Ni aucune autre chose à personnes nuisible,
Mais y est tout riant, salutaire et duisible[11].
Et au fin beau milieu, sur un tertre plaisant,
Duquel souef[12] descend maint ruissel arrosant
La racine fertile à tout fructueux arbre,
Est un palais construit de dur et riche marbre,
De jaspe, de cristal, de porphyre poli,
Dont l'ouvrage est tant cher, tant noble et tant joli,
Qu'au monde ne se trouve un si bel habitacle.
Illec[13] est le manoir et le sûr réceptacle
D'Honneur, le roi puissant, juste, grandipotent,
Qui maints riches guerdons[14] à tous cœurs nobles tend.
    Dedans ce palais est de Minerve le temple,

1. se divertir. — 2. couronnes. — 3. tresser. — 4. parfum.
— 5. sortir. — 6. en se tenant par la main et en chantant. —
7. Petits poèmes. — 8. entend. — 9. là. — 10. encombrier. —
11. comme il convient. — 12. doucement. — 13. Là. — 14. récompenses.

Auquel maint noble esprit en haut savoir contemple
Les beaux faits vertueux en chronique et histoire,
En sereine morale et en art oratoire.
Là se trouvent conjoints, vivant en paix, sans noise,
Le langage toscan et la langue françoise.
    Par ainsi, là, dedans son auréin[1] palais,
Fourni et enrichi de saphirs et balais,
Ce puissant empereur, Honneur le vertueux,
Maintient son haut arroi et son train somptueux,
Et se déduit[2], léans[3], sans ce que rien le blesse,
Avec sa grand puissance et pompeuse noblesse,
Sa bande bienheureuse et céleste famille,
Dont on peut bien compter millions plus de mille,
Ayant trestous[4] à part, mansions[5], tabernacles,
Logis garnis de tours, beffrois et propinacles,
Et de toute autre chose au monde souhaitable,
Pour enrichir tel lieu triomphant et notable.
Et[6] vont léans[7], courant, jouant et voletant,
Hauts esprits angelins[8], en effet, tant et tant,
Que nul vivant n'en sait le nombre innumérable.
    En ce lieu noble et saint, propice et désirable,
Jamais âme ne vit la nuit obscure et brune,
N'oncques[9] n'y éclipsa la triste et froide lune,
Ainçois[10] un luissant jour éternel y adjourne[11],
Duquel la grand clarté, sans fin, dedans séjourne,
Et se maintiennent là les nymphes et pucelles,
Et Jeunesse et Beauté, comme on peut dire celles
Qui toujours, d'heure en heure, en splendeur refleu-
Ni leurs plaisants ébats jamais ne dépérissent, [rissent,
Car ainsi le commande Honneur, le grand seigneur
Qui de tous hautains[12] biens est maître et enseigneur.
    Qui veut doncques monter au temple de Minerve,
Qui lâcheté détruit et les vices énerve,
Et rend l'honneur tout dur qui par avant fut tendre,
Le sauf-conduit d'Honneur ici lui faut attendre.

1. d'or. — 2. se divertit. — 3. là. — 4. tous. — 5. maisons d'habitation. — 6. *Si.* — 7. là. — 8. angéliques. — 9. Ni jamais. —
10. Mais. — 11. fait jour. — 12. nobles.

> Ce lieu s'appelle étude et labeur et souci ;
> S'il ne se vouloit perdre, il faut attendre ici.
> Mais enfin bonne guide aura-t-il par Honneur
> Qui de biens et vertus est juste guerdonneur [1].

COMMENT EN CE LIEU SOLITAIRE S'APPARUT A L'AUTEUR UN ES-
PRIT FAMILIER EN GUISE D'ERMITE, NOMMÉ LABEUR-HISTO-
RIEN, AVEC LEQUEL IL CONCLUT ET DÉLIBÉRA DE DEMEURER
ET DE SERVIR COMME SON CLERC, AFIN DE TROUVER LA CON-
CORDE DES DEUX LANGAGES.

Quand j'eus achevé de lire tout ce beau dittier [2] composé de rythme alexandrine, gravé en la planure [3] du rocher ample et spacieux (laquelle taille [4] jadis avoit grand
bruit [5] en France pour ce que les prouesses du roi
Alexandre le Grand en sont décrites aux [6] anciens romans,
dont aucuns modernes ne tiennent compte aujourd'hui ;
toutefois ceux qui mieux savent en feront grande estime),
je fus bien joyeux, et, ruminant longuement en ma pensée, notai par exprès les six vers dont l'un commence :
Dedans ce palais est le temple de Minerve [7]..., etc. Car de
longtemps je m'étois enquis, et souvent remis en doute,
en quel lieu ni comment se pouvoit trouver la concorde
des deux langages, c'est à savoir, françois et toscan ou florentin, et je fus lors certain qu'elle étoit au haut et riche
palais d'Honneur, dedans le temple de Minerve, et que là [8]
on en pourroit finir [9] ; mais d'y aller, je ne savois aucun
moyen, pour ce que par ladite écriture de la roche il étoit
défendu d'y monter sans guide.

En cette contemplation je m'endormis, et non guères,
car je fus tantôt éveillé par un esprit familier qui me sollicite aucunes fois, nommé Labeur-Historien, lequel demeure [10] souvent en aucunes bonnes maisons et n'apparoît [11]
jamais, pour quelque conjuration qu'on lui fasse, sinon

---

1. celui qui récompense. — 2. Pièce poétique. — 3. surface plane.
— 4. coupe prosodique. — 5. renommée. — 6. *ès.* — 7. Il est curieux
que Lemaire cite son vers inexactement. — 8. *illec.* — 9. *finer.* —
10. *repaire.* — 11. *ne s'appert.*

que dame Nature lui commande, et toujours en personnage grave, antique et vénérable, avec[1] une belle barbe
longue et blanche, ainsi comme un ermite.

Il[2] me dit, quand je fus levé debout à cause de lui faire
révérence, qu'en bonne heure fussé-je venu en son ermitage. Et lors je lui requis, par grande instance, qu'il me
voulût dire et déclarer par quelle ordonnance avoient été
gravées ces lettres au rocher.

A cette demande il me répondit que ce fut par l'institution de maître Jean de Meun, orateur françois, homme
de grande valeur et littérature, comme celui qui donna premièrement estimation à notre langue, ainsi que fit le poète
Dante au langage toscan ou florentin.

Alors je fus bien aise et répondis que puisque — comme
j'ai autrefois ouï dire — le bon maître Jean de Meun étoit
contemporain, c'est-à-dire d'un même temps et faculté, à
Dante, qui précéda Pétrarque et Boccace, et que l'un étoit
émulateur et nonobstant ami des études de l'autre, et que
dès ce temps même tout se portoit bien d'un côté et d'autre,
c'est à savoir que France et Florence, qui s'intitulent de
même lettre, étoient franches, florissantes et conjointes,
toutes ces choses attendues[3] et considérées, il étoit bienséant que le semblable advint en notre temps. Mêmement
pour ce que la fleur de lys de Florence est procédée du
don du grand empereur Charlemagne, roi des Francs,
fondateur et instaurateur de la cité de Florence la belle,
et non rebelle aux François, car on en voit l'apparence,
attendu que leur efflorescence[4] n'a onques[5] failli à la franchise des nôtres depuis le temps qu'on fréquente les Itales[6].

Joignons donc ces fleurs de lys ensemble qui déjà sont
unies. Les unes sont d'or en champ d'azur, les autres sont
de gueules sur argent. Or, n'est-il possible à personne qui
veut vivre en ce monde, mêmement à un roi, de se passer
en ses armes de gueules, c'est-à-dire de gens d'armes et
autres gens qui mangent, ni d'argent pour les payer, ni

1. *à tout.* — 2. *Si.* — 3. entendues (?). — 4. *flourissance.* — 5. jamais. — 6. l'Italie.

d'or qui signifie noblesse et puissance, et encore moins
d'azur par lequel est désigné le ciel et l'air, sans lesquels
nous ne pouvons aspirer ni respirer. Ajoutez ces choses
ensemble en un fort bon écu collé et nervé de constance
et durabilité, toute Italie sera à jamais concordée avec
France.

Oyant[1] ainsi parler et conclure Labeur-Historien, le bon
ancien vieillard, je fus bien joyeux. Et le[2] suppliai très
humblement qu'il m'octroyât un don : c'est qu'à jamais[3]
je demeurasse avec lui et le servisse comme son clerc; ce
qu'il m'accorda, considérant une grande affection et incli-
nation naturelle à l'aimer.

Il[4] me mena héberger en son plaisant ermitage, très
solitaire, mais bien garni de librairie ancienne et nouvelle,
disant et promettant que si quelquefois, c'est-à-dire après
le décours de ma vie, et non devant[5], il me trouvoit digne
de monter au haut palais d'Honneur, là où est le temple
de Minerve, laquelle autrement se nomme Pallas, ou Bel-
lona, déesse de science, d'étude, de vertu, de paix, qui est
aussi recherchée[6] par armes, maîtresse de tout artifice[7] et
ouvrage, inventeresse d'armures et de tous autres accoutrements qu'on sait deviser ou souhaiter de main ouvrière
en linge ou en soie, que, lors, il feroit tant que j'aurois
deux guides qui sont deux paranymphes archangéliques,
l'un nommé Repos et l'autre Récompense. Lesquels me
feront voir pleinement la très vertueuse et très nécessaire
concorde des deux langages au temple de la déesse dessus spécifiée, dont, en un miroir artificiel fait par art ma-
gique, il me montra les vivantes images[8], embrassant[9] l'une
l'autre, à la présence de la déesse.

De peu assez.

1. Entendant. — 2. *luy.* — 3. *que à toujours mais.* — 4. *Si.* —
5. avant. — 6. *quise.* — 7. industrie. — 8. les images de Repos et
de Récompense. — 9. s'embrassant.

OUVRAGES FRANÇAIS A CONSULTER

Ouvrages spécialement consacrés
a Jean Lemaire de Belges :

Charavay, *Jean Lemaire de Belges et Jean Perréal de Paris*,
Paris, 1876.

Doutrepont (G.), *Jean Lemaire de Belges et la Renaissance.*
Revue générale, Bruxelles, septembre 1893.

Fétis (Ch.), *Mémoire sur Jean Lemaire de Belges.* Mémoires
couronnés... par l'Académie royale de Belgique, t. XXI,
1870.

Hachez (F.), *Les œuvres de Jean Lemaire de Belges.* Annales
du Cercle archéologique de Mons, t. XXVII, p. 69.

Humpers (A.), *Quand Jean Lemaire de Belges est-il mort?*
Bulletin de l'Académie royale de Belgique (lettres), 1913,
p. 408.

Humpers (A.), *Étude sur la langue de Jean Lemaire de Belges*,
Paris, Champion, 1921.

Joly (A.), *Jean Lemaire de Belges et les illustrations de Gaule.*
Mémoires de l'Académie de Caen, 1871.

Lefebvre, *Vie et commune origine de Jean Molinet, le Boulo-
gnois, et de Jehan Lemaire, le Belgeois...*, Boulogne-sur-
Mer, 1901.

Peetermans, *La Couronne margaritique ou Définition de l'urbanité en 1505*, Liège, 1859.

Pinchart, *Les œuvres de Jean Lemaire de Belges au point de
vue artistique*, Bruxelles, 1866.

Stecher (J.), *Notice sur la vie et les œuvres de Jean Lemaire
de Belges*, Louvain, 1891.

Stecher (J.), *Biographie nationale*, Bruxelles, 1890-1891, t. XI,
col. 769 et suiv.

Thibaut (F.), *Marguerite d'Autriche et Jean Lemaire de Belges*,
Paris, 1888.

Lefranc (Abel), *L'identification de Raminagrobis*. Revue des Études rabelaisiennes, 1911, t. IX, p. 144.

Principaux ouvrages dans lesquels
il est question de Jean Lemaire de Belges :

Massieu (abbé), *Histoire de la poésie françoise*, Paris, 1739.

Sallier, *Recueil de l'Académie des inscriptions*, Paris, 1740, t. XII, p. 593.

Goujet, *Bibliothèque françoise ou Histoire de la littérature françoise*, Paris, 1741, t. X.

Goujet, *Bibliothèque poétique*, Paris, 1745.

Paquot, *Mémoires pour servir à l'histoire littéraire des Pays-Bas*, 1745, t. III.

La Croix du Maine et Du Verdier, *Les bibliothèques françoises*, Paris, 1772-1773.

Annales poétiques. 1778, t. I, p. 247.

Les poètes français, depuis le XIIe siècle jusqu'à Malherbe, Paris, Crapelet, 1824, t. II, p. 340.

De Reiffenberg, *Mémoires de la Société d'émulation de Cambrai*, 1833.

Van Hasselt (A.), *Essai sur l'histoire de la poésie française en Belgique*. Mémoires couronnés... par l'Académie royale de Belgique, 1838, t. XIII.

Nouvelle Biographie générale, Paris, Firmin-Didot, 1859, t. XXX.

Pierrart (Z.), *Guide du touriste et de l'archéologue dans l'arrondissement d'Avesnes*, Maubeuge, 1859.

Les poètes français, Paris, Crépet, 1861, t. I.

Guy (H.), *Les sources françaises de Ronsard*. Revue de l'Histoire littéraire de la France, 1902, p. 217.

Vianey (J.), *Bulletin italien*, 1903.

Mâle (Émile), *L'art religieux de la fin du moyen âge en France*, Paris, Colin, 1908, p. 369.

Martinon (Ph.), *La genèse des règles de Jean Lemaire à Malherbe*. Revue de l'Histoire littéraire de la France, 1909, p. 62.

Laumonier (P.), *Ronsard, poète lyrique*, Paris, 1909.

Guy (H.), *Histoire de la poésie française au XV^c siècle*. T. I : *L'école des rhétoriqueurs*, Paris, Champion, 1910.

Lefranc (Abel), *Jean Lemaire de Belges*. Revue des cours et conférences, 1910-1911, t. XIX (1), p. 725-730 et 769-777; t. XIX (2), p. 97-106 et 145-149.

Cochin (C.) et Bruchet (M.), *Une lettre inédite de Michel Colombe*, Paris, Champion, 1914.

Chamard (H.), *Les origines de la poésie française de la Renaissance*, Paris, de Boccard, 1920.

Champion (P.), *Histoire poétique du XV^c siècle*, Paris, Champion, 1923.

Il y a lieu d'ajouter, naturellement, à ces ouvrages, les meilleures anthologies, encyclopédies, biographies générales et histoires de la littérature française publiées en France et en Belgique.

Pour ce qui concerne la bibliographie des œuvres de Jean Lemaire de Belges, consulter A. Humpers, *Étude sur la langue de Jean Lemaire de Belges*, Paris, Champion, 1921, p. 218 et suiv.

INDEX ALPHABÉTIQUE

(Noms cités dans l'Introduction)

CORRECTIONS ET ADDITIONS

Page 3o, note 3. — M. Antoine Thomas a signalé, dans la *Revue du XVI* siècle*, t. IX, p. 219, qu'il faut lire *Évrart* et non *Enrart*.
Évrart de la Chapelle fut successeur d'Ockeghem comme trésorier de Saint-Martin de Tours. Cf. *Mémoires de la Société de l'histoire de Paris*, article de Brenet, t. XX, année 1893, et *Musique et musiciens de la vieille France*, Paris, Alcan, 1911, p. 52-53.

Page 72, note 1. — Lire *A. Chagny* au lieu de *A. Chavigny*.

Page 99, addition à la note 2. — Lemaire emploie la même expression, avec le même sens, « en donner l'exemple », dans les *Illustrations* (I, 253). Vénus, invitant Junon et Pallas à se dévêtir, leur dit : « ... vous vai montrer le chemin, moi-même, pour la première. »

Page 112, addition à la note 1. — Cette allusion à la collaboration des historiens avec les peintres et fournisseurs de cartons de tapisseries confirme curieusement la thèse de M. É. Mâle qui voit en Jean Lemaire l'inspirateur des onze tapisseries flamandes ornant le palais de Madrid. Il signale que sur l'une d'elles l'on remarque un écrivain assis à sa table de travail au milieu de ses in-folio, et au-dessus duquel on lit le mot AUTHOR (l'auteur). Peut-être est-ce là, dit-il, le portrait de Jean Lemaire. Voir Émile Mâle, *L'art religieux à la fin du moyen âge en France*, Paris, Colin, 1908, p. 369 et suiv.

TABLE DES MATIÈRES

NOGENT-LE-ROTROU, IMPRIMERIE DAUPELEY-GOUVERNEUR.

www.ingramcontent.com/pod-product-compliance
Lightning Source LLC
LaVergne TN
LVHW021638060726
842527LV00003B/713